JN195711

【完全版】

消費税軽減税率・インボイス制度の実務

藤曲 武美【監修】
秋山 高善 【著】

法令出版

監修のことば

令和元年10月１日より消費税率が引き上げられ、同時に軽減税率制度が導入される。この施行直前の段階では、軽減税率の対象となる商品を扱う中小事業者の準備が、完全にできるかが危惧されているところである。

軽減税率制度は、わが国の消費税制度としては全く新しい制度であって、軽減税率の対象となるものとそうでないものの区分が、実際上は相当に困難かつ煩雑なケースが存在することが問題となっている。コンビニにおける「イートイン」か「テイクアウト」かで適用税率が異なり、実際上、その区分をどのように行うのかが問題とされているのは、その典型例である。

また、今改正では軽減税率制度の導入と共に、インボイス方式の導入も行われる。インボイス方式の導入は、従来の帳簿及び請求書保存方式による仕入税額控除を、一定の記載事項が記載された適格請求書等保存方式（日本型インボイス方式）に改正するものである。

ただし、直ちに適格請求書等保存方式に移行するのではなく、区分記載請求書等保存方式を経て、２段階で移行するものとされている。

こちらも、各段階におけるレシートや請求書等の具体的な記載事項をどのようにしたらよいのか、法定の記載事項に対応したレジの準備などが間に合うのかが問題となっている。

これらの10月１日以後の実施にあたっての問題点をクリアしていくには、改正による新制度を充分に理解しておく必要があり、その前提としては、実際の処理をする事業者の担当者や税理士等の専門家の迅速、的確な対応がなくては、困難であるといわざるを得ない。

本書の特徴は、上記のように、そもそもわかり難く、煩雑な改正制度の内容を丁寧、かつわかり易く解説し、個別テーマごとの詳細な解説について図解等を駆使して行っていることにある。

本書は、単に新制度の解説にとどまらず、新制度の適用開始後の実務で迷った時に参照してもらうための実務上の留意点についても記載している。

新制度が導入されるにあたって、本書が制度を理解する上で、また実務を行っていく上で多くの方々のお役に立つことを、切に期待して、監修のことばとします。

令和元年９月

藤曲 武美

はしがき

消費税は、昭和から平成に元号が変わった年に導入され、すでに30年が経過し、われわれの生活に非常に身近なものとなっています。

そして、今年、平成から令和に元号が変わった年に消費税率が10%に引き上げられるのと同時に、消費税の軽減税率制度がスタートします。

これにより、一定の飲食料品及び一部の新聞に対して軽減税率が適用され、物の販売やサービスの提供に際に適用される税率が８%と10%の２つの税率が適用されることになります。すでに報道されているように、８%と10%のどちらの税率を適用するのか判断に迷うケースが散見されることが予想されています。また、飲食店やイートインスペースがあるコンビニ等においては、おにぎりやお茶を買う際に、持ち帰りか店内飲食なのかの意思確認をしなければならなくなります。例えば、通勤前にコンビニに寄って朝食のパンとお昼の弁当を買う、といった場合に、「パンは店内飲食で、弁当は持ち帰ります」という具合に商品ごとの意志確認が必要になると思うと、非常に面倒だと思うのではないでしょうか。

また、令和５年からは適格請求書、いわゆるインボイス（税額票）が取引に際して必要になります。これにより、適格請求書発行事業者には登録番号が付与され、一定の記載事項がその事業者には求められるなど実務に大きな影響を及ぼすことになると思われます。

このように実務に大きな影響するにもかかわらず、法令（だけでなく附則）や通達、そしてＱ＆Ａなどさまざまなところに情報が散らばっているため、非常にわかりにくくなっていると思います。

本書では、それらをなるべく分かりやすく体系的に解説することを心掛け、法令等の元情報にもあたれるように条文等を付しています。本書が手に取って頂いた読者の皆様の一助になれば幸いです。

最後に、監修者としてアドバイスをいただいた藤曲武美先生、本書の刊行にご協力いただいた法令出版株式会社の鎌田順雄社長に感謝します。

令和元年９月

秋山 高善

目　次

凡　例

平成28年改正法	所得税法等の一部を改正する法律（平成28年法律第15号）
平成28年改正令	消費税法施行令等の一部を改正する政令（平成28年政令第148号）
平成28年改正省令	消費税法施行規則等の一部を改正する省令（平成28年財務省令第20号）
消法	平成28年改正法による改正前の消費税法（昭和63年法律第108号）
新消法	平成28年改正法等による改正後の消費税法
消令	平成28年改正令による改正前の消費税法施行令（昭和63年政令第360号）
新消令	平成28年改正令等による改正後の消費税法施行令
消規	平成28年改正省令による改正前の消費税法施行規則（昭和63年12月30日大蔵省令第53号）
新消規	平成28年改正省令等による改正後の消費税法施行規則
消基通	消費税法基本通達
軽減通達	消費税の軽減税率制度に関する取扱通達
インボイス通達	消費税の仕入税額控除制度における適格請求書等保存方式に関する取扱通達
経過措置通達	平成31年10月１日以後に行われる資産の譲渡等に適用される消費税率等に関する経過措置の取扱いについて（法令解釈通達）
制度Ｑ＆Ａ	消費税の軽減税率制度に関するＱ＆Ａ（制度概要編）（平成30年１月改訂）
個別Ｑ＆Ａ	消費税の軽減税率制度に関するＱ＆Ａ（個別事例編）（令和元年７月改訂）
適格Ｑ＆Ａ	消費税の仕入税額控除制度における適格請求書等保存方式に関するＱ＆Ａ（令和元年７月改訂）
経過措置（基本）Ｑ＆Ａ	平成31年（2019年）10月１日以後に行われる資産の譲渡等に適用される消費税率等に関する経過措置の取扱いＱ＆Ａ【基本的な考え方編】
経過措置（事例）Ｑ＆Ａ	平成31年（2019年）10月１日以後に行われる資産の譲渡等に適用される消費税率等に関する経過措置の取扱いＱ＆Ａ【具体的事例編】

※　本書は、令和元年９月１日時点の法令等に拠っています。

第1部●
導入趣旨

平成27年12月16日に、与党の「平成28年度税制改正大綱」が公表されました。この税制改正大綱では、消費税の軽減税率制度の導入について、次のようにその導入に係る趣旨を説明しています。

- 軽減税率制度には、他の施策と異なり、日々の生活において幅広い消費者が消費・利活用しているものに係る消費税負担を軽減するとともに、買い物の都度、痛税感の緩和を実感できるとの利点がある。
- 対象品目については、飲食料品等の消費実態や、低所得者対策としての有効性、事業者の事務負担等を総合的に勘案し、「酒類及び外食を除く飲食料品」及び定期購読契約が締結された週２回以上発行される「新聞」を対象とする。
- 複数税率制度の下において適正な課税を確保する観点から、事業者に十分な説明を行いつつ、インボイス制度を導入する。当面は、執行可能性に配慮し、簡素な方法によることとする。
- インボイス制度として「適格請求書等保存方式」を導入する。それまでの間は、簡素な方法として「区分記載請求書等保存方式」とするとともに、複数税率に対応した区分経理が困難な中小事業者や、システム整備が間に合わない事業者等がいることも想定し、税額計算の特例を創設する。

また、平成28年度税制改正大綱を読むと、次のようなことが分かります。すなわち、社会保障と税の一体改革を行うためには財政健全化が必要であり、そのためには消費税率の引上げを行わなければなりません。他方、消費税率を引き上げると低所得者にとって負担が重くなるという問題が生じます。

そこで、軽減税率制度を導入し、飲食料品のように日常生活に欠かせないものは消費税率を８％とすることで、低所得者にとって負担が重くなりすぎないようにしようというものです。

他方、これまでは1つの消費税率だけであったため、比較的計算が行いやすかったのですが、軽減税率制度を導入すると、軽減税率8%、標準税率10%ですから、どの取引が軽減税率に該当するのか（または標準税率に該当するのか）を区分しなければならなくなります。

そこで、その区分ができるよう、将来的には「適格請求書等保存方式（インボイス制度)」を導入し、正確な計算を行うことを目指すのですが、いきなりそれを導入しようとするのは難しいことから、その簡便版ともいえる「区分記載請求書等保存方式」を、軽減税率制度導入と同時に適用しようというものです。

参考までに、平成28年度税制改正大綱を掲載しておきます。

〔参考〕「平成28年度税制改正大綱」（平成27年12月16日・自由民主党・公明党）

4　消費税の軽減税率制度

(1)　これまでの議論の経緯と消費税の軽減税率制度の導入の考え方

「社会保障と税の一体改革」を実現するため、消費税率10%への引上げを平成29年4月に確実に実施する。これにより、社会保障を次世代に引き渡す責任を果たすとともに、財政健全化を進めて市場や国際社会からの国の信認を確保する。

他方、「社会保障と税の一体改革」の枠組みの下、税制抜本改革法第7条においては、低所得者に配慮する観点から、総合合算制度、給付付き税額控除制度及び複数税率について検討することとされている。このため、与党において議論を積み重ねてきた。その結果、これらのうち、軽減税率制度には、他の施策と異なり、日々の生活において幅広い消費者が消費・利活用しているものに係る消費税負担を軽減するとともに、買い物の都度、痛税感の緩和を実感できるとの利点があることから、消費税率が10%に引き上げられる平成29年4月に軽減税率制度を導入することとした。

軽減税率制度の導入に当たっては、「社会保障と税の一体改革」の原点に立ち、平成28年度末までに歳入及び歳出における取組みにより、与党の責任において、確実に安定的な恒久財源を確保することとする。

対象品目については、飲食料品等の消費実態や、低所得者対策としての有効性、事業者の事務負担等を総合的に勘案し、「酒類及び外食を除く飲食料品」及び定期購読契約が締結された週２回以上発行される「新聞」を対象とする。なお、「書籍・雑誌」については、その日常生活における意義、有害図書排除の仕組みの構築状況等を総合的に勘案しつつ、引き続き検討する。

複数税率制度の下において適正な課税を確保する観点から、事業者に十分な説明を行いつつ、インボイス制度を導入する。当面は、執行可能性に配慮し、簡素な方法によることとする。

政府・与党は、平成29年４月に混乱なく軽減税率制度を導入できるよう、一体となって万全の準備を進める。

(2) 安定的な恒久財源の確保

軽減税率制度の導入に当たっては、財政健全化目標を堅持するとともに、「社会保障と税の一体改革」の原点に立って安定的な恒久財源を確保することとし、自民党・公明党両党で責任を持ってこれに対応する。このため、平成28年度税制改正法案において以下の旨を規定する。

① 平成28年度末までに歳入及び歳出における法制上の措置等を講ずることにより、安定的な恒久財源を確保する。

② 財政健全化目標との関係や平成30年度の「経済・財政再生計画」の中間評価を踏まえつつ、消費税制度を含む税制の構造改革や社会保障制度改革等の歳入及び歳出の在り方について検討を加え、必要な措置を講ずる。

(3) 対象品目及び適用税率

軽減税率の対象品目は、

①　酒類及び外食を除く飲食料品
②　定期購読契約が締結された週２回以上発行される新聞
とし、適用税率は８％（国・地方合計）とする。

⑷　税額計算の方法等

平成33年４月に、インボイス制度として「適格請求書等保存方式」を導入する。それまでの間は、簡素な方法として「区分記載請求書等保存方式」とするとともに、複数税率に対応した区分経理が困難な中小事業者や、システム整備が間に合わない事業者等がいることも想定し、税額計算の特例を創設する。

⑸　軽減税率制度の円滑な導入・運用のための検証、取組み

軽減税率制度の導入は、多くの事業者の業務実務や経営に影響を与えるものであることを踏まえ、軽減税率制度の導入・運用に当たり混乱が生じないよう、以下のとおり、政府・与党が一体となって万全の準備を進めることとし、平成28年度税制改正法案にその旨を明記する。

①　政府・与党に必要な体制を整備するとともに、事業者の準備状況等を検証しつつ、必要に応じて、軽減税率制度の円滑な導入・運用に資するための必要な措置を講ずる。
②　軽減税率制度の円滑な運用及び適正な課税の確保の観点から、中小・小規模事業者の経営の高度化を促進しつつ、軽減税率制度の導入後３年以内を目途に、適格請求書等保存方式（インボイス制度）導入に係る事業者の準備状況及び事業者取引への影響の可能性、軽減税率制度導入による簡易課税制度への影響、経過措置の適用状況などを検証し、必要と認められるときは、その結果に基づいて法制上の措置その他必要な措置を講ずる。

第２部●

軽減税率制度

1　導入経緯

平成28年３月29日に成立した「所得税法等の一部を改正する法律」（平成28年法律第15号）及び地方税については「地方税法等の一部を改正する等の法律」（平成28年法律第13号）によって、消費税の軽減税率制度が導入され、当初は平成29年４月からスタートするとされていました。

しかし、その後、平成28年秋の臨時国会で、11月28日に「社会保障の安定財源の確保等を図る税制の抜本的な改革を行うための消費税法の一部を改正する等の法律等の一部を改正する法律」（平成28年法律第85号）の成立及び地方税については「社会保障の安定財源の確保等を図る税制の抜本的な改革を行うための地方税法及び地方交付税法の一部を改正する法律等の一部を改正する法律」（平成28年法律第86号）の成立によって、消費税の軽減税率制度等の導入が延期され、結果として、令和元年10月１日からスタートすることになりました。

2　軽減税率制度の概要

軽減税率制度は、消費税率を現行の８％から10％に引き上げるのと同時に、飲食料品や新聞などについては８％の軽減税率を適用するというものです。いわゆる「複数税率」とも呼ばれる制度です。

具体的には、軽減税率が適用されるのは、令和元(2019)年10月１日以降に行う、①飲食料品（酒類を除きます。）及び、②週２回以上発行される新聞（定期購読契約に基づくもの）の譲渡です。

なお、①の飲食料品の譲渡は、基本的には飲食料品そのものを譲渡する行為が該当し、飲食料品に手を加えて飲食設備のある場所で役務の提供を行うような、いわゆる「外食」や「ケータリング」は含まれません。

また、飲食料品が輸入される場合もあります。保税地域から引き取られる課税貨物のうち、飲食料品についても軽減税率の対象となります（平成28年改正法附則34①一・二、制度Ｑ＆Ａ問１）。

さらに、軽減税率制度の実施に伴い、現行の仕入税額控除の要件である請求書等保存方式に代わって、令和元(2019)年10月１日からは区分記載請求書等保存方式が導入され、令和５(2023)年10月１日からは適格請求書等保存方式（いわゆる「インボイス制度」）が導入されます。

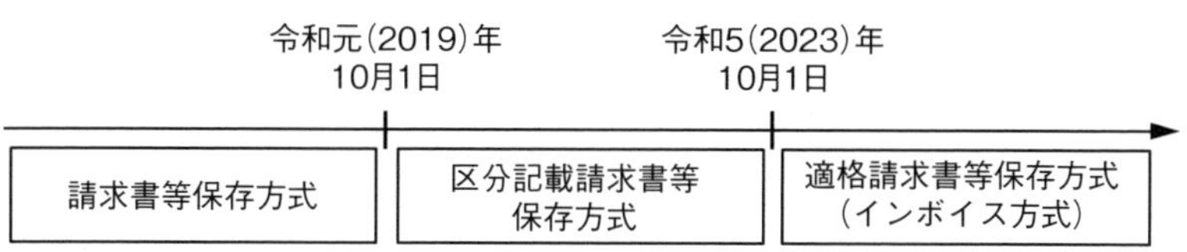

３　税率

税率については、消費税及び地方消費税（以下「消費税等」といいます。）を合わせた税率が、軽減税率８％（消費税6.24％、地方消費税1.76％）と標準税率10％（消費税7.8％、地方消費税2.2％）の複数税率になります（消法29、平成28年改正法附則34①②、地方税法72の83、制度Ｑ＆Ａ問１）。

このように、軽減税率８％は現行の８％と同じ税率ですが、国税・地方税の内訳が異なっていますので、税率の引上げ前後の取扱いについて注意が必要です。

【消費税率等の変更スケジュール】

	令和元(2019)年9月30日まで	令和元(2019)年10月1日以降	
		標準税率	軽減税率
国税分	6.3%	7.8%	6.24%
地方税分	1.7%	2.2%	1.76%
消費税率等	8%	10%	8%

（制度Q＆A問1）

今後のスケジュールの全体像は、次頁のようになっています。

【軽減税率制度・適格請求書等保存方式の施行スケジュール】

	請求書等保存方式（現行）	区分記載請求書等保存方式（令和元年10月～）	適格請求書等保存方式（令和５年10月～）
税率	8.0%（消費税率 6.3%、地方消費税率 1.7%）	○　軽減税率　8.0%（消費税率 6.24%、地方消費税率 1.76%） ○　標準税率　10.0%（消費税率 7.8%、地方消費税率 2.2%）	
請求書等	請求書の記載事項 ・発行者の氏名又は名称 ・取引年月日 ・取引の内容 ・対価の額（税込み） ・受領者の氏名又は名称	左記に加え ①軽減対象資産の譲渡等である旨 ②税率ごとに区分して合計した課税資産の譲渡等の対価の額（税込み） ※　上記①②は交付を受けた事業者の追記可	左記に加え ①登録番号 ②税率ごとの消費税額及び適用税率 ※　「税率ごとに区分して合計した課税資産の譲渡等の対価の額」は税抜価額又は税込価額
	交付義務なし・類似書類等交付の罰則なし ※　免税事業者も発行可		交付義務あり・類似書類等交付の罰則あり　※　免税事業者は発行不可
仕入税額控除の要件	帳簿及び請求書等の保存が要件 ※　免税事業者からの仕入税額控除可	帳簿及び区分記載請求書等（交付を受けた事業者が追記した区分記載請求書等を含む。）の保存が要件 ※　免税事業者からの仕入税額控除可	帳簿及び適格請求書等の保存が要件 ※　免税事業者からの仕入税額控除不可 ただし、以下の特例あり。 令和５年10月～令和８年９月　80%控除可 令和８年10月～令和11年９月　50%控除可
			一定の要件の下、媒介者等により交付された適格請求書による仕入税額控除可
	せり売りなどの代替発行された請求書による仕入税額控除可		
	中古品販売業者の消費者からの仕入れ等は、帳簿の記載のみで仕入税額控除可		請求書等の交付を受けることが困難な一定の取引は、帳簿の記載のみで仕入税額控除可
	3万円未満の取引は、帳簿の記載のみで仕入税額控除可		原則として、3万円未満の取引も適格請求書等の保存が必要
適格請求書発行事業者登録制度		令和３年10月から申請受付・登録開始 ※　課税事業者のみ登録可	
税額計算	取引総額からの「割戻し計算」	税率ごとの取引総額からの「割戻し計算」	・税率ごとの取引総額からの「割戻し計算」 ・適格請求書の税額の「積上げ計算」 のいずれかの方法によることが可
売上税額の計算の特例（注）		軽減税率対象売上げのみなし計算（４年間）	
仕入税額の計算の特例（注）		軽減税率対象仕入れのみなし計算（１年間）	
		簡易課税制度の届出の特例（１年間）	

（注）　税額計算の特例は、中小事業者（基準期間における課税売上高が 5,000 万円以下の事業者をいいます。）のみに適用が認められます。

（出典：国税庁「消費税軽減税率制度の手引き」p.6）

4 「飲食料品」の意義

平成28年改正法附則34条１項において、軽減税率が適用される課税資産の譲渡等について、以下のように規定されています。

> 第34条　事業者が、平成31年10月１日（以下附則第40条までにおいて「31年適用日」という。）から35年施行日の前日までの間に国内において行う課税資産の譲渡等（消費税法第２条第１項第９号に規定する課税資産の譲渡等をいい、同項第８号の２に規定する特定資産の譲渡等に該当するものを除く。以下附則第52条までにおいて同じ。）のうち次に掲げるもの（以下附則第39条までにおいて「31年軽減対象資産の譲渡等」という。）及び保税地域（同項第２号に規定する保税地域をいう。以下附則第46条までにおいて同じ。）から引き取られる課税貨物（同項第11号に規定する課税貨物をいう。以下同条までにおいて同じ。）のうち第１号に規定する飲食料品に該当するものに係る消費税の税率は、同法第29条の規定にかかわらず、100分の6.24とする。
>
> 一　飲食料品（食品表示法（平成25年法律第70号）第２条第１項に規定する食品（酒税法（昭和28年法律第６号）第２条第１項に規定する酒類を除く。以下この号において単に「食品」という。）をいい、食品と食品以外の資産が一の資産を形成し、又は構成しているもののうち政令で定める資産を含む。以下この号において同じ。）の譲渡（次に掲げる課税資産の譲渡等は、含まないものとする。）
>
> イ　飲食店業その他の政令で定める事業を営む者が行う食事の提供（テーブル、椅子、カウンターその他の飲食に用いられる設備のある場所において飲食料品を飲食させる役務の提供をいい、当該飲食料品を持帰りのための容器に入れ、又は包装を施して行う譲渡は、含まないものとする。）
>
> ロ　課税資産の譲渡等の相手方が指定した場所において行う加熱、調理又は給仕等の役務を伴う飲食料品の提供（老人福祉法（昭和38年法律第133号）第29条第１項に規定する有料老人ホームその他の人が生活を営む場所として政令で定める施設において行う政令で定める飲食料品の提供を除く。）
>
> 二　一定の題号を用い、政治、経済、社会、文化等に関する一般社会

的事実を掲載する新聞（１週に２回以上発行する新聞に限る。）の定期購読契約（当該新聞を購読しようとする者に対して、当該新聞を定期的に継続して供給することを約する契約をいう。）に基づく譲渡

条文ではイメージがつかみにくいと思われますので、細かいところを除くとおおよそ次のようになっています。

【軽減税率対象品目の全体像】

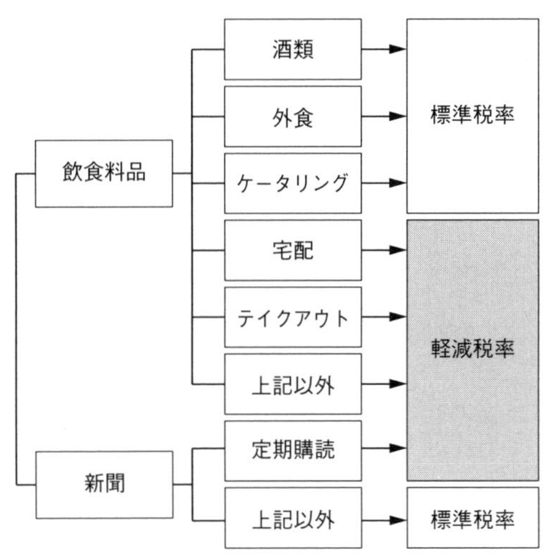

（１）飲食料品の範囲

「飲食料品」とは、食品表示法に規定する食品（酒税法に規定する酒類を除きます。）です（平成28年改正法附則34①一）。

食品表示法に規定する「食品」とは、全ての飲食物をいい、「医薬品、医療機器等の品質、有効性及び安全性の確保等に関する法律」に規定する「医薬品」「医薬部外品」及び「再生医療等製品」を除き、食品衛生法に規定する「添加物」を含むものとされています（食品表

示法２①)。

ただし、ここでの「食品」とは、人の飲用または食用に供されるものをいいます。したがって、例えば、人の飲用または食用以外の用途に供するものとして取引される次に掲げるようなものは、飲食が可能なものであっても「食品」に該当しません（軽減通達２)。

・工業用原材料として取引される塩 ・観賞用・栽培用として取引される植物及びその種子

なお、人の飲用または食用に供されるものとして販売した食品を、購入者が他の用途に使用したとしても、その食品の販売は、「飲食料品の譲渡」に該当します（軽減通達２(注))。

ちなみに酒税法によると、酒類とは、「アルコール分１度以上の飲料（薄めてアルコール分１度以上の飲料とすることができるもの（アルコール分が90度以上のアルコールのうち、酒類の製造免許を受けた者が酒類の原料として当該製造免許を受けた製造場において製造するもの以外のものを除く。）又は溶解してアルコール分１度以上の飲料とすることができる粉末状のものを含む。）をいう」と規定しています（酒税法２)。

以上から、「飲食料品」の範囲には、人の飲用または食用を目的にした農水産物や加工食品、飲料、添加物が含まれます。その他、後述する一定の要件を満たした「一体資産」も含まれます。ただし、酒類や外食、ケータリングについては飲食料品の譲渡に含まれません。

なお、自動販売機により行われるジュース、パン、お菓子等の販売は、飲食料品を飲食させる役務の提供を行っているものではなく、単にこれらの飲食料品を販売するものですから、軽減税率の適用対象となる飲食料品の譲渡に該当します（軽減通達６、個別Q＆A問33)。

また、インターネット等を通じて通信販売で食品等を販売する場合でも、その商品が飲食料品に該当すれば、「飲食料品の譲渡」に該当しますので、軽減税率の適用対象となります（個別Ｑ＆Ａ問34）。

（２）輸入される飲食料品

保税地域から引き取られる課税貨物のうち、飲食料品に該当するものについては軽減税率が適用されます（平成28年改正法附則34①一）。

なお、飲食料品に該当するか否かは、輸入の際に、人の飲用または食用に供されるものとして輸入されるかどうかにより判定します（個別Ｑ＆Ａ問46）。

ただし、例えば、輸入した飲食料品を別途、人の飲用または食用に供さずに、飼料用として販売したような場合は、軽減税率の適用対象とはなりません（個別Ｑ＆Ａ問47）。

【輸入された食材を飼料用または食材として販売する場合】

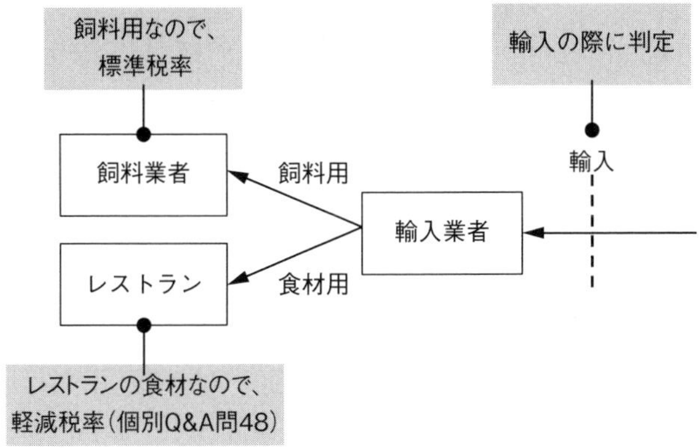

（３）飲食料品から除かれるもの

次に掲げる課税資産の譲渡等は、飲食料品の譲渡に含まれません（制度Ｑ＆Ａ問２）。

① いわゆる「外食」

ここでいう「外食」とは、食品衛生法施行令35条１・２号に規定する飲食店営業及び喫茶店営業並びにその他の飲食料品をその場で飲食させる事業を営む者が行う食事の提供のことをいいます（平成28年改正令附則３①）。

② いわゆる「ケータリング」

ここでいう「ケータリング」とは、相手方の指定した場所において行う加熱、調理または給仕等の役務を伴う飲食料品の提供のことをいいます（平成28年改正法附則34①一ロ）。

したがって、これらの「外食」と「ケータリング」は軽減税率の適用対象とはならず、標準税率が適用されます。

【飲食料品に該当するもの、しないもの】

飲食料品に該当するもの	人の飲用または食用に供される以下のもの ① 米穀や野菜、果実などの農産物、食肉や生乳、食用鳥卵などの畜産物、魚類や貝類、海藻類などの水産物 ② めん類・パン類、菓子類、調味料、飲料等、その他製造または加工された食品 ③ 添加物（食品衛生法に規定するもの） ④ 一体資産のうち、一定の要件を満たすもの
飲食料品に該当しないもの	医薬品、医薬部外品、再生医療等製品、酒税法に規定する酒類

（出典：個別Ｑ＆Ａ問１より筆者作成）

【軽減税率の対象となる飲食料品の範囲のイメージ】

（出典：国税庁「消費税軽減税率制度の手引き」p.9）

（４）製作物供給契約による飲食料品の譲渡の取扱い

制作物供給契約により飲食料品を製造する場合、その取引が「製造販売」に該当すれば「飲食料品の譲渡」として軽減税率が適用され、「賃加工」に該当すれば「役務の提供」として標準税率が適用されます（個別Q＆A問41）。

製造販売か賃加工かの判断は、その契約内容等により、個別に以下のような点を考慮して判断することになります。

【判断例】

・受託者の使用する原材料や包装資材は、どのように調達されるか（委託者からの無償支給か、有償支給か、自社調達か）

・契約に係る対価の額はどのように設定されるか
・完成品の所有権がどちらにあるか

（参考）国税庁・文書回答事例「飲食料品の製造業者が発注元から有償又は無償で支給される原材料等を使用して飲食料品を製造し、発注元へ納品した場合の資産の譲渡等に係る適用税率について」（回答年月日　平成30年12月７日）

５「一体資産」の取扱い

（１）一体資産の意義

飲食料品に含める一体資産の定義について、平成28年改正法附則34条１項１号では「食品と食品以外の資産が一の資産を形成し、又は構成しているもののうち政令で定める資産を含む」と規定しています。

それを受けて、平成28年改正令附則２条１号では、「食品（中略）と食品以外の資産が一の資産を形成し、又は構成しているもの（あらかじめ一の資産を形成し、又は構成しているものであって、当該一の資産に係る価格のみが提示されているものに限る。以下この号において「一体資産」という。）のうち、一体資産の譲渡の対価の額（中略）が１万円以下であり、かつ、当該一体資産の価額のうちに当該一体資産に含まれる食品に係る部分の価額の占める割合として合理的な方法により計算した割合が３分の２以上のもの」と規定しています。

また、輸入される飲食料品について、同令附則２条２号では、「食品と食品以外の資産が一の資産を形成し、又は構成している……外国貨物（当該外国貨物が関税定率法（中略）別表の適用上の所属の一の区分に属する物品に該当するものに限る。以下この号において「一体貨物」という。）のうち、保税地域（中略）から引き取られる一体貨物に係る消費税の課税標準である金額が１万円以下であり、かつ、当該一体貨物の価額のうちに当該一体貨物に含まれる食品に係る部分の価額の占める割合として合理的な方法により計算した割合が３分の２

以上のもの」と規定しています。

なお、軽減税率が適用されるか否かは、販売時点の価格ですから、値引き前の価格が１万円超の一体資産であっても、値引き後に販売価格１万円以下となる場合は、その他の要件を満たせば、軽減税率が適用されることになります。

【一体資産の要件（軽減通達４、制度Ｑ＆Ａ問３）】

> 「一体資産」とは、食品と食品以外の資産があらかじめ一の資産を形成し、または構成しているもので、以下の①及び②の要件を満たし、その一体資産としての価格のみが提示されているものをいいます。
> ①　一体資産の譲渡の対価の額（税抜価額）が１万円以下であること
> ②　一体資産の価額のうちに当該一体資産に含まれる食品に係る部分の価額の占める割合として合理的な方法により計算した割合が２/３以上であること

【一体資産のイメージ】

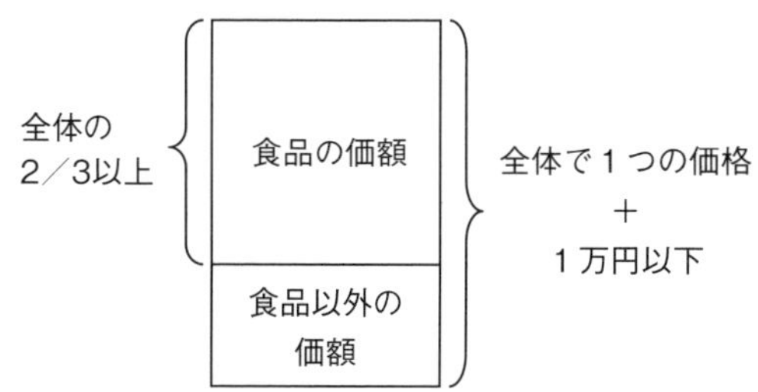

（２）一体資産の範囲

例えば、おもちゃ付きのガムなど、食品と食品以外の商品をまとめて販売することがあります。この場合、飲食料品のみで商品全体が構成されていませんから、原則として、その全体が軽減税率の適用対象にはなりません。

ただし、一体資産の要件を満たす場合は、飲食料品として、その譲渡全体につき軽減税率が適用されます（平成28年改正法附則34①一、平成28年改正令附則２）。

すなわち、一体資産の例として、菓子と玩具が一つの商品として構成されている、いわゆる「食玩」が挙げられます。この場合の食玩が、一体資産の要件を満たしていれば、その販売は「飲食料品の譲渡」に該当し、軽減税率の適用対象となります（個別Ｑ＆Ａ問84)。また、食品と食品以外の商品で構成された福袋についても、上記と同様に判断することになります（個別Ｑ＆Ａ問86)。

【一体資産の適用税率の判定】

<table>
<tr><td rowspan="3">一体資産</td><td rowspan="2">販売価格（税抜き）
１万円以下</td><td>価額の２/３以上が食品</td><td>８％</td></tr>
<tr><td>上記以外</td><td>10%</td></tr>
<tr><td colspan="2">販売価格（税抜き）１万円超</td><td>10%</td></tr>
</table>

（３）食品と食品以外の資産が選択可能である場合の一体資産の該当性

セット商品を構成する食品または食品以外の資産について、顧客が選択可能であれば、あらかじめ一の資産を形成し、又は構成しているものではないため、一体資産に該当せず、一括譲渡[※]に該当することから、個々の資産の譲渡等の対価の額が合理的に区分されていない場合には、それぞれの資産の価額に基づき合理的にあん分する必要があります（個別Ｑ＆Ａ問87)。

例えば、店内飲食と持ち帰りのどちらもすることができる飲食店において、お菓子とドリンクとおもちゃをセット商品として販売している場合で、このセット商品のお菓子・ドリンクを顧客がメニューの中から選択することができるのであれば、一体資産には該当しないことになります（個別Ｑ＆Ａ問87）。

（※）「一括譲渡」とは、課税関係の異なる２以上の資産（軽減税率の適用対象とならない資産、軽減税率の適用対象資産または非課税対象資産のうち異なる２以上の資産）を同一の者に同時に譲渡することをいいます。

ただし、セット商品を構成する食品または食品以外の資産について、選択可能な組み合わせのパターンを提示し、それぞれの組み合わせに係る価格のみを提示している場合には、一体資産に該当します（個別Ｑ＆Ａ問87（参考））。

（４）食品と非売品のおもちゃの一括譲渡

一括譲渡の場合、税率の異なるごとに資産の譲渡等の対価の額を合理的に区分する必要があります（平成28年改正令附則６）。

例えば、ハンバーガーの売価300円とドリンクの売価250円及び非売品のおもちゃのセット商品の販売価格が500円である場合、おもちゃが非売品であるため、セット商品の販売価格500円から実際に販売されている商品の単価の価格（ハンバーガー300円＋ドリンク250円＝550円）を控除した後の残額を非売品の売価とし、おもちゃの売価を０円とすることも合理的に区分されたものとなります（個別Ｑ＆Ａ問88）。

また、実態として、おもちゃが付かない場合でもセット商品の価格が変わらない場合には、おもちゃの対価を求めていないと認められるので、非売品の売価を０円とすることも合理的に区分されたものとなります（個別Ｑ＆Ａ問88）。そのほか、例えば、販促品付きペットボトル飲料のように、おもちゃは非売品であり、また、おもちゃが付かない場合でも価格が変わらない商品の販売の場合には、おもちゃの価格は０円であると認められます（個別Ｑ＆Ａ問89）。

なお、特定の飲食料品を購入した際にレジで配布される販促品で、顧客が複数の販促品から選べるような場合には、「あらかじめ一の資産を形成し、又は構成しているもの」に該当せず、一括譲渡に該当します（個別Ｑ＆Ａ問90）。

（５）「１万円以下」の判定単位

販売価格１万円以下の判定については、１個単位で考えるか、それともセット商品のような場合１セット単位で考えればよいのか判断に迷うところですが、基本的には、一体資産の販売価格（税抜き）が、セット商品１個あたり１万円以下か否かによって判定することになります（個別Ｑ＆Ａ問91）。

したがって、一般的には、例えば、１個あたり１万円以下の２つの商品を組み合わせて１セットの商品を作る場合、それぞれの商品の価格ではなく、１セットごとに１万円以下か否かで判定することになります。

（６）「合理的な方法」により計算した割合

２/３の判定を行うにあたっては、合理的な方法により計算した割合が２/３以上か否かを判断することになります。

ここでいう合理的な方法とは、事業者の販売する商品や販売実態等に応じ、例えば、

① 一体資産の譲渡に係る売価のうち、合理的に計算した食品の売価の占める割合

② 一体資産の譲渡に係る原価のうち、合理的に計算した食品の原価の占める割合

の２つの方法が挙げられています（軽減通達５）。

上記②の原価に占める割合により計算を行う場合において、原価が日々変動するなど、割合の計算が困難なときは、前課税期間における原価の実績等により合理的に計算されている場合はその割合を使用できます（軽減通達５（注）１）。

また、②の原価により計算する場合には、次のいずれかの方法で計算することができます（個別Ｑ＆Ａ問94)。

・商品の仕入価格のみで計算する方法

・商品の仕入価格とそれぞれの商品の仕入に要するものとしてあん分した付随費用との合計額で割合を計算する方法

※　例えば、食品と食品以外の資産の仕入れに共通して要した付随費用を食品の原価にのみ加算して計算することや、付随費用のみで計算することは、合理的であるとはいえません（個別Ｑ＆Ａ問94)。

ただし、売価または原価と何ら関係のない、例えば、重量・表面積・容積等といった基準のみにより計算した割合は、一体資産に含まれる食品に係る部分の価額に占める割合として合理的な方法により計算した割合とは認められません（軽減通達５(注)２)。

例えば、母の日のプレゼントでお菓子と花束をセットにして「母の日ギフト」として販売している場合を考えてみます（次頁図参照)。

「母の日ギフト」を企画販売する卸売事業者は、お菓子を2,200円（税込み)、花束を1,000円（税込み）で仕入れ、それを「母の日ギフト」として１セット4,000円（税抜き）で50セット小売事業者に販売しています。

また、このセット商品を仕入れた小売事業者は、それを顧客に5,000円（税抜き）で販売しています。

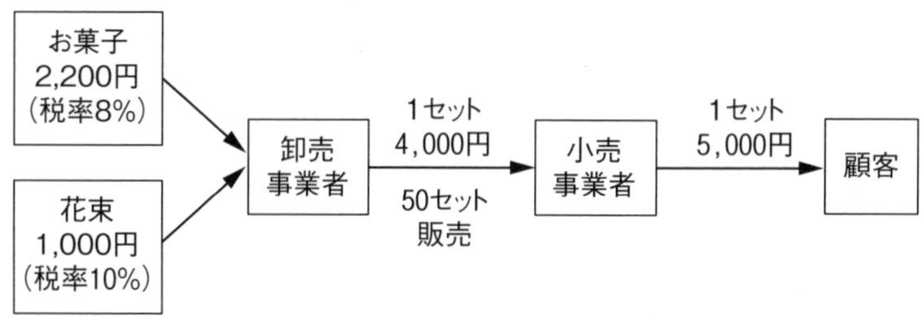

このようなセット商品が、一体資産に該当するか否かを確認する必

要があります。「母の日ギフト」は、軽減税率が適用されるお菓子と、標準税率が適用される花束をセットで販売していますので、１万円以下の判定と、２/３の判定を行います。

１万円以下の判定については、１セットの販売価格（税抜き）は4,000円ですから、１万円以下となっています（参考：個別Q＆A問91）。

２/３の判定については、2,200円÷(2,200円＋1,000円)＝68.75％≧２/３ですから、原価の２/３以上が食品（お菓子）となっています。

このように、この場合の「母の日ギフト」は、食品と食品以外の資産をセット商品として4,000円という価格のみを提示して販売していることから、一体資産に該当します。したがって、その対価の額が１万円以下であり、かつ、食品に係る部分の価額の占める割合が２/３以上ですので、「母の日ギフト」の販売は、全体が軽減税率の適用対象となります（参考：個別Q＆A問92）。

なお、4,000円×50セット＝200,000円で判定するわけではありません。

次に，単品で販売していない商品をセット商品に組み込んで販売している場合です。例えば，税抜価格500円で販売しているティーカップに，自社で製造したハーブティー（単品では販売していない）をセット商品として税抜価格1,500円で販売している場合の一体資産の判定は，セット商品の販売価格からティーカップの売価500円を控除した残額をハーブティーの売価（1,000円＝1,500円－500円）とすることにより合理的に計算できる場合には，この方法によることもできます（個別Q＆A問95）。

したがって，売価のうち食品の占める割合（1,000円÷1,500円＝66.66％）が３分の２以上となることから、一体資産に該当することになります。

（７）合理的な割合が不明な場合に仕入先が適用した税率をそのまま適用する場合

（６）で説明した「母の日ギフト」のケースで考えてみます。小売事業者は卸売事業者から軽減税率を適用して「母の日ギフト」を仕入れています。顧客への販売価格（税抜き）は5,000円ですので、１万円以下の要件は満たしています。

しかし、小売事業者は「母の日ギフト」の内訳であるお菓子と花束の原価は分かりません。この場合、２/３以上の判定を行うことは困難です。

そこで、そのような小売業や卸売業を営む事業者の場合で、一体資産に該当する商品を仕入れてそのまま販売する場合において、販売価格（税抜き）が１万円以下のときは、その一体資産を仕入れたときに仕入先（卸売事業者）が適用した軽減税率をそのまま適用することができるとされています（個別Q＆A問96）。

したがって、この場合の小売事業者は「母の日ギフト」を軽減税率を適用して仕入れていますので、顧客に販売する際にも軽減税率を適用することができます（参考：国税庁「消費税軽減税率制度の手引き」p.18）。

（８）食品と食品以外をセット販売した際に一括値引をした場合の具体例

事業者が、軽減税率対象商品とそれ以外の商品の販売を同時に行った場合には、それぞれの商品ごとに適用税率を判定することとなります。

ここで具体例を考えてみます。通常、チーズ（食品）とワイン（酒類）は別々に販売されています。ただし、チーズ（食品）とワイン（酒類）をセットで購入してくれた顧客には、一括値引きを行い、1,000円（税抜き）で販売するという場合を考えてみます。

商　品	販売価格（税抜き）
チーズ（食品）	450円
ワイン（酒類）	800円
合　計	1,250円

そもそも、この場合は、チーズ（食品）とワイン（酒類）はそれぞれ別々の商品として販売していますから、これらの商品を組み合わせて、一括で値引きして販売するときは、「あらかじめ一の資産を形成し、または構成しているもの」ではありません。したがって、「一体資産」には該当しません（平成28年改正法附則34①、平成28年改正令附則２、軽減通達４）。

また、値引きを行っていますので、その値引額については、値引前の販売価格等によってあん分するなど、合理的に算出することになります（参考：個別Q＆A問93）。

今回のケースでは、チーズの値引額は(1,250円－1,000円)×(450円/1,250円)＝90円となり、チーズの販売価格を360円(450円－90円)として、軽減税率が適用されます。また、ワインの値引額は160円となり、ワインの販売価格を640円として、標準税率が適用されます。

(９) 割引券等を利用して一括値引きが行われた場合

例えば、顧客が割引券等を利用したことにより、これら同時に行った資産の譲渡等を対象として一括して対価の額の値引きが行われており、その資産の譲渡等に係る適用税率ごとの値引額または値引額控除後の対価の額が明らかでないときは、割引券等による値引額をその資産の譲渡等に係る価額の比率によりあん分し、適用税率ごとの値引額及び値引額控除後の対価の額を区分することとされています。

他方、顧客へ交付する領収書等の書類により適用税率ごとの値引額または値引額控除後の対価の額が確認できるときは、その資産の譲渡等に係る値引額または値引額控除後の対価の額が、適用税率ごとに合理的に区分されているものに該当することとされています（軽減通達15）。

したがって、例えば、軽減税率の適用対象とならない課税資産の譲渡等の対価の額からのみ値引きしたとしても、値引額または値引き後の対価の額が領収書等の書類により確認できるときは、適用税率ごとに合理的に区分されているものに該当します（個別Ｑ＆Ａ問93(参考))。

(10)「一の資産の価格のみが提示されているもの」の意義

一体資産は、食品と食品以外の商品から構成されるものですが、そもそも食品にも、食品以外の商品にも、それぞれ価格が設定されています。それをセット販売する際に、一体資産の要件である「一の資産の価格のみが提示されているもの」とはどのような意味なのかが問題となります。

例えば、次のような場合は、食品と食品以外の資産が一の資産を形成し、または構成しているものであっても、一体資産に該当しないこととされています（平成28年改正法附則34①一、平成28年改正令附則２、軽減通達４、制度Ｑ＆Ａ問４）。

【一体資産に該当しないものの例】

① 食品と食品以外の資産を組み合わせた一の詰め合わせ商品について、当該詰め合わせ商品の価格とともに、これを構成する個々の商品の価格を内訳として提示している場合

【例】1,000円（内訳　Ａ商品400円、Ｂ商品300円、Ｃ商品300円）

② 個々の商品の価格を提示しているか否かにかかわらず、商品（食品と食品以外）を、例えば「よりどり３品△△円」との価格を提示し、顧客が自由に組み合わせることができるようにして販売している場合

【例】このワゴンボックス内の商品は、よりどり３品1,000円

(注) 1　上記①、②の場合は、個々の商品ごとに適用税率を判定することとなります。

2　上記②の場合に個々の商品に係る対価の額が明らかでないときは、商品の価額を適用税率ごとに合理的に区分することとなります（平成28年改正令附則６）。

（出典：制度Ｑ＆Ａ問４）

以上から、一体資産について「一の資産の価格のみが提示されているもの」とは、個々の商品の価格を内訳として提示していないこと、及び、あらかじめセット商品となっておらず、顧客が自由に食品と食品以外の商品を組み合わせることができるような場合は一体資産から除かれ、それぞれの商品ごとに標準税率または軽減税率が適用されることになります。

６　飲食料品を譲渡する際の包装材料等の取扱い

飲食料品の販売に際し使用される包装材料及び容器（以下「包装材料等」といいます。）が、その販売に付帯して通常必要なものとして使用されるものであるときは、その包装材料等も含め飲食料品の譲渡に該当し、軽減税率の適用対象となります（軽減通達３）。

なお、「通常必要なものとして使用される包装材料等」とは、飲食料品の販売に付帯するものであり、通常、飲食料品が費消され又はその飲食料品と分離された場合に不要となるようなものが該当します（制度Ｑ＆Ａ問５）。

（１）飲食料品の譲渡に含まれる包装材料等の範囲

陶磁器やガラス食器等の容器のように、飲食の用に供された後に食器や装飾品等として利用できるものを包装材料等として使用している

場合があります。この場合も、食品と容器をあらかじめ組み合わせて一の商品として価格を提示し、販売しているものですから、その商品は飲食料品の譲渡に含まれる一体資産に該当し、軽減税率が適用されます（平成28年改正法附則34①一、軽減通達３(注)２)。

すなわち、例えば、ビンに入ったプリンのような場合、食品と組み合わせて日常的に使用できるガラス容器とセットで販売しています。このガラス容器はそれほどの価格にならないと考えられ、一般的に食品の価格が２/３以上を占めると思われますので、そのような場合は「一体資産」に該当するということです。

（２）飲食料品の譲渡に含まれない包装材料等の範囲

贈答用の包装など、包装材料等につき別途対価を定めている場合のその包装材料等の譲渡は、「飲食料品の譲渡」には該当しません（軽減通達３(注)１)。

また、包装材料等の販売者が、飲料メーカーに販売する缶やペットボトル、また、スーパー等の小売店に販売するトレーは、容器そのものの販売ですので軽減税率は適用されません（制度Ｑ＆Ａ問５(注))。

そのほか、例えば、洋菓子を販売する場合に、その洋菓子が、洋菓子の価格に比べて非常に高価な専用容器に入れられて販売されることがありますが、洋菓子より専用容器の方が高価で、２/３以上が洋菓子の価格とはならない場合には、一体資産には該当しませんので、「飲食料品の譲渡」には含まれません。したがって、この場合、商品全体が軽減税率の対象とはならず、標準税率が適用されることとなります（個別Ｑ＆Ａ問85)。

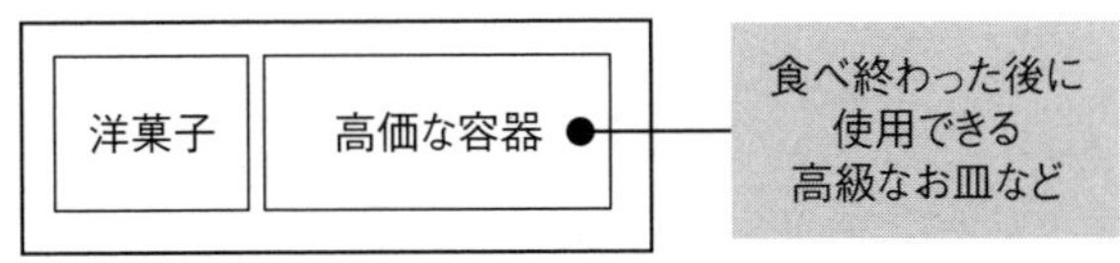

7 「飲食店業等を営む者が行う食事の提供」(いわゆる「外食」)の取扱い

(1) 外食の範囲

外食と言えば、ファストフード店、ファミリーレストラン、居酒屋等、非常に多くの店舗が対象となります。

そこで、「飲食店業等を営む者が行う食事の提供」、いわゆる「外食」とは、①飲食店業等を営む者が行う食事の提供で、②テーブル、椅子、カウンターその他の飲食に用いられる設備(以下「飲食設備」といいます。)のある場所において飲食料品を飲食させる役務の提供をいいます(平成28年改正法附則34①一イ、平成28年改正令附則3①、軽減通達7、食品衛生法施行令35一、二)。

また、「飲食店業等を営む者」とは、食品衛生法施行令35条1号に規定する飲食店営業及び同条2号に規定する喫茶店営業その他の飲食料品をその場で飲食させる事業を営む者をいい、飲食設備のある場所において飲食料品を飲食させる役務の提供を行う全ての事業者が該当します(平成28年改正令附則3①、軽減通達7)。

この「外食」に該当すると、軽減税率は適用されず、標準税率が適用されます。一般的に、外食の例としては、レストラン、喫茶店、食堂、フードコート等での食事の提供が該当します(軽減通達10)。

なお、飲食料品を持ち帰りのための容器に入れ、または包装を施して行う譲渡(いわゆる「テイクアウト(持ち帰り販売)」)は、「外食」に含まれません(平成28年改正法附則34①一イ)。

【外食の具体例】

飲食形態	税　率
・テイクアウト（持ち帰り販売）	軽減税率
・レストランでの飲食 ・喫茶店で飲食 ・食堂での飲食 ・フードコートでの飲食	標準税率

（2）「飲食に用いられる設備」（飲食設備）の意義

「飲食設備」は、飲食料品の飲食に用いられる設備であれば、その規模や目的を問いません。

例えば、テーブルのみ、椅子のみ、カウンターのみもしくはこれら以外の設備や、飲食目的以外の施設等に設置されたテーブル等であっても、これらの設備が飲食料品の飲食に用いられるのであれば、飲食設備に該当します（軽減通達８）。

（3）飲食設備等の設置者が異なる場合

飲食料品を提供する事業者と、飲食設備等の設置者とが異なる場合も考えられます。その場合に、事業者と設置者との間の合意等に基づき、その設備を事業者の顧客に利用させることとしているときは、その設備は、「飲食設備」に該当しますので、その飲食設備で食事等が提供されれば、標準税率が適用されます（軽減通達９）。

なお、飲食料品を提供する事業者と何ら関連のない公園のベンチ等の設備は、事業者から飲食料品を購入した顧客がその公園のベンチ等を飲食に利用した場合であっても、飲食設備には該当しません（個別Ｑ＆Ａ問66）ので、その場所での食事等の提供は軽減税率が適用されます（軽減通達９（注））。

したがって、「飲食設備」に該当するには、飲食に用いられるテーブル、椅子、カウンター等の設備に該当し、かつ、以下の①及び②を満たせば、「飲食設備」に該当することになります（制度Q＆A問8）。

【飲食設備の要件】

① 飲食のための専用の設備である必要はなく、 ② 飲食料品の提供を行う者と設備設置者が異なる場合であっても、飲食料品の提供を行う者と設備設置者との間の合意等に基づき、飲食設備を飲食料品の提供を行う者の顧客に利用させることとしているとき

まとめると、一般に、専用の設備でなくても飲食ができるような設備があれば「飲食設備」に該当することになります。

【合意等の範囲】（個別Q＆A問67）

「合意」には、契約書等で明らかにされている明示的な合意のみならず、「黙示の合意」も含みます。 ここでの「黙示の合意」とは、飲食料品を提供する事業者が、設備設置者との明示の合意なく自らの顧客にその設備を使わせていることが設備設置者に黙認されており、かつ、飲食料品を提供する事業者がその設備を「管理支配しているような状況」をいいます。 ※ 「管理支配しているような状況」とは、例えば、その設備にメニュー等を設置，顧客を案内、配膳、下膳、清掃を行っている等、自らの飲食設備として利用させている状況をいいます。

【飲食設備の具体例】

飲食設備に該当する（標準税率）	飲食設備に該当しない（軽減税率）
・カウンター、テーブル、椅子のみ ・公園のベンチ（設備設置者との間の合意等あり）	・公園のベンチ（設備設置者との間の合意等なし）

（４）外食に該当するか否かの具体例

標準税率が適用される外食等の具体例と軽減税率が適用される外食等に該当しないものの具体例は、次頁の表のとおりです（軽減通達10、制度Ｑ＆Ａ問７、個別Ｑ＆Ａ問49～83）。

【外食等に該当するか否かの具体例】

外食等に該当する（標準税率）	外食等に該当しない（軽減税率）
・セルフサービスの飲食店	
・屋台での飲食料品の提供 ※　その屋台に飲食設備を設置し、その飲食設備で飲食させる場合	・屋台での飲食料品の販売 ※　その屋台に飲食設備がない場合または持ち帰りの場合
・イートインスペース付きのコンビニエンスストアでの食事の提供（顧客が店内飲食の意思表示をした場合） ※　顧客に対して店内飲食か持ち帰りかの意思確認等を行うことで判定	・イートインスペース付きのコンビニエンスストアでの持ち帰り販売（持ち帰りとして販売される飲食料品の譲渡） ※　顧客に対して店内飲食か持ち帰りかの意思確認等を行うことで判定
・ファストフード店での店内飲食	・ファストフード店でのテイクアウト
・飲食店で注文した食事の残りを持ち帰る場合	
・公園のベンチでの飲食 ※　飲食料品を提供する者と公園の設置者等の合意等により、顧客にベンチを利用させている場合	・公園のベンチでの飲食 ※　飲食料品を提供する者と公園の設置者等の間でベンチの利用について合意等なく、誰でもベンチを利用できる場合

・列車内の食堂施設での飲食	・列車内の移動ワゴン販売
・カラオケボックスの客室での飲食	
・映画館の売店での食事の提供 ※　その売店が飲食設備を設置し、その飲食設備で飲食させる場合	・映画館の売店での飲食料品の販売 ※　その売店に飲食設備がない場合または持ち帰りの場合
・遊園地の売店の管理が及ぶ売店のそばにある椅子での飲食	・遊園地内の食べ歩き
・料理代行サービス	・そばの出前、ピザの宅配
・学生食堂	・学校給食
	・有料老人ホーム等での一定の飲食料品の提供

（出典：国税庁「消費税軽減税率制度の手引き」p.27）

ただし、上記の標準税率が適用される外食の例であっても、持ち帰りのための飲食料品の譲渡（飲食料品を持ち帰りのための容器に入れ、または包装を施して行った飲食料品の譲渡）は、軽減税率の適用対象となります（軽減通達10(注)１）。

8 「相手方が指定した場所において行う役務を伴う飲食料品の提供」（「ケータリング」）の取扱い

「外食」と同様に標準税率が適用される「相手方が指定した場所において行う役務を伴う飲食料品の提供」とは、いわゆる「ケータリング」のことです。ケータリングに該当すると、標準税率が適用されますので、その範囲が問題となります。

（1）ケータリングの範囲

「ケータリング」とは、顧客が指定した場所において行う加熱、調理または給仕等の役務を伴う飲食料品の提供をいいます。ただし、以下の（２）の有料老人ホームや小中学校等での飲食料品の提供を除きます（平成28年改正法附則34①一ロ）。

「ケータリング」は、単なる飲食料品の譲渡ではなく、食事を提供するサービスであり、外食と同様のサービスと考えられることから、軽減税率が適用されません。

また、「加熱、調理または給仕等の役務を伴う」とは、事業者が、顧客が指定した場所に食材等を持参して調理を行って提供する場合や、調理済みの食材を顧客が指定した場所で加熱して温かい状態等で提供する場合のほか、次の場合も該当します（軽減通達12、個別Ｑ＆Ａ問75）。

① 飲食料品の盛り付けを行う場合

② 飲食料品が入っている器を配膳する場合

③ 飲食料品の提供とともに取り分け用の食器等を飲食に適する状態に配置等を行う場合

上記のほか、顧客の自宅で料理を行い、飲食料品を提供する家事代行のようなサービスも「ケータリング」に該当します（個別Ｑ＆Ａ問76）。

なお、いわゆる出前のように、相手方が指定した場所で加熱、調理または給仕等の役務を一切伴わない場合は、「飲食料品の譲渡」に該当し、軽減税率の適用対象となります（軽減通達12、個別Ｑ＆Ａ問77）。したがって、そば、ピザやカレーの出前などについても軽減税率が適用されることになります。

（２）ケータリングに該当しない場合

有料老人ホームや幼稚園・小中学校等の施設において行う一定の基準を満たす（※１）飲食料品の提供については、一見すると、施設で食事の提供を行いますので、「相手方が指定した場所において行う役務を伴う飲食料品の提供」に該当しそうですが、これらは「ケータリング」に該当せず、軽減税率の適用対象とされています（平成28年改正法附則34①一ロ、平成28年改正令附則３②、個別Ｑ＆Ａ問75）。

① 老人福祉法29条１項の規定による届出が行われている同項に規定する有料老人ホームにおいて、当該有料老人ホームの設置者または運営者が、当該有料老人ホームの一定の入居者（※２）に対して行う飲食料品の提供
② 高齢者の居住の安定確保に関する法律６条１項に規定する登録を受けたサービス付き高齢者向け住宅において、当該サービス付き高齢者向け住宅の設置者または運営者が、当該サービス付き高齢者向け住宅の入居者に対して行う飲食料品の提供
③ 学校給食法３条２項に規定する義務教育諸学校の施設において、当該義務教育諸学校の設置者が、その児童または生徒の全て（※３）に対して学校給食として行う飲食料品の提供
④ 夜間課程を置く高等学校における学校給食に関する法律２条に規定する夜間課程を置く高等学校の設置者が、当該夜間過程において、生徒の全て（※３）に対して夜間学校給食として行う飲食料品の提供
⑤ 特別支援学校の幼稚部及び高等部における学校給食に関する法律２条に規定する特別支援学校の幼稚部または高等部の施設において、当該特別支援学校の設置者が、幼児または生徒の全て（※３）に対して学校給食として行う飲食料品の提供
⑥ 学校教育法１条に規定する幼稚園の施設において、当該幼稚園の設置者が、教育を受ける幼児の全て（※３）に対して学校給食に準じて行う飲食料品の提供
⑦ 学校教育法１条に規定する特別支援学校に設置される寄宿舎において、当該寄宿舎の設置者が寄宿する幼児、児童または生徒に対して行う飲食料品の提供

（※１） 上記①～⑦の施設の設置者または運営者が同一の日に同一の者に

対して行う飲食料品の提供の対価の額（税抜き）が一食につき640円以下であるもののうち、その累計額が1,920円に達するまでの飲食料品の提供であることとされています。また、累計額の計算方法につきあらかじめ書面で定めている場合にはその方法によることとされています（平成28年財務省告示第100号）（下記（３）参照）。

（※２）　60歳以上の者、要介護認定・要支援認定を受けている60歳未満の者またはそれらの者の配偶者に限られます。

（※３）　アレルギーなどの個別事情により全ての児童または生徒に対して提供することができなかったとしても軽減税率の適用対象となります。

（３）「累計額が1,920円に達するまで」の判定方法

ケータリングに該当しない条件として、有料老人ホーム等の設置者または運営者が同一の日に同一の者に対して行う飲食料品の提供の対価の額（税抜き）が、一食につき640円以下であるもののうち、その累計額が1,920円に達するまでの飲食料品の提供であることとされています（平成28年財務省告示第100号）。

ただし、設置者等が同一の日に同一の入居者等に対して行う飲食料品の提供のうち、その累計額の計算の対象となる飲食料品の提供（640円以下のものに限ります。）をあらかじめ書面により明らかにしている場合には、その対象飲食料品の提供の対価の額によりその累計額を計算するものとされています（同告示）。

飲食料品の提供について、あらかじめ書面により、その累計額の計算の対象となる飲食料品の提供を明らかにしていない場合は以下のとおりとなります（個別Ｑ＆Ａ問80）。

朝食 （軽減）	昼食 （軽減）	間食 （軽減）	夕食 （標準）	合計 （内軽減税率対象）
500円≦640円	550円≦640円	500円≦640円	640円≦640円	＝2,190円 （1,550円）
（累計500円）	（累計1,050円）	（累計1,550円）	（累計2,190円）	

夕食は、一食につき640円以下ですが、朝食から夕食までの対価の額の累計額が1,920円を超えていますので、夕食については、軽減税率の適用対象となりません。

なお、あらかじめ書面において、累計額の計算の対象となる飲食料品の提供を、朝食、昼食、夕食としていた場合は以下のとおりとなります。

朝食 （軽減）	昼食 （軽減）	間食 （標準）	夕食 （軽減）	合計 （内軽減税率対象）
500円≦640円	550円≦640円	500円≦640円	640円≦640円	＝2,190円 （1,690円）
（累計500円）	（累計1,050円）	累計対象外	（累計1,690円）	

（4）有料老人ホーム等の設置者が外部業者に調理等を委託している場合

老人福祉法に規定する有料老人ホーム等を設置し、または運営する者（以下「設置者等」といいます。）が、外部業者へその施設の入居者に対する飲食料品の提供に係る調理等を委託している場合があります。この場合における受託者である外部業者の行う調理等に係る役務の提供は、委託者である設置者等に対する役務の提供となりますので、軽減税率の適用対象とはなりません（軽減通達13）。

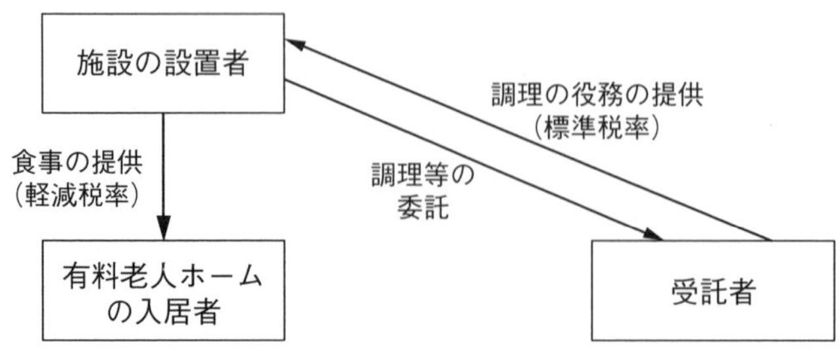

9　テイクアウト（持ち帰り販売）の取扱い

外食事業者の中には、顧客に店内での飲食サービスを提供するほかに、弁当等の持ち帰り販売（テイクアウト）を行っているところもあります。このテイクアウトは、飲食料品を持ち帰って家などで食べることから、原則として軽減税率が適用されます。

（1）テイクアウトの範囲

上記７で述べたように、「外食」には標準税率が適用されますが、外食事業者として飲食店業等を営む者が行うものであっても、飲食料品を持ち帰りのための容器に入れ、または包装を施して行う譲渡（いわゆる「テイクアウト」・「持ち帰り販売」）は、「外食」の定義であるテーブル、椅子等の飲食設備のある場所において飲食料品を飲食させる役務の提供を行うものではなく、単なる飲食料品の販売であることから、軽減税率が適用されます（平成28年改正法附則34①一イ、制度Q＆A問９）。

（2）テイクアウトか否かの判定

事業者が行う飲食料品の提供等が、「外食」（標準税率）に該当するのか、または「テイクアウト」（軽減税率）に該当するのかは、飲食料品の提供等を行う時において判断します。例えば、ファストフード店等のレジカウンターでは、顧客に意思確認を行う等の方法によって、販売店側で判断する必要があります（軽減通達11、制度Q＆A問９）。

すなわち、テイクアウトか否かは、飲食事業者が、販売の際に店内飲食かテイクアウトするか、顧客に意思確認をした時点で判断することになります。

【持ち帰り販売の具体例】

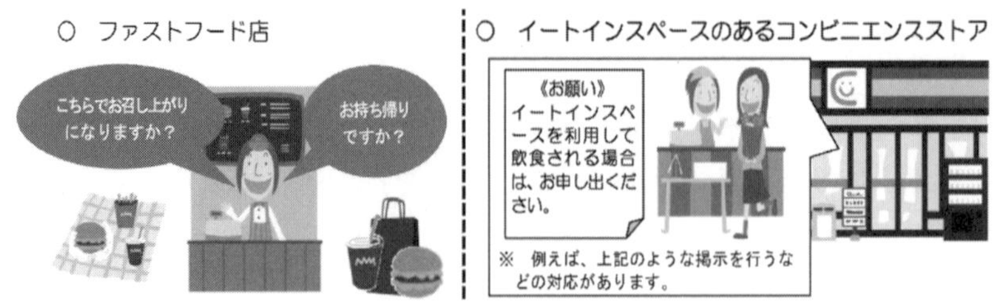

（出典：国税庁「消費税軽減税率制度の手引き」p.21）

なお、顧客が、店内設備等を利用して食事の提供を受ける旨の意思表示を行っているにもかかわらず、事業者が「テイクアウト」の際に利用している容器に入れて提供したとしても、その販売は飲食料品の譲渡に該当しませんので、軽減税率の適用対象とはなりません（軽減通達11）。

（３）セット商品の一部を店内飲食し、その残りを持ち帰り販売した場合の取扱い

ファストフード店でのハンバーガーとドリンクのセット商品は、一の商品です。ファストフード店で、一の商品であるハンバーガーとドリンクのセット商品を販売する際に、顧客からドリンクだけを店内飲食すると意思表示された場合でも、そのセット商品の販売は「食事の提供」に該当し、顧客がドリンクを持ち帰ったとしても軽減税率の対象とはなりません（個別Q＆A問60）。

なお、持ち帰りのハンバーガーと店内飲食するドリンクを単品で販売する場合は、通常どおり、持ち帰りのハンバーガーは「飲食料品の譲渡」として軽減税率の対象となり、店内飲食するドリンクは「食事の提供」として軽減税率の対象とはなりません（個別Q＆A問60）。

【意思確認の方法の具体例】

スーパーマーケットの休憩スペース等での飲食

「飲食設備」とは、飲食に用いられる設備であれば、その規模や目的を問わないため、スーパーマーケットの休憩スペースであっても、飲食設備に該当します。そのため、その休憩スペースにおいて顧客に飲食料品を飲食させる役務の提供は「食事の提供」に該当し、軽減税率の対象となりません。したがって、飲食料品の販売に際しては、顧客に対して店内飲食か持ち帰りかの意思確認を行うなどの方法で、軽減税率の対象となるかならないかを判定していただくこととなります。

なお、「飲食はお控えください」といった掲示を行うなどして実態として顧客に飲食させていない休憩スペース等や、従業員専用のバックヤード、トイレ、サッカー台のように顧客により飲食に用いられないことが明らかな設備については、飲食設備に該当しません。そのため、ほかに飲食設備がない場合には、持ち帰り販売のみを行うこととなりますので、意思確認は不要となります。

（注）　こうした掲示を行っている休憩スペース等であったとしても、実態としてその休憩スペース等で顧客に飲食料品を飲食させているような場合におけるその飲食料品の提供は「食事の提供」に当たり、軽減税率の対象となりません。したがって、店内飲食か持ち帰りかの意思確認を行うなどの方法で、軽減税率の対象となるかならないかを判定していただくこととなりますのでご留意ください。

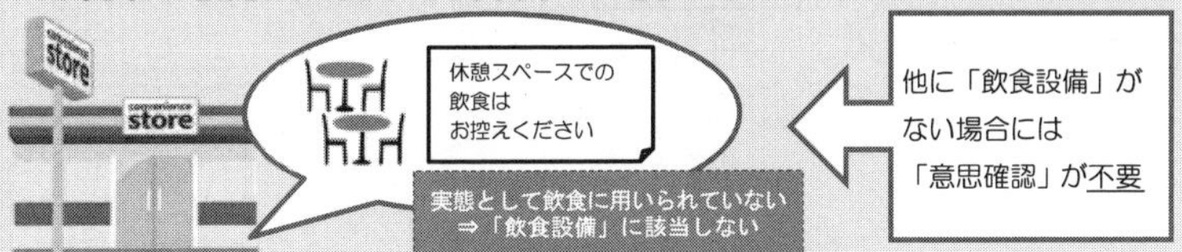

飲食可能な場所を明示した場合の意思確認の方法

店舗に、顧客が飲食にも利用することができる休憩スペースのほか、階段脇や通路沿いにベンチ等を設置しているような場合で、休憩スペースでのみ飲食を可能としており、「飲食される場合には休憩スペースをご利用ください」といった掲示を行っているようなときは、掲示により休憩スペースのみを飲食可能な設備として指定しているため、それ以外のベンチ等は、飲食に用いられないもの（飲食設備に該当しないもの）と考えられます。

ただし、店舗には顧客が飲食可能な休憩スペース（飲食設備）があるため、飲食料品の販売に際しては、顧客に対して店内飲食か持ち帰りかの意思確認を行うなどの方法で、軽減税率の対象となるかならないかを判定していただくこととなりますが、その際には、例えば「お買い上げの商品を休憩スペースを利用してお召し上がりになる場合にはお申し出ください」等の掲示を行うなど、営業の実態に応じた方法により意思確認を行うこととして差し支えありません。

イートインスペースで飲食されるものの限定

店舗に、テーブルや椅子を設置したイートインスペースがある場合に、「お飲み物とベーカリーコーナーのパンについてはお会計いただいた後イートインスペースでお召し上がりいただけます」といった掲示を行うなどして実態としてそれら（飲み物とパン）以外の飲食料品を顧客に飲食させていないときは、それら以外の飲食料品については、そのイートインスペースにおいて飲食されないことが明らかであることから、持ち帰り販売のみを行うこととなりますので、意思確認は不要となります。

（注）　飲み物とパンのみが飲食可能な旨の掲示を行っていたとしても、実態としてそれら以外の飲食料品も顧客に飲食させているような場合におけるその飲食料品の提供は「食事の提供」に当たり、軽減税率の対象となりません。したがって、店内飲食か持ち帰りかの意思確認を行うなどの方法で、軽減税率の対象となるかならないかを判定していただくこととなりますのでご留意ください。

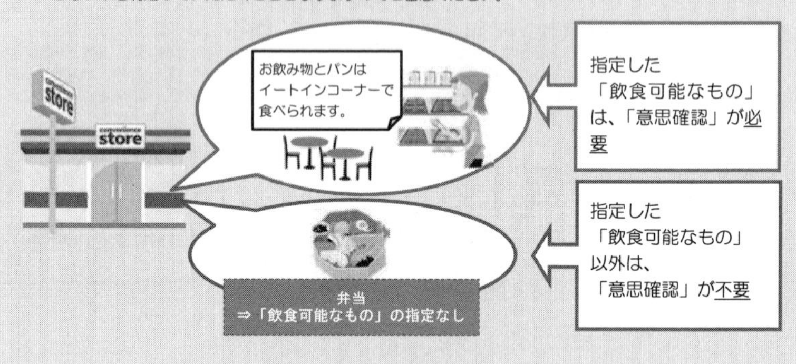

（国税庁「消費税軽減税率制度の手引き」p.22・p23）

10　適用税率の判定時期

（１）国内取引の場合

国内取引に係る軽減税率の判定時期については、事業者が課税売上げを行う時、すなわち、飲食料品を提供する時点（取引を行う時点）で行うこととなります（制度Ｑ＆Ａ問11）。

前述のように、店内飲食と持ち帰り販売の両方を行っている飲食店等の場合には、その飲食料品を提供する時点で、顧客に意思確認を行う等の方法により販売店側で判断する必要があります（軽減通達11）。

すなわち、通常の取引の場合と同様に、取引時点である、飲食料品を提供する時点で判断することになります。

なお、制度Ｑ＆Ａ問11によれば、適用税率の判定にあたっては、以下の①及び②の点について確認が必要としています。

【適用税率の判定の際に確認すべき事項】

① 販売する事業者が、人の飲用または食用に供されるものとして譲渡した場合には、顧客がそれ以外の目的で購入し、またはそれ以外の目的で使用したとしても、当該取引は「飲食料品の譲渡」に該当し、軽減税率の適用対象となります（軽減通達２）。

② 販売する事業者が、人の飲用または食用以外に供されるものとして譲渡した場合には、顧客がそれを飲用または食用に供する目的で購入し、または実際に飲用または食用に供したとしても、その取引は「飲食料品の譲渡」に該当せず、軽減税率の適用対象となりません。

（出典：制度Ｑ＆Ａ問11）

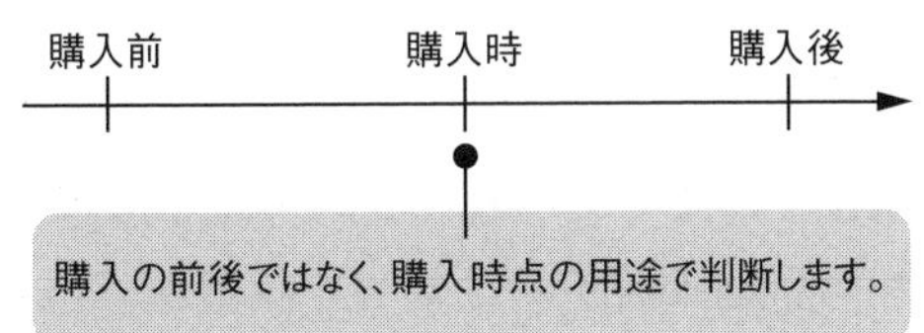

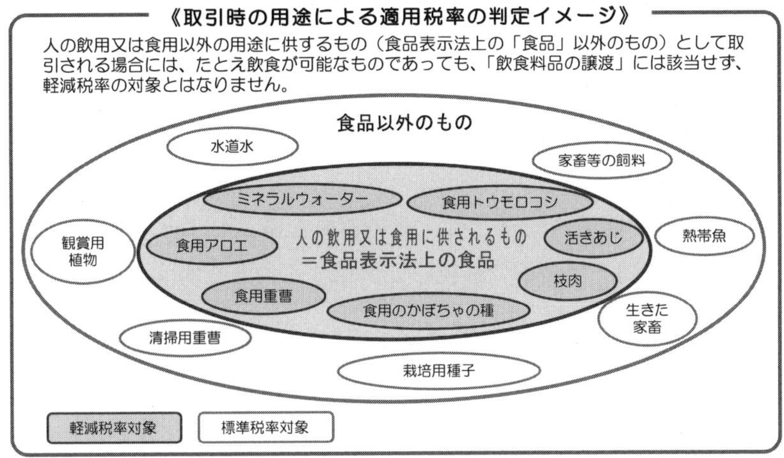

（出典：国税庁「消費税軽減税率制度の手引き」p.10）

(2) 輸入取引の場合

保税地域から引き取られる課税貨物のうち「飲食料品」に該当するものについて、「飲食料品」に該当するか否かは、飲食料品を引き取る時に、人の飲用または食用に供されるものとして輸入されるかどうかにより判定します(個別Q&A問46)。

すなわち、通常の輸入取引の場合と同様に、引取り時点の目的によって判定することになります。

11 「新聞の譲渡」の意義

(1) 新聞の範囲

軽減税率が適用される「新聞の譲渡」とは、一定の題号を用い、政治、経済、社会、文化等に関する一般社会的事実を掲載する1週に2回以上発行する新聞の定期購読契約に基づく譲渡をいいます(平成28年改正法附則34①二)。

この「1週に2回以上発行する新聞」とは、通常の発行予定日が週2回以上とされている新聞をいいますので、国民の祝日及び通常の頻度で設けられている新聞休刊日によって1週に1回以下となる週があっても「1週に2回以上発行する新聞」に該当します(軽減通達14、個別Q&A問99)。

また、「定期購読契約」とは、その新聞を購読しようとする者に対して、その新聞を定期的に継続して供給することを約する契約をいいます(平成28年改正法附則34①二)。

(2) 軽減税率が適用される新聞

軽減税率が適用される「新聞」に含まれるものとして、上記のほか、いわゆるスポーツ新聞や各業界紙、日本語以外の新聞等についても、政治、経済、社会、文化等に関する一般社会的事実を掲載するもので、週2回以上発行され、定期購読契約に基づき譲渡する場合は軽減税率が適用されます（個別Q＆A問97）。

（３）軽減税率が適用されない新聞

一方、軽減税率が適用されない「新聞」として、週２回以上発行されない新聞や、駅・コンビニエンスストア等で販売され定期購読契約に基づかない新聞の譲渡は、軽減税率の適用対象となりません（個別Q＆A問98）。

（４）インターネットを通じて配信する電子版の新聞

そのほか、インターネットを通じて配信する電子版の新聞は、「電気通信利用役務の提供」に該当し、ここでいう「新聞の譲渡」には該当しません。したがって、電子版の新聞は軽減税率の適用対象とはなりません（消法２①八の三、消基通５－８－３、個別Q＆A問101）。

【新聞の譲渡のまとめ】

軽減税率の対象となるもの	○週２回以上発行され、定期購読契約に基づく譲渡を行っている新聞
軽減税率の対象とならないもの	○週２回以上発行されていない新聞 ○駅やコンビニ等で販売する新聞 ○インターネットで配信される新聞

12　税率の引上げに伴う経過措置

平成26(2014)年に消費税率が５％から８％に引き上げられたときと同様に、10％に引き上げられる際にも経過措置があります。ただし、今回は８％の軽減税率制度が導入されたことから、前回引き上げられた時と全く同じというわけではありませんので注意が必要です。

経過措置については、平成26年10月27日に、「平成31年10月１日以後に行われる資産の譲渡等に適用される消費税率等に関する経過措置の取扱いについて（法令解釈通達）（最終改正：平成30年10月31日）」（以下「経過措置通達」といいます。）が公表されています。

また、国税庁消費税室から、「平成31年(2019年)10月１日以後に行われる資産の譲渡等に適用される消費税率等に関する経過措置の取扱いＱ＆Ａ【基本的な考え方編】（平成30年10月）」（以下「経過措置（基本）Q&A」といいます。）及び「平成31年（2019年）10月１日以後に行われる資産の譲渡等に適用される消費税率等に関する経過措置の取扱いＱ＆Ａ【具体的事例編】（平成30年10月）」（以下「経過措置（事例）Q&A」といいます。）が公表されています。

（１） 原則的な取扱い

改正後の消費税法では、改正法附則に規定する経過措置が適用される場合を除き、令和元(2019)年10月１日以後に国内において事業者が行う資産の譲渡等並びに同日以後に国内において事業者が行う課税仕入れ及び保税地域から引き取られる課税貨物（以下「課税仕入れ等」といいます。）に係る消費税について適用し、平成26(2014)年４月１日から令和元(2019)年９月30日までの間に国内において事業者が行った資産の譲渡等及び課税仕入れ等に係る消費税については、なお従前の例によることとされています（平成24年改正法附則15）。

したがって、令和元(2019)年９月30日までに締結した契約に基づき行われる資産の譲渡等及び課税仕入れ等であっても、令和元(2019)年10月１日以後に行われるものは、経過措置が適用される場合を除き、その資産の譲渡等及び課税仕入れ等について新消費税法が適用されることとなります（経過措置通達２、経過措置(基本)Ｑ＆Ａ問１）。

他方、令和元(2019)年10月１日以後に行われる軽減対象資産の譲渡等については、軽減税率が適用されます。

（２）主な経過措置

ここでは、主な経過措置について紹介します（経過措置(基本)Ｑ＆Ａ問７）。なお、より詳細な経過措置の内容については国税庁のホームページで確認してください。

①　旅客運賃、映画・演劇、美術館等の入場料金に係る経過措置

令和元(2019)年10月１日以後に行う旅客運送の料金や映画・演劇、音楽、スポーツ、競馬場、競輪場、美術館、遊園地等への入場料金等であっても、平成26(2014)年４月１日から令和元(2019)年９月30日までの間に領収しているものについては、旧税率の８％が適用されます（平成24年改正法附則５①、16①、平成26年改正令附則４①、経過措置通達４、経過措置(基本)Ｑ＆Ａ問９、問10、経過措置(事例)Ｑ＆Ａ問10～問13)。

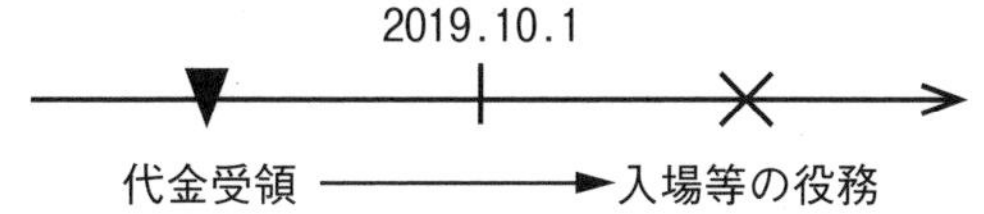

②　電気・ガス・水道等の料金に係る経過措置

継続供給契約に基づき、令和元(2019)年10月１日から継続して供給している電気、ガス、水道、電話、灯油に係る料金で、令和元(2019)年10月１日から令和元(2019)年10月31日までの１か月の間に料金の支払を受ける権利が確定するものについては、旧税率の８％が適用されます（平成24年改正法附則５②、16①、平成26年改正令附則４②、経過措置通達５～７、経過措置(基本)Ｑ＆Ａ問11～問13、経過措置(事例)Ｑ＆Ａ問14～問17)。

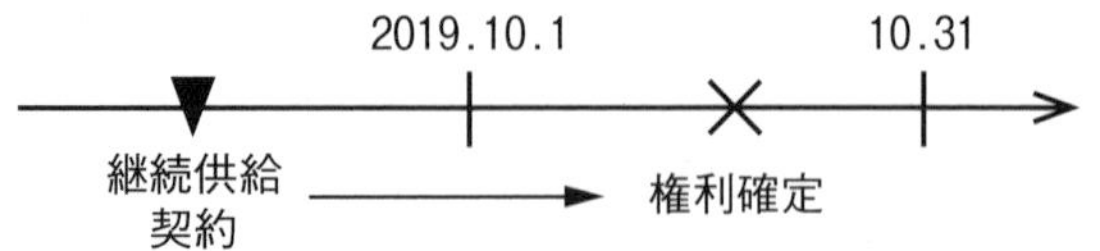

③　請負工事等に係る経過措置

平成25(2013)年10月１日から令和元(2019)年３月31日までの間に締結した工事（製造を含みます。）に係る請負契約（一定の要件に該当する測量、設計及びソフトウエアの開発等に係る請負契約を含みます。）に基づき、令和元(2019)年10月１日以後に課税資産の譲渡等を行う場合における、その課税資産の譲渡等については、旧税率の８％が適用されます（平成24年改正法附則５③、16①、平成26年改正令附則４⑤、経過措置通達８～14、経過措置(基本)Q＆A問14～問27、経過措置(事例)Q＆A問18～問24)。

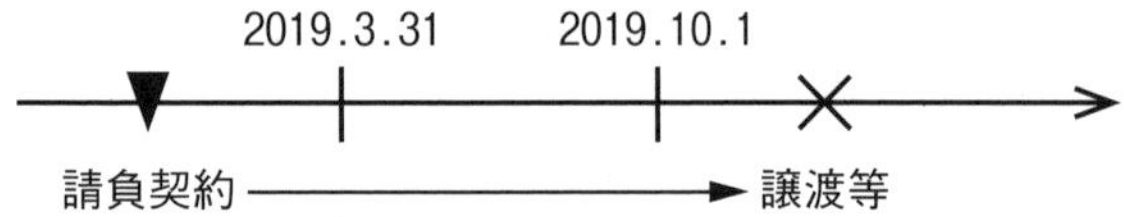

④　資産の貸付けに係る経過措置

平成25(2013)年10月１日から令和元(2019)年３月31日までの間に締結した資産の貸付けに係る契約に基づき、令和元(2019)年10月１日前から同日以後引き続き貸付けを行っている場合（一定の要件に該当するものに限ります。）における令和元(2019)年10月１日以後に行う資産の貸付けについては、旧税率の８％が適用されます（平成24年改正法附則５④、16①、平成26年改正令附則４⑥、経過措置通達15～19、経過措置(基本)Q＆A問28～問31、経過措置(事例)Q＆A問25～問32)。

⑤　指定役務の提供に係る経過措置

「指定役務の提供」とは、冠婚葬祭のための施設の提供その他の便益の提供に係る役務の提供をいいます（経過措置通達20）。

平成25(2013)年10月１日から令和元(2019)年３月31日までの間に締結した役務の提供に係る契約で、その契約の性質上役務の提供の時期をあらかじめ定めることができないもので、役務の提供に先立って対価の全部または一部が分割で支払われる契約（割賦販売法に規定する前払式特定取引に係る契約のうち、指定役務の提供に係るものをいいます。）に基づき、令和元(2019)年10月１日以後にその役務の提供を行う場合において、その契約の内容が一定の要件に該当する役務の提供については、旧税率の８％が適用されます（平成24年改正法附則５⑤、16①、平成26年改正令附則４③、経過措置通達21、経過措置(基本)Ｑ＆Ａ問32、問33)。

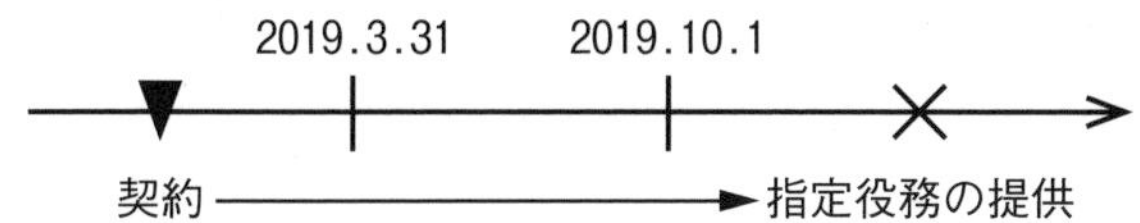

⑥　予約販売に係る書籍等に係る経過措置

令和元(2019)年４月１日前に締結した不特定多数の者に対する定期継続供給契約に基づき譲渡する書籍その他の物品に係る対価を令和元年10月１日前に領収している場合で、その譲渡が令和元（2019)年10月１日以後に行われるものについては、旧税率の８％が適用されます（平成26年改正令附則５①、経過措置通達23、経過措置（基本）Q＆A問34、問35）。

なお、軽減税率が適用される定期購読契約に基づく新聞の譲渡については、この経過措置の適用はありません。

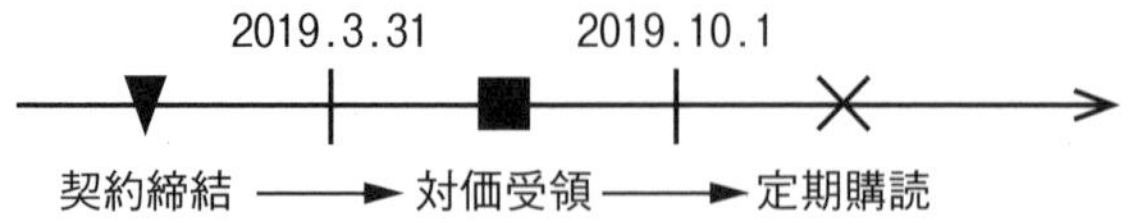

⑦　特定新聞に係る経過措置

不特定多数の者に週、月その他の一定の期間を周期として定期的に発行される新聞で、発行者が指定する発売日が令和元（2019）年10月１日前であるもののうち、その譲渡が令和元（2019）年10月１日以後に行われるものについては、旧税率の８％が適用されます（平成26年改正令附則５②、経過措置（基本）Q＆A問45）。

なお、軽減税率が適用される定期購読契約に基づく新聞の譲渡については、この経過措置の適用はありません。

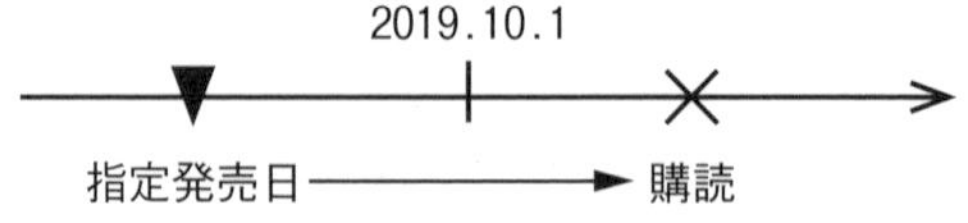

⑧　通信販売に係る経過措置

通信販売の方法により商品を販売する事業者が、令和元（2019）年４月１日前にその販売価格等の条件を提示し、または提示する準備を完了した場合において、令和元（2019）年10月１日前に申込みを受け、提示した条件に従って令和元（2019）年10月１日以後に行われる商品の販売については、旧税率の８％が適用されます（平成26年

改正令附則５③、経過措置（基本）Q＆A問36～問40、経過措置（事例）Q＆A問33、問34）。

なお、軽減税率が適用される取引については、この経過措置の適用はありません。

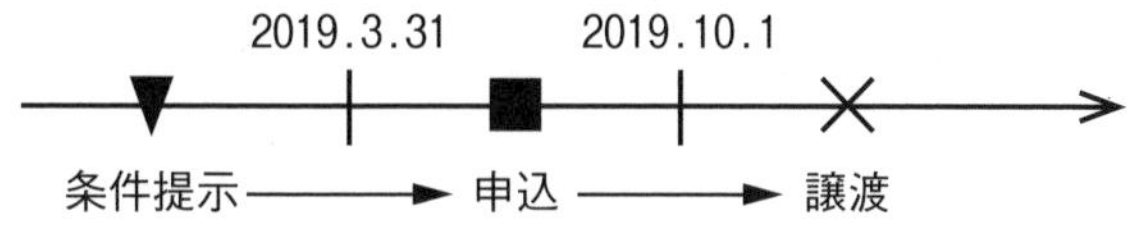

⑨　有料老人ホームにおける役務提供に係る経過措置

平成25（2013）年10月１日から令和元（2019）年３月31日までの間に締結した有料老人ホームに係る終身入居契約（入居期間中の介護料金が入居一時金として支払われるなど一定の要件を満たすものに限ります。）に基づき、令和元（2019）年10月１日前から同日以後引き続き介護に係る役務の提供を行っている場合において、令和元（2019）年10月１日以後に行われる入居一時金に対応する役務の提供については、旧税率の８％が適用されます（平成26年改正令附則５④、経過措置（基本）Q＆A問46）。

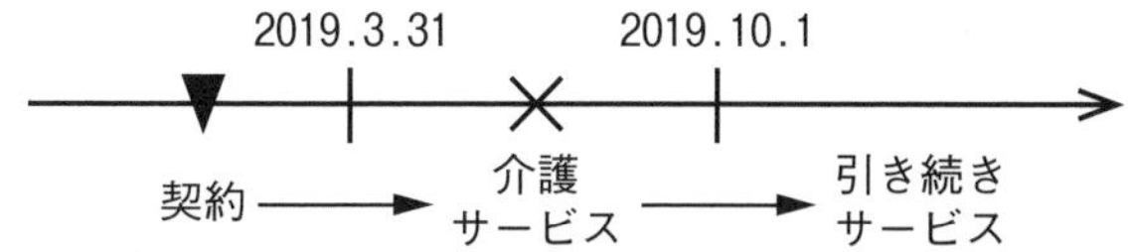

⑩　家電リサイクル法に規定する再商品化等に係る経過措置

家電リサイクル法に規定する製造業者等が、同法に規定する特定家庭用機器廃棄物の再商品化等に係る対価を令和元（2019）年10月１日前に領収している場合（同法の規定に基づき小売業者が領収している場合も含みます。）で、その対価の領収に係る再商品化等が令和元(2019)年10月１日以後に行われるものについては、旧税率の８%が適用されます（平成26年改正令附則５⑤、経過措置(基本)Q＆A問47)。

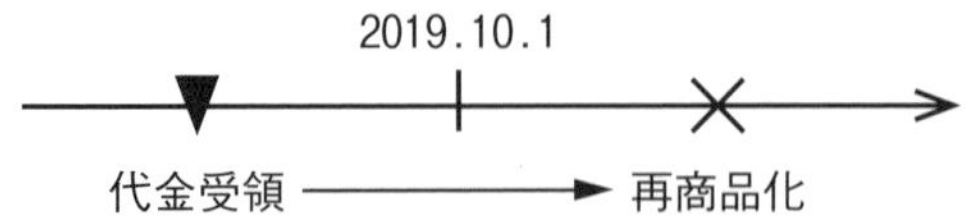

⑪　リース取引に係る経過措置

ファイナンス・リース取引を行う事業者が、令和元(2019)年９月30日までの間に行ったリース譲渡につき延払基準の方法により経理した場合において、令和元(2019)年10月１日以後に資産の譲渡等を行ったものとみなされるリース譲渡延払収益額に係る部分があるときは、そのリース譲渡延払収益額に係る部分の課税資産の譲渡等に係る消費税については、旧税率の８%が適用されます（平成24年改正法附則16の２①、平成26年改正令附則６、８、経過措置通達24、25、経過措置(基本)Q＆A問41～問43、経過措置(事例)Q＆A問25、問26)。

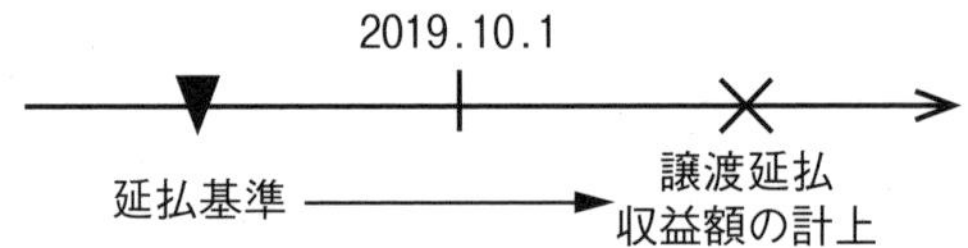

13　レジ等のシステムを改修した場合の法人税の取扱い

軽減税率に対応するために、システムの改修が必要になる場合が考えられます。このような改修をする場合の法人税の取扱いについて、質疑応答事例が公表されています。

軽減税率に対応するためのシステム改修のうち、新たな機能の追加、機能の向上等がある場合は資本的支出、それ以外は損金算入が認められます。

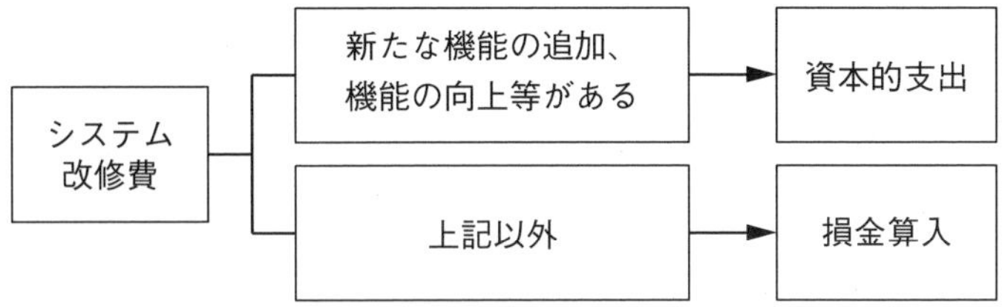

法人税質疑応答事例「消費税の軽減税率制度の実施に伴うシステム修正費用の取扱いについて」

【問】

消費税法改正により、令和元年10月１日から消費税及び地方消費税の税率が８％から10％へ引き上げられ、この税率引上げと同時に消費税の軽減税率制度が実施されることから、軽減税率対象品目を扱うＡ社は、自社の固定資産であるＰＯＳのレジシステムや商品の受発注システム、経理システムのプログラムの修正を行う必要があり、当該修正を外部に委託することとしています。

当該修正は、消費税法改正による軽減税率制度の実施に伴い、事業遂行上、消費税の複数税率に対応した商品の管理や納税額の計算をしなければならなくなったために、必要な修正を行うものであり、新たな機能の追加、機能の向上等には該当しないことから、当該修正に要する費用は修繕費（損金算入）として取り扱うこととして差し支えないでしょうか。

【答】

各システムのプログラムの修正が、消費税法改正による軽減税率制度の実施に対してなされているものに限定されていることにつき、作業指図書等で明確にされている場合には、照会のとおりに取り扱って差し支えありません。

【解説】

プログラムの修正が、ソフトウエアの機能の追加、機能の向上等に該当する場合には、その修正に要する費用は資本的支出として取り扱われることとなりますが、照会の各システムのプログラムの修正は、消費税法改正による軽減税率制度の実施に対して、現在使用しているソフトウエアの効用を維持するために行われるものであり、新たな機能の追加、機能の向上等には該当しないとのことですので、本事案における修正に要する費用は、修繕費に該当します。

(注) プログラムの修正の中に、新たな機能の追加、機能の向上等に該当する部分が含まれている場合には、この部分に関しては資本的支出として取り扱うこととなります。

第３部●

税率の適用区分表

ここでは、第２部で解説した軽減税率制度について、実際にどのような取引が軽減税率の対象となるのかについて、表形式にまとめました。

なお、軽減税率が適用できるか否かの判断は、当該資産等の譲渡等を行ったときで判定します（制度Q＆A問11）。

また表中、例えば（個２）は個別Q＆A問２を表しています。

軽：軽減税率（８％）、標：標準税率（10％）

飲食料品関係		税率
一般的な飲食料品	（法34①一）	軽
家畜	肉用牛、食用豚、食鳥等の生きた家畜の販売（個２）	標
	家畜の枝肉の販売（個２）	軽
	家畜の飼料やペットフードの販売（個４）	標
水産物	食用の生きた魚の販売（個３）	軽
	熱帯魚などの観賞用の魚の販売（個３）	標
	潮干狩りや釣り堀等の入園料（個32）	標
	潮干狩りや釣り堀等で貝や魚を別途対価を徴して行われる販売（個32）	軽
コーヒー豆	コーヒーの生豆の販売（個５）	軽
	コーヒーの生豆の焙煎等の加工（個40）	標
もみ	もみの販売（個６）	軽
	種もみの販売（個６）	標
苗木・種子	果物の苗木など栽培用として販売される植物及びその種子の販売（個７）	標
	おやつや製菓の材料用の種子の販売（個７） （例）食用のかぼちゃの種の販売	軽
水	ミネラルウォーターなどの飲料水の販売（個８）	軽

	水道水（飲食用と生活用の両方で使用される）の供給（個８）	標
	水道水をペットボトルに入れて飲料水として販売（個８）	軽
	ウォーターサーバーのレンタル料（個10）	標
	ウォーターサーバー用の水の販売（個10）	軽
氷	食用氷（かき氷用の氷、飲料に入れる氷）の販売（個９）	軽
	ドライアイスや保冷用の氷の販売（個９）	標
賞味期限切れ食品	賞味期限切れの食品を廃棄するための譲渡（個11）	標
果物	いちご狩りや梨狩りなどのいわゆる味覚狩りの入園料（個32）	標
	味覚狩りで収穫した果物について別途対価を徴して行われる販売（個32）	軽
お菓子	酒類を原料とした菓子類（酒類に該当しない）の販売（個16）	軽
	保冷剤（無料）をつけたケーキ等の洋菓子の販売（個31）	軽
	洋菓子等を販売する際に、別途有料で行われる保冷剤の販売（個31）	標
ジュース	自動販売機により行われるジュース、パン、お菓子等の販売（個33）	軽
自動販売機の手数料	自動販売機の設置等に係る対価として受け取る手数料（個43）	標
物流センタの使用料（センターフィー）	物流センターの使用等に係る対価として支払う手数料（いわゆるセンターフィー）（個44）	標
添加物	食品の製造・加工等の過程において添加される食品衛生法に規定する添加物の販売（個18）	軽
	食品添加物としての金箔の販売（個19）	軽
	化粧品メーカーへの食品衛生法に規定する添加物の販売（個21）	軽
重曹	食品添加物として販売される重曹の販売（個20）	軽

	清掃用等、上記以外の用途としての重曹の販売（個20）	標
炭酸ガス	炭酸ガスが充てんされたボンベの販売（ボンベについて別途対価を徴収している場合を除く）（個22） ※ボンベが炭酸ガスの販売に付帯して通常必要な場合に限ります。	軽
食品の加工	取引先から飲食料品の支給を受けて行う加工（個40）	標
制作物供給契約	製造販売に該当する制作物供給契約による飲食料品の譲渡等（個41）	軽
	賃加工に該当する制作物供給契約による飲食料品の譲渡等（個41）	標
	※製造販売か賃加工かは、その契約内容等により個別に以下のような点を考慮して判断することになります。（個41） ＜判断例＞ ・受託者の使用する原材料や包装資材は、どのように調達されるか（委託者からの無償支給か、有償支給か、自社調達か） ・契約に係る対価の額はどのように設定されるか ・完成品の所有権がどちらにあるか	
通信販売	通信販売による飲食料品の販売（個34）	軽
カタログギフト	カタログギフトによる飲食料品の販売（個35）	標
お土産付きパック旅行	飲食料品のお土産付きパック旅行（個36）	標
	※旅行に係る対価の内訳として、飲食料品のお土産の対価の額を明らかにした場合であっても、パック旅行は、一の役務の提供に該当するため、そのお土産部分の対価についても軽減税率の適用対象とはなりません。	
従業員の出張等に伴う日当に含まれる飲食料品	実費精算を行わない日当の支払い（個37）	標
	従業員等が支出した実費について、事業者が従業員等から受領した領収書等を基に精算するもの（実費精算分）のうち、飲食料品の譲渡等に該当するもの（個37）	軽

飲食料品の譲渡に要する送料	飲食料品の譲渡に要する送料（個39）	標
	送料込みで行われる飲食料品の販売（個39）	軽

酒類等関係		税率
お酒	酒類（アルコール分１度以上の飲料）の販売（個12）	標
	食品の原材料となるワイン等のお酒の販売（個13）	標
みりん	酒類に該当しない料理酒、みりん風調味料等の販売（個14）	軽
	酒類に該当するみりん等の販売（個14）	標
ビール	ノンアルコールビール（酒類に該当しない）の販売（個15）	軽
甘酒	甘酒（酒類に該当しない）の販売（個15）	軽
酒の原料米	日本酒等を製造するための米の販売（個17）	軽

医薬品等関係		税率
栄養ドリンク	医薬品・医薬部外品等に該当する栄養ドリンクの販売（個23）	標
	医薬品・医薬部外品等に該当しない栄養ドリンクの販売（個23）	軽
健康食品等	特定保健用食品、栄養機能食品、健康食品、美容食品（医薬品等に該当しない）などの販売（個24）	軽

外食関係		税率
レストラン等	レストランへの食材の販売（個38）	軽
	社員食堂で提供する食事（個49）	標
	セルフサービスの飲食店での飲食（個50）	標
	飲食店で食べた料理の食べ残しを持ち帰る場合（個59）	標
	飲食店のレジ前の菓子等の販売（個62）	軽

<table>
<tr><td rowspan="2"></td><td>飲食店での缶飲料、ペットボトル飲料の提供（個63）</td><td>標</td></tr>
<tr><td>立食形式の飲食店が行う飲食料品の提供（個64）</td><td>標</td></tr>
<tr><td rowspan="3">コンビニエンスストア</td><td>イートインスペースでの飲食（個52）</td><td>標</td></tr>
<tr><td>弁当等の持ち帰り販売（個52）</td><td>軽</td></tr>
<tr><td colspan="2">※　「イートインコーナーを利用する場合はお申し出ください」等の掲示をして意思確認を行うなど、営業の実態に応じた方法で意思確認を行うことによって、持ち帰りか店内飲食かを判断すればよいです。（個52）
※　大半の商品（飲食料品）が持ち帰りであることを前提として営業しているコンビニの場合、全ての顧客に店内飲食か持ち帰りかを質問することを必要とするものではなく、例えば、「イートインコーナーを利用する場合はお申し出ください」等の掲示をして意思確認を行うなど、営業の実態の応じた方法で意思確認を行うことも認められます。（個52）</td></tr>
<tr><td rowspan="3">スーパーマーケット</td><td>イートインスペースや飲食が許可された休憩スペースでの飲食（個53、個55）</td><td>標</td></tr>
<tr><td colspan="2">※　意思確認についてはコンビニと同様
※　大半の商品（飲食料品）が持ち帰りであることを前提として営業しているスーパーの場合、全ての顧客に店内飲食か持ち帰りかを質問することを必要とするものではなく、例えば、「休憩スペースを利用して飲食する場合はお申し出ください」等の掲示をして意思確認を行うなど、営業の実態の応じた方法で意思確認を行うことも認められます。（個52）</td></tr>
<tr><td>「飲食はお控えください」といった掲示を行っている休憩スペース等であったとしても、実態としてその休憩スペース等で顧客に飲食料品を飲食させているような場合におけるその飲食料品の提供（個53）</td><td>標</td></tr>
</table>

	※　「飲食はお控えください」といった掲示を行うなどして実態として顧客に飲食させていない休憩スペース等や、従業員専用のバックヤード、トイレ、サッカー台のように顧客により飲食に用いられないことが明らかな設備については、飲食設備に該当しません。（個53）	
	イートインスペースにおいて飲み物とパンのみが飲食可能な旨の掲示を行うなどして実態としてそれら以外の飲食料品を顧客に飲食させていない場合に、それら以外の飲食料品についての譲渡（個56）	軽
	※　そのイートインスペースにおいて飲食されないことが明らかであることから、持ち帰り販売のみを行うこととなるため、意思確認は不要となります。 ※　飲み物とパンのみが飲食可能な旨の掲示を行っていたとしても、実態としてそれら以外の飲食料品も顧客に飲食させているような場合におけるその飲食料品の提供は「食事の提供」に当たり、軽減税率の適用対象となりません。したがって、店内飲食か持ち帰りかの意思確認を行うなどの方法で、軽減税率の適用対象となるかならないかを判定することになります（個56）。	
	顧客向けの飲食設備がないスーパーマーケット等の店舗において，その店舗の従業員が従業員専用のバックヤード等で飲食するために，従業員への飲食料品の譲渡（個54）	軽
	※　飲食設備がある場合は，従業員に対しても，顧客と同様に飲食設備で飲食するか否かの意思確認が必要となります。	
ファストフード	ファストフード店でのテイクアウト（個58）	軽
	ファストフード店での店内飲食（個58）	標
	※　その場で飲食するのかまたは持ち帰るのかを相手方に意思確認して判断すればよいです（個58）。	

	セット商品のうち一部を店内飲食する場合（個60）	標
	※セット商品は、一の商品であることから、意思確認の結果、そのセット商品の一部（例えば、ドリンク）を店内飲食し、残りを持ち帰ると申し出があったとしても、一のセット商品の一部をその場で飲食させるために提供することになるため、そのセット商品の販売は,「食事の提供」に該当します。	
フードコート	フードコートでの飲食（個65）	標
屋台、フードイベント等	屋台での飲食料品の提供（飲食設備がある場合）（個51）	標
	屋台での飲食料品の提供（飲食設備がない場合）（個51）	軽
喫茶店	コーヒーチケットの販売（個57）	不課税
	コーヒーチケットと引換えによる店内でのコーヒーの飲食（個57）	標
	コーヒーチケットと引換えによるコーヒーの持ち帰り（個57）	軽
	※　顧客にコーヒーを提供する時に、顧客に対して店内飲食か持ち帰りかの意思確認を行うなどの方法により判定します。 ※　店内飲食と持ち帰りの共用のコーヒーチケットでは、その発行時点において適用税率を判定することはできません。そのため、例えば、店内飲食用のチケットと持ち帰り用のチケットを区分して発行するといった対応も考えられます。（個57）	
回転寿司	店内飲食	標
	店内で飲食する寿司と区別されずに提供され、その後、顧客がパック詰めにして持ち帰る場合（個61）	標
	顧客が持ち帰り用として注文したもの	軽
公園	移動販売車が弁当等を販売し、顧客が（誰もが使える）公園のベンチ等で飲食する場合（個66）	軽

	上記の場合において、誰もが使えるのではなく、公園等の設備設置者と飲食料品を提供している事業者が合意に基づき、その設備を顧客に利用させている場合（個66）	標
	合意等の範囲（個67） この「合意」には、契約書等で明らかにされている明示的な合意のみならず、「黙示の合意」も含みます。 ここでの「黙示の合意」とは、飲食料品を提供する事業者が、設備設置者との明示の合意なく自らの顧客にその設備を使わせていることが設備設置者に黙認されており、かつ、飲食料品を提供する事業者がその設備を「管理支配しているような状況」をいいます。 ※「管理支配しているような状況」とは、例えば、その設備にメニュー等を設置、顧客を案内、配膳、下膳、清掃を行っている等、自らの飲食設備として利用させている状況をいいます。	
遊園地の売店	売店の管理が及ばない園内のベンチ等で飲食するためや食べ歩きのための飲食料品の販売（個68） ※遊園地の施設全体が飲食設備に該当するものではありません。	軽
	売店の管理が及ぶ飲食設備で飲食するための飲食料品の販売（個68）	標
電車等	旅客列車の食堂車での食事（個69）	標
	移動ワゴン販売の飲食料品の販売（個69）	軽
	座席等で飲食させるための飲食メニューを座席等に設置して、顧客の注文に応じてその座席等で行う食事の提供（個69）	標
	座席等で飲食するため事前に予約を取って行う食事の提供（個69）	標
カラオケボックス	カラオケボックスでの飲食料品の提供（個70）	標
映画館等	映画館の売店での飲食料品の販売（個71）	軽

	映画館の売店のそばにある飲食スペースで飲食するための売店の飲食料品の販売（意思確認必要）（個71）	標
旅館・ホテル	旅館、ホテル等宿泊施設における飲食料品の提供（個72）	標
	ルームサービス（個72）	標
	客室に備え付けられた冷蔵庫内の飲料等（酒類を除く）（個73）	軽
	客室に備え付けられた冷蔵庫内の酒類（個73）	標
バーベキュー施設	バーベキュー施設での飲食等（個74）	標
	バーベキュー施設の飲食設備の利用料（個74）	標
ケータリング・出張料理	相手方が指定した場所で飲食料品の盛り付けを行う場合（個75）	標
	相手方が指定した場所で飲食料品が入っている器を配膳する場合（個75）	標
	相手方が指定した場所で飲食料品の提供とともに取り分け用の食器等を飲食に適する状態に配置等を行う場合（個75）	標
特定の施設において行う一定の基準を満たす飲食料品の提供	有料老人ホームにおいて、有料老人ホームの設置者または運営者が、有料老人ホームの入居者（※2）に対して行う飲食料品の提供（個75）（個80）	軽
	サービス付き高齢者向け住宅において、サービス付き高齢者向け住宅の設置者または運営者が、サービス付き高齢者向け住宅の入居者に対して行う飲食料品の提供（個75）	軽
	小中学校等の施設において、小中学校等の設置者が、児童また生徒の全て（※３）に対して学校給食として行う飲食料品の提供（個75）	軽
	夜間課程を置く高等学校の施設において、高等学校の設置者が、夜間過程において行う教育を受ける生徒の全て（※３）に対して夜間学校給食として行う飲食料品の提供（個75）	軽

	特別支援学校の幼稚部または高等部の施設において、特別支援学校の設置者が、幼児または生徒の全て（※３）に対して学校給食として行う飲食料品の提供（個75）	軽
	幼稚園の施設において、幼稚園の設置者が、その施設で教育を受ける幼児の全て（※３）に対して学校給食に準じて行う飲食料品の提供（個75）	軽
	特別支援学校に設置される寄宿舎において、その寄宿舎の設置者が、寄宿舎に寄宿する幼児、児童または生徒に対して行う飲食料品の提供（個75）	軽
	（※１）上記の施設の設置者等が、同一の日に同一の者に対して行う飲食料品の提供の対価の額（税抜き）が一食につき640円以下であるもののうち、その累計額が1,920円に達するまでの飲食料品の提供であることとされています。また、累計額の計算方法につきあらかじめ書面で定めている場合にはその方法によることとされています（平成28年財務省告示第100号）。（個80） （※２）60歳以上の者、要介護認定・要支援認定を受けている60歳未満の者またはそれらの者の配偶者に限られます。 （※３）アレルギーなどの個別事情により全ての児童または生徒に対して提供することができなかったとしても軽減税率の適用対象となります。	
家事代行	顧客の自宅で料理を行い、飲食料品を提供するサービス（個76）	標
出前・配達	そばの出前、宅配ピザの配達等（個77）	軽
	社内会議室への飲食料品の配達（個78）	軽
	社内会議室への飲食料品の配達後、会議室内で給仕等の役務の提供を行う（個78）	標
	配達先で取り分ける行為を含む弁当やみそ汁等の販売（個79）	軽

高校・大学	高校や大学等の食堂で行われる飲食料品の提供（個81）	標
病院	病院食の提供（個82）	非課税
	患者の自己選択により、特別メニューの食事の提供を受けている場合に支払う特別の料金（個82）	標
委託	飲食料品の提供に係る給食調理委託契約に基づき行う食事の調理（個83、軽減通達13）	標

包装材料及び容器関係		税率
包装材料・容器	飲食料品の販売に際し使用される包装材料及び容器（個25） ※販売に付帯して通常必要なものとして使用される場合	軽
	別途代金を支払って購入するレジ袋や贈答用の包装（個25）	標
お菓子の缶箱等	キャラクター等が印刷された缶箱入りのお菓子の販売（お菓子の販売に付帯して通常必要な場合）（個26）	軽
	※なお、飲食料品の販売の際に付帯する包装材料等が、例えば、その形状や販売方法等から、装飾品、小物入れ、玩具等、顧客に他の用途として再利用させることを前提として付帯しているものは、通常必要なものとして使用されるものに該当せず、その商品は一体資産に該当します。（個26）	
高価な容器	桐の箱にその商品名を直接印刷等して、その飲食料品を販売するためにのみ使用していることが明らかな場合（個27、軽減通達３）	軽
	その形状や販売方法等から、装飾品、小物入れ、玩具等、他の用途として再利用させることを前提として付帯するような場合で、容器等に商品の名称等を直接印刷したとしても、その飲食料品を販売するためにのみ使用していることが明らかでないもの（個27）	標

<table>
<tr><td>飲食料品に付帯する割り箸やスプーン、ストロー</td><td>割り箸やスプーン、ストロー等の食器具等を付帯した飲食料品の販売（個28）
※食器具等がその飲食料品を飲食する際にのみ用いられる場合</td><td>軽</td></tr>
<tr><td>包装紙</td><td>お菓子用の包装紙の仕入れ（個29）</td><td>標</td></tr>
<tr><td>ガラスびん</td><td>ガラスびんに入った飲料の販売（飲料と一緒に判定）（個30）
※ガラスびんがその販売に付帯して通常必要なものとして使用される場合</td><td>軽</td></tr>
<tr><td rowspan="3">飲用後に回収される空びん</td><td>飲用後の空びんを回収する際に飲食店等に支払う「びん代」（個30）
※「びん代」を売上げに係る対価の返還等として処理することもできます。</td><td>標</td></tr>
<tr><td>容器保証金（個30）</td><td>対象外</td></tr>
<tr><td colspan="2">「容器保証金」について、当該容器等が返却されないことにより返還しないこととなった保証金等の取扱いについては、次による（消基通５－２－６）。
(1)　当事者間において当該容器等の譲渡の対価として処理することとしている場合　資産の譲渡等の対価に該当する。
(2)　当事者間において損害賠償金として処理することとしている場合　当該損害賠償金は資産の譲渡等の対価に該当しない。
（注）(1)又は(2)のいずれによるかは、当事者間で授受する請求書、領収書その他の書類で明らかにするものとする。</td></tr>
</table>

対価の返還等関係		税率
飲食料品に係る販売奨励金等	軽減税率対象品目の譲渡（個42）	軽
	上記以外の譲渡（個42）	標

	○事業者が受け取る販売奨励金 →仕入れに係る対価の返還等（消基通12－１－２） ○事業者が支払う販売奨励金 →売上げに係る対価の返還等（消基通14－１－２）
	＜参考＞ 「販売奨励金」という名目でやり取りが行われるものであっても、例えば、「販路拡大」などの役務の提供の対価として支払う（受け取る）ものは、軽減税率の適用対象となりません。 したがって、「飲食料品の譲渡」に伴いやり取りされる「販売奨励金」やいわゆる「リベート」などは、その目的や性質等によって「売上げ（又は仕入れ）に係る対価の返還等」であるのか、あるいは「役務の提供の対価」として支払う（受け取る）ものであるのかを整理し、適用税率を判定する必要があります。この点、取引当事者間でこれらの認識を共有する必要がありますので、例えば、契約書等により、あらかじめ明らかにしておくといった対応が考えられます。（個42）

輸入関係		税率
輸入	人の飲用または食用に供される飲食料品の輸入（個46）	軽
	上記以外の飲食料品の輸入（個46）	標
	輸入された飲食料品を食用としてその後に販売（個47）	軽
	輸入された飲食料品を飼料用としてその後に販売（個47）	標
	レストランへ販売する食材の輸入（個48）	軽
	上記食材をレストランに販売（個48）	軽
	課税貨物が「飲食料品」に該当するか否かの判定は、輸入の際に、人の飲用または食用に供されるものとして輸入されるか否かにより判断します。（個47）	

一体資産の判定（改正令附則２、制度Ｑ＆Ａ３、軽減通達５）		税率
食玩	菓子と玩具により構成されている、いわゆる食玩の販売（①及び②の要件を満たすもの）（個84） ①　一体資産の譲渡の対価の額が税抜１万円以下 ②　一体資産の価額のうち食品に係る部分の価額の占める割合として合理的に計算した割合が３分の２以上	軽
	（※１）１万円以下の判定単位（個91） 一体資産の譲渡の対価の額（税抜き）が１万円以下かどうかは、セット商品１個当たりの販売価格で判定します。 （※２）合理的な方法により計算した割合（個92） ②の割合は、事業者の販売する商品や販売実態等に応じ、例えば、次の割合など、事業者が合理的に計算した割合であればこれによって差し支えないとされています（軽減通達５）。 イ　その一体資産の譲渡に係る売価のうち、合理的に計算した食品の売価の占める割合 ロ　その一体資産の譲渡に係る原価のうち、合理的に計算した食品の原価の占める割合	
洋菓子	高価な容器（食器として再利用でき、菓子よりも高価なもの）に盛り付けられた洋菓子（個85）	標
福袋	食品と食品以外の商品で構成された福袋の販売（①及び②の要件を満たすもの）（個86） ①　一体資産の譲渡の対価の額が税抜１万円以下 ②　一体資産の価額のうち食品に係る部分の価額の占める割合として合理的に計算した割合が３分の２以上	軽
	１万円以下の判定単位（個91）及び合理的な方法により計算した割合（個92）は、上記「食玩」に同じ。	
値引販売	単品で販売している食品と酒類をセットで販売した時に、一括で値引した場合の値引きの取扱い（個93）	－

<table>
<tr><td></td><td>※　これらの商品を組み合わせて、一括で値引きを行って販売するときは、あらかじめ一の資産を形成し、または構成しているものではないことから、「一体資産」に該当しません。
なお、一括して値引きを行った場合のそれぞれの値引き後の対価の額は、それぞれの資産の値引き前の対価の額等によりあん分するなど合理的に算出することとなります。
例えば、顧客が割引券等を利用したことにより、これら同時に行った資産の譲渡等を対象として一括して対価の額の値引きが行われており、その資産の譲渡等に係る適用税率ごとの値引額または値引額控除後の対価の額が明らかでないときは、割引券等による値引額をその資産の譲渡等に係る価額の比率によりあん分し、適用税率ごとの値引額及び値引額控除後の対価の額を区分することとされています。
資産の譲渡等に際して顧客へ交付する領収書等の書類により適用税率ごとの値引額または値引額控除後の対価の額が確認できるときは、当該資産の譲渡等に係る値引額または値引額控除後の対価の額が、適用税率ごとに合理的に区分されているものに該当することとされています（軽減通達15）。</td></tr>
<tr><td colspan="2">（※）合理的な割合が不明な小売事業者等における取扱い（個96）
小売業や卸売業等を営む事業者が、一体資産に該当する商品を仕入れて販売する場合において、販売する対価の額(税抜き）が1万円以下であれば、その課税仕入れのときに仕入先が適用した税率をそのまま適用できます。</td></tr>
</table>

新聞の譲渡関係		税率
定期購読	日刊新聞（28年改正法附則34①二、個97）	軽
	スポーツ新聞や業界紙の販売（週2回以上発行）（個97、個99）	軽
駅やコンビニでの販売	スポーツ新聞や業界紙の販売（定期購読契約に基づかないもの）（個98）	標

ホテルに対して販売する新聞	ホテルの従業員の購読用、ホテルの宿泊客の閲覧用としてロビーに設置するものや無料で配布するもので毎日固定部数を販売する場合（個100）	軽
	当日の宿泊客数に応じて販売する場合（個100）	標
電子版	インターネットを通じて配信する電子版の新聞（個101）	標
紙の新聞と電子版のセット販売	紙の新聞部分（個102）	軽
	電子版部分（個102）	標
	※紙の新聞と電子版のセット販売している場合には、セット販売の対価の額を紙の新聞の金額と電子版の金額とに区分して、それぞれの税率が適用されます。	

第４部●

軽減税率の実施に伴う価格表示

1　公表理由

平成30年５月18日付で、消費者庁・財務省・経済産業省・中小企業庁の連名による「消費税の軽減税率制度の実施に伴う価格表示について」が公表されました。そこでは小売店等での価格表示の具体例を公表した理由について以下のように説明しています（下線は筆者）。

> 平成31年（2019年）10月１日から実施される消費税の軽減税率制度においては、軽減税率の適用対象品目を「酒類及び外食を除く飲食料品」及び「定期購読契約が締結された週二回以上発行される新聞」としている。そのため、テイクアウト（飲食料品を持帰りのための容器に入れ、又は包装を施して行う飲食料品の譲渡をいう。）及び出前（単に相手方が指定した場所まで飲食料品を届ける行為をいう。）（以下「テイクアウト等」という。）には軽減税率が適用されることとなる一方、店内飲食（飲食設備のある場所において、飲食料品を飲食させる役務の提供をいう。）には標準税率が適用されることとなる。
>
> このため、テイクアウト等及び店内飲食のいずれの方法でも飲食料品を提供する飲食店等の事業を営む者（以下「外食事業者」という。）や、イートインスペース（テーブルや椅子等の飲食に用いられる設備のある場所をいう。）のある小売店等の事業者では、同一の飲食料品の販売につき適用される消費税率（地方消費税率を含む。以下「適用税率」という。）が異なる場面が想定される。
>
> このようなことから、消費税の軽減税率制度の実施に伴う価格表示について、上述の場面における価格表示の具体例等を示すことにより、適切な価格表示を推進し、事業者間の公正かつ自由な競争を促進するとともに、一般消費者の適正な商品又は役務の選択を確保することを目的とするものである。

すなわち、外食事業者でも店内飲食とテイクアウトで適用される税率が異なることから、表示の仕方によっては、消費者に他店より安いなどの誤解を与える可能性もあり得ます。そのような誤解を与える価格表示では、事業者間の競争を阻害するとともに、消費者に安心な買い物の機会を提供することもできなくなります。

そこで、どのように価格表示を行うのかが非常に重要になります。

２　価格表示の概要

軽減税率制度の実施に伴い、価格表示についても軽減税率が適用される商品等と標準税率が適用される商品等が混在して販売されるケースが想定されます。そのため、消費者がいくら支払うのかを明確にする必要があるため、事業者には消費者にとって分かりやすい価格表示が求められます。

（１）不特定多数の消費者に販売する小売業等の場合

消費税法63条では、「(課税）事業者は、不特定かつ多数の者に課税資産の譲渡等を行う場合において、あらかじめ課税資産の譲渡等に係る資産又は役務の価格を表示するときは、当該資産又は役務に係る消費税額及び地方消費税額の合計額に相当する額を含めた価格を表示しなければならない」と規定しています。すなわち、消費者に商品を提供するような事業を行う課税事業者は、原則として、「税込価格」で表示しなければなりません（「総額表示義務」といいます。)。

ただし、後述するように、令和３(2021)年３月31日までの間については、表示価格が税込価格であると誤認されないための措置（「誤認防止措置」）を講じていれば、「税込価格」を表示しなくてもよいとする特例が設けられています。したがって、消費税法63条に規定する総額表示義務の特例として、「税抜価格」を表示することも認められています（消費税転嫁対策特別措置法10①)。

（2）専ら事業者向けの事業を行う事業者の場合

専ら他の事業者に対して課税売上げがある課税事業者については、不特定多数の者に販売するわけではありませんので、「税込価格」だけでなく「税抜価格」でも表示することができます（消法63）。

（3）免税事業者の場合

免税事業者は、取引に課される消費税がありません。そのため、免税事業者は、前段階控除方式を前提としている消費税の仕組み上、「税抜価格」を表示して別途消費税相当額を受け取るといったことは予定されていません。

そこで、免税事業者における価格表示は、消費税の「総額表示義務」の対象とされていませんが、仕入れに係る消費税相当額を織り込んだ消費者の支払うべき価格を表示することが適正な表示です、と財務省のＨＰでは解説しています（参考：財務省「消費税における『総額表示方式』の概要」）。

3　価格の表示方法

「消費税の軽減税率制度の実施に伴う価格表示について」によれば、具体的な表示方法として、（１）税込価格と税抜価格を異なる価格として表示する方法と、（２）税込価格と税抜価格を同一の税込価格として表示する方法の２つが挙げられています。

（1）税込価格と税抜価格を異なる価格として表示する方法

事業者は、商品等にどのような価格を設定するのかについては、独自の判断で行うことができます。そこで、軽減税率が適用されるテイクアウト等と、標準税率が適用される店内飲食とで、異なる税込価格を設定する場合が考えられます。その場合の価格表示方法としては、①テイクアウト等及び店内飲食の両方の税込価格を表示する方法、及び、②テイクアウト等または店内飲食のどちらか片方のみの税込価格を表示する方法、の２つの方法が考えられます。

ただし、いずれの場合を採用するにせよ、顧客がテイクアウトを選ぶのか店内飲食を選ぶのかは、店舗側が顧客に対して購入時に意思確認をする必要があります。この意思確認について、「消費税の軽減税率制度の実施に伴う価格表示について」では次のように説明しています。

【意思確認方法の例示】

> 外食事業者やイートインスペースのある小売店等において、適用税率を判定するための顧客への意思確認については、例えば、小売店等では「イートインコーナーを利用する場合はお申し出ください」、外食事業者では「テイクアウトの場合はお申し出ください」といった掲示により行うなど、営業の実態に応じた方法で行うこととして差し支えないものとされている。
>
> 「異なる税率が適用される旨」の掲示についても、上記意思確認の掲示と併せて表示することが可能となる。

①　テイクアウト等及び店内飲食の両方の税込価格を表示する方法

事業者の判断により、テイクアウト等及び店内飲食の両方の税込価格を表示することが考えられます。なお、両方の税込価格に併せて、税抜価格または消費税額を併記することも認められます。

なお、この事業者の判断について、「消費税の軽減税率制度の実施に伴う価格表示について」では次のように説明しています。

【両方の税込価格を表示する場合の事業者の判断の具体例】

> ○「テイクアウト等」と「店内飲食」が同程度の割合で利用される場合において、テイクアウト等と店内飲食の選択における消費者の価格判断を行う際の利便性を向上する　など

【テイクアウト及び店内飲食を提供している事業者の場合に、両方の税込価格を表示する場合のメニュー表示】

外食店Aの場合	
メニュー	
牛　丼	440円（432円）
豚　丼	385円（378円）
カレー	550円（540円）
※かっこ書きはテイクアウトの価格となります。	

外食店Bの場合		
メニュー		
	店内飲食	（出前）
ラーメン	880円	（864円）
チャーハン	715円	（702円）
ぎょうざ	495円	（486円）

イートインスペースがある小売店Cの商品棚の価格表示	
和風弁当	594円
（店内飲食	605円）

このように、テイクアウトの場合と、店内飲食（外食）した場合との両方の価格を明記します。

（参考：「消費税の軽減税率制度の実施に伴う価格表示について」）

② テイクアウト等または店内飲食のどちらか片方のみの税込価格を表示する方法

前述①と同様に、事業者の判断によりテイクアウト等または店内飲食のどちらか片方のみの税込価格を表示することが考えられます。

この場合の事業者の判断について、「消費税の軽減税率制度の実施に伴う価格表示について」では次のように説明しています。

【片方のみの税込価格を表示する場合の事業者の判断の具体例】

○「テイクアウト等」の利用がほとんどである小売店等において、「店内飲食」の価格を表示する必要性が乏しい

○「店内飲食」の利用がほとんどである外食事業者において、「テイクアウト等」の価格を表示する必要性が乏しい

○「テイクアウト等」と「店内飲食」両方の価格を表示するスペースがない　など

【テイクアウト及び店内飲食を提供している事業者の場合に、どちらか片方のみの税込価格を表示する場合のメニュー表示】

店内飲食が主の 外食店Ａの場合	出前が主の 外食店Ｂの場合
メニュー 牛　丼　440円 豚　丼　385円 カレー　550円 ※テイクアウトの場合は、税率が異なりますので、別価格となります。	出前メニュー ラーメン　864円 チャーハン　702円 ぎょうざ　486円 ※店内飲食の場合は、税率が異なりますので、別価格となります。

イートインスペースがある小売店Cの場合	
《商品棚の価格表示》	《店内掲示》
和風弁当　594円	イートインスペースで飲食される場合は、税率が異なりますので、別価格となります。

このように、店内飲食が主の場合や、テイクアウト（出前）が主の場合のように、どちらか主たる方の価格を表示し、もう片方の価格については、価格が異なる点について注意書きを行うなどします。

（参考：「消費税の軽減税率制度の実施に伴う価格表示について」）

消費者の観点からすると、テイクアウトと店内飲食の両方の価格を表示した方が価格がはっきりしますので、利便性があると思われますが、店舗の状況等により、柔軟な対応をすることを認めていると思われます。ただし、価格表示については、混同するとトラブルとなりますので、その表示については十分な対応が必要でしょう。

なお、税込価格と税抜価格の両方ではなく、片方のみを表示することについて、「消費税の軽減税率制度の実施に伴う価格表示について」によれば、以下のように説明しています（下線は筆者）。

消費税法第63条では、総額表示義務として、不特定かつ多数の者に対してあらかじめ商品や役務の価格を表示するときに、税込価格を表示することが義務付けられているが、当該義務は、あらかじめ価格を表示しない場合にまで課されるものではないことから、テイクアウト等又は店内飲食のどちらか片方のみの税込価格を表示し、もう片方の税込価格を表示しない場合であっても、同条の規定には違反しない。

しかしながら、店内飲食の場合には適用税率が異なるため、テイクアウト等の場合よりも店内飲食のほうが税込価格が高いにもかかわらず、テイクアウト等の場合であることを明瞭に表示せず、その税込価格のみを表示している場合には、一般消費者に店内飲食の価格が実際の価格よりも安いとの誤認を与えてしまい、不当景品類及び不当表示防止法第5条第2号の規定により禁止される表示（有利誤認）に該当するおそれがある。

また、一般消費者にとって価格表示は、商品又は役務（サービス）の選択上最も重要な販売価格についての情報を得る手段であるという点を踏まえると、テイクアウト等と店内飲食との間で税込価格が異なる場合は、事業者は、顧客の意思表示により異なる税率が適用され、税込価格が別途計算されることがあり得る旨、店舗内の目立つ場所に掲示するなどの手段により、一般消費者に対して注意喚起を行うことが望ましい。

（2）テイクアウト等と店内飲食を同一の税込価格として表示する方法

①　概要

事業者は、商品等にどのような価格を設定するのかについては、事業者独自の判断で行うことができます。そこで、軽減税率が適用されるテイクアウト等の税抜価格を、標準税率が適用される店内飲食の税抜価格より高く設定することや、店内飲食の税抜価格を低く設定することで同一の税込価格を設定することも認められています（「消費税の軽減税率制度の実施に伴う価格表示について」２）。

分かりやすく言い換えると、事業者は、その判断により、同一商品の税抜価格について、テイクアウト等と店内飲食とで異なる価格を設定することによって、結果として、同一の税込価格を設定することも可能だということです。

その場合における価格表示方法としては、以下の方法が考えられます。

【同一の税込価格を表示する場合の具体的な表示方法】

テイクアウト等の税抜価格	：408円（８％）→ 440円（税込価格）
店内飲食の税抜価格	：400円（10％）→ 440円（税込価格）

例えば、先ほどまで例にしていた牛丼を例にしてみます。両方を表示する方法の場合、本体価格400円だとすると、テイクアウトの場合、400円×1.08＝432円、店内飲食の場合、400円×1.1＝440円となります。これだと両者の価格が異なることになります。

これに対して、同一の税込価格で表示する場合、テイクアウトには408円、店内飲食には400円の税抜価格を設定します。したがって、テイクアウトには408円×1.08≒440円、店内飲食には400円×1.1＝440円と、同一の税込価格を設定することができることとなります。

なお、このようにテイクアウト等と店内飲食とで同一の税込価格を設定することについて、「消費税の軽減税率制度の実施に伴う価格表示について」では、次のように留意事項を説明しています。

> 両方の税込価格が仮に同一であったとしても、適用税率が異なることに変わりはないことを踏まえると、消費税の円滑かつ適正な転嫁を確保

する観点から、以下の点に留意する必要がある。

① 「全て軽減税率が適用されます」といった表示や、「消費税は８％しか頂きません」といった表示を行うことは、消費税の円滑かつ適正な転嫁の確保のための消費税の転嫁を阻害する行為の是正等に関する特別措置法や景品表示法により禁止されている。

② テイクアウト等の価格を店内飲食に合わせて値上げする場合には、消費者から問われた際に、先に挙げた具体例も参考にしつつ、合理的な理由を説明することが考えられる。

② 表示方法

同一の税込価格を表示する際の事業者の判断の具体例として、「消費税の軽減税率制度の実施に伴う価格表示について」では、次のような理由が想定されています。

【同一の税込価格を表示する場合の事業者の判断の具体例】

○ テイクアウト等の税抜価格を上げる例

・「出前」について、配送料分のコストを上乗せする。

・「テイクアウト」について、箸や容器包装等のコストを上乗せする。

○ 店内飲食の税抜価格を下げる例

・「店内飲食」について、提供する飲食料品の品数を減らす。

・「店内飲食」の需要を喚起するため。

○ 従業員教育の簡素化や複数の価格を表示することに伴う客とのトラブル防止に資する　など

【１つの税込価格を表示する場合の具体例】

外食店Ａの場合	
メニュー	
牛　丼	440円
豚　丼	385円
カレー	550円

外食店Ｂの場合	
出前メニュー	
ラーメン	880円
チャーハン	715円
ぎょうざ	495円

イートインスペースがある小売店Cの商品棚の価格表示	
和風弁当	605円

このように、同一の税込価格のみを表示することも認められます。
ただし、消費者の利便性から、同一価格である旨の注意書き等を掲示することが望ましいと思われます。

（参考：「消費税の軽減税率制度の実施に伴う価格表示について」）

（３）税抜価格を表示する方法（令和３(2021)年３月31日まで）

消費税法63条は総額表示義務を規定していますので、原則として税込価格を表示しなければならず、税抜表示をする方法は認められません。

ただし、例外として、「消費税の円滑かつ適正な転嫁の確保のための消費税の転嫁を阻害する行為の是正等に関する特別措置法（消費税転嫁対策特別措置法）」10条１項において、総額表示義務に関する消費税法の特例として、消費税の円滑かつ適正な転嫁の確保や事業者の値札の貼り替えなどの事務負担に配慮する観点から、令和３(2021)年３月31日までの間、消費税率引上げに際し、消費税の円滑かつ適正な転嫁のため必要があるときは、現に表示する価格が税込価格であると誤認されないための措置（「誤認防止措置」）を講じているときに限り、消費税法63条に規定する総額表示義務の特例として、税抜価格で表示することも認められています（消費税転嫁対策特別措置法10①、同法附則２①）。

また、このような税込価格を表示しない事業者は、できるだけ速やかに、税込価格を表示するよう努めなければならないと規定されています（消費税転嫁対策特別措置法10②）。

なお、税抜価格で表示する場合の注意点について、「消費税の軽減税率制度の実施に伴う価格表示について」では以下のように説明しています。

【税抜価格で表示する場合の注意点】

① 税抜価格とともに消費税額を表示する場合

テイクアウト等と店内飲食との間で、適用税率が異なるため、両方の消費税額を表示する（または、一定の注意喚起とともに、どちらか片方のみの消費税額を表示する。）。

② 税抜価格のみを表示する場合

一般消費者の適正な商品または役務の選択を確保する観点から、店舗内の目立つ場所に、テイクアウト等と店内飲食との間で適用税率が異なる旨について掲示するなどの方法により、一般消費者に対して注意喚起を行う。

【税抜価格で表示する場合の具体例】

両方の消費税額を表示する外食店Ａの場合

メニュー

	本体価格	（税額：店内飲食／テイクアウト）
牛　丼	400円	（40円／32円）
豚　丼	350円	（35円／28円）
カレー	500円	（40円／50円）

税抜価格のみを表示する外食店Ａの場合

メニュー

	本体価格
牛　丼	400円（税抜）
豚　丼	350円（税抜）
カレー	500円（税抜）

※店内飲食とテイクアウトでは、税率が異なりますので、消費税額が異なります。

片方の消費税額を表示する外食店Ｂの場合

出前メニュー

ラーメン	800円＋64円
チャーハン	650円＋52円
ぎょうざ	450円＋36円

※店内飲食の場合は、税率が異なりますので、消費税額が異なります。

税抜価格のみを表示する外食店Ｂの場合

出前メニュー

ラーメン	800円＋税
チャーハン	650円＋税
ぎょうざ	450円＋税

※出前と店内飲食では、税率が異なりますので、消費税額が異なります。

イートインスペースがある小売店Ｃの場合

《商品棚の価格表示》	《店内掲示》
和風弁当　　550円	当店の価格はすべて税抜表示となっております。 なお、持ち帰りと店内飲食では、税率が異なりますので、消費税率が異なります。

このように、税抜価格で表示する方法も認められますが、消費者の混同を避けるためにも、また、平成33(2021)年３月31日までしか認められないこと等から、早期の対応が必要になると思われます。

（参考：「消費税の軽減税率制度の実施に伴う価格表示について」）

第５部●
区分記載請求書等保存方式

1　概要

（1）区分記載請求書等保存方式とは

現行の請求書等保存方式の下では、一定の帳簿及び請求書等の保存を要件として仕入税額控除が認められています（旧消法30①）。

軽減税率実施後においても、一定の帳簿及び請求書等の保存を要件として仕入税額控除が認められることになりますが、軽減税率制度が実施される令和元(2019)年10月１日から令和５(2023)年９月30日までの間は、現行の請求書等保存方式とは記載内容が異なる「区分記載請求書等保存方式」が適用されます。

この「区分記載請求書等保存方式」では、現行の請求書等保存方式を基本的に維持しつつ、軽減税率の適用対象となる商品の仕入れか、それ以外の仕入れかの区別を明確にするための記載事項を追加した帳簿及び請求書等の保存が要件となります（消法30⑧⑨、平成28年改正法附則34②、制度Q＆A問12）。

（2）中小事業者の税額計算の特例

税率の異なるごとに区分して経理をすることができない中小事業者(基準期間における課税売上高が5,000万円以下の事業者をいいます。)については、より簡便な方法によって売上税額や仕入税額の計算を認める、売上税額や仕入税額の計算の特例に係る経過措置が設けられています（平成28年改正法附則38①②④、39①、40①）。

2　区分記載請求書等保存方式における帳簿及び請求書等に記載されるべき事項

（1）区分記載請求書等の記載事項

軽減税率制度の実施に伴い、消費税等の税率が、軽減税率８％と標準税率10％の複数税率になりますので、消費税等の申告等を行うためには、事業者が取引等を税率の異なるごとに区分して記帳するなどの経理（以下「区分経理」といいます。）を行う必要があります。

また、これまでも消費税の仕入税額控除を適用するためには、帳簿及び請求書等の保存が要件とされていましたが、今後は、こうした区分経理に対応した帳簿及び請求書等の保存が要件となります（平成28年改正法附則34②、制度Q＆A問１、問12）。

なお、主として事業者との取引を行う事業者の場合（いわゆるBtoB取引）の請求書等の記載事項についても同様です（個別Q＆A問110）。

具体的には、現行の請求書等保存方式において必要とされている記載事項に、次の事項が追加の記載事項となります（平成28年改正法附則34②、消法30⑧⑨、制度Q＆A問12）。

①　帳簿

・　課税仕入れが他の者から受けた軽減対象資産の譲渡等に係るものである場合にはその旨（以下「軽減対象資産の譲渡等に係るものである旨」といいます。）

②　区分記載請求書等

・　課税資産の譲渡等が軽減対象資産の譲渡等である場合にはその旨（以下「軽減対象資産の譲渡等である旨」といいます。）

・　軽減税率と標準税率との税率の異なるごとに合計した課税資産の譲渡等の対価の額（税込み）（以下「税率ごとに合計した課税資産の譲渡等の対価の額」といいます。）

【請求書等保存方式と区分記載請求書等保存方式の記載事項の比較】

	請求書等保存方式	区分記載請求書等保存方式
帳簿	①　課税仕入れの相手方の氏名または名称 ②　課税仕入れを行った年月日 ③　課税仕入れに係る資産または役務の内容 ④　課税仕入れに係る支払対価の額	①　課税仕入れの相手方の氏名または名称 ②　課税仕入れを行った年月日 ③　課税仕入れに係る資産または役務の内容（課税仕入れが他の者から受けた軽減対象資産の譲渡等に係るものである場合には、資産の内容及び軽減対象資産の譲渡等に係るものである旨） ④　課税仕入れに係る支払対価の額
請求書等	①　書類の作成者の氏名または名称 ②　課税資産の譲渡等を行った年月日 ③　課税資産の譲渡等に係る資産または役務の内容 ④　課税資産の譲渡等の対価の額（税込価額） ⑤　書類の交付を受ける事業者の氏名または名称	①　書類の作成者の氏名または名称 ②　課税資産の譲渡等を行った年月日 ③　課税資産の譲渡等に係る資産または役務の内容（課税資産の譲渡等が軽減対象資産の譲渡等である場合には、資産の内容及び軽減対象資産の譲渡等である旨） ④　税率ごとに合計した課税資産の譲渡等の対価の額（税込価額） ⑤　書類の交付を受ける事業者の氏名または名称

※　下線部分が追加の記載事項です。

（出典：制度Q＆A問12、個別Q＆A問109）

（2）帳簿の保存のみで仕入税額控除が認められる場合

区分記載請求書等保存方式の下でも、原則として請求書等の保存が必要ですが、例外として、３万円未満の取引に係る仕入税額控除については、これまでと同様に、請求書等の保存がなくても、法令に規定する事項が記載された帳簿の保存のみで適用することができます（消法30⑦、消令49①一）。

ただし、この際、帳簿には、従来の記載事項に加え、「軽減対象資産の譲渡等に係るものである旨」を記載することが必要となります（平成28年改正法附則34②、個別Ｑ＆Ａ問111（注））。

（３）適格請求書等の発行をできるように対応した場合

適格請求書等として必要な事項が記載されていれば、区分記載請求書等として必要な記載事項は満たします（個別Ｑ＆Ａ問109）。

なお、区分記載請求書等の記載事項のうち、「税率ごとに区分して合計した税込価額」については、適格請求書等の記載事項である税率ごとに区分した税抜価額の合計額及び消費税額等を記載することも認められています（個別Ｑ＆Ａ問109（注））。

したがって、適格請求書等の発行に対応したレジシステムへの改修を行い、適格請求書等の発行が可能となれば、区分記載請求書等として認められるレシート等の発行も可能となります（個別Ｑ＆Ａ問109）。

なお、適格請求書等には、登録番号の記載が必要となりますが、この登録番号の発行の申請は、令和３（2021）年10月１日から申請の受付が開始されますので、登録番号が発行されるまでの間はその記載箇所は空欄となります。

３　「軽減対象資産の譲渡等である旨」の記載

（１）記載方法

「軽減対象資産の譲渡等である旨」の記載については、軽減対象資産の譲渡等であることが客観的に明らかであるといえる程度の表示がされていればよく、個々の取引ごとに10％や８％の税率が記載されている場合のほか、例えば、次のような場合も「軽減対象資産の譲渡等である旨」の記載があると認められます（軽減通達18）。

① 請求書において、軽減税率の対象となる商品に、「※」や「☆」といった記号・番号等を表示し、かつ、これらの記号・番号等が「軽減対象資産の譲渡等である旨」を別途「※（☆）は軽減対象」などと表示し、明らかにしている場合

② 同一の請求書において、軽減税率の対象となる商品とそれ以外の商品とを区分し、軽減税率の対象となる商品として区分されたものについて、その全体が軽減税率の対象であることが表示されている場合

③ 軽減税率の対象となる商品に係る請求書とそれ以外の商品に係る請求書とを分けて作成し、軽減税率の対象となる商品に係る請求書において、そこに記載された商品が軽減税率の対象であることが表示されている場合

【記号・番号等を使用した場合の区分記載請求書等の記載例】

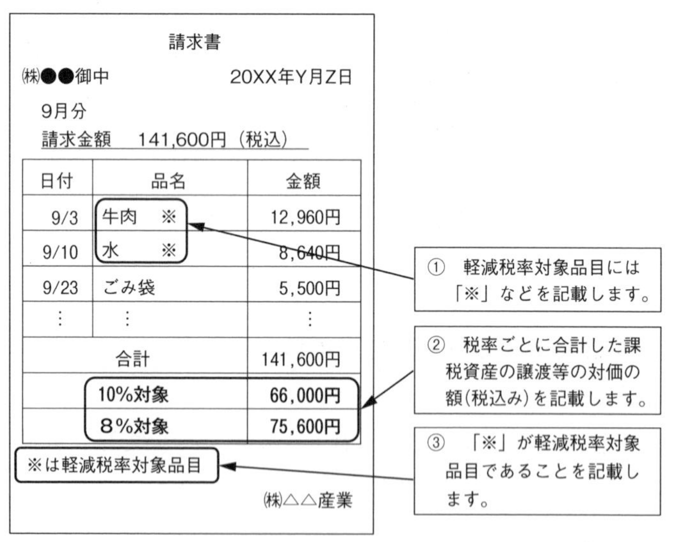

請求書

㈱●●御中　　20XX年Y月Z日

9月分

請求金額　141,600円（税込）

日付	品名	金額
9/3	牛肉　※	12,960円
9/10	水　※	8,640円
9/23	ごみ袋	5,500円
⋮	⋮	⋮
合計		141,600円
	10%対象	66,000円
	8%対象	75,600円

※は軽減税率対象品目

㈱△△産業

（出典：制度Q＆A問13）

【同一請求書内で、税率ごとに商品を区分して区分記載請求書等を発行する場合の記載例】

請求書

㈱●●御中　　　20XX年Y月Z日

９月分

請求金額　141,600円（税込）

日付	品名	金額
9/3	牛肉　※	12,960円
9/10	水　※	8,640円
⋮	⋮	⋮
	８％対象	**75,600円**
9/23	ごみ袋	5,500円
⋮	⋮	⋮
	10％対象	**66,000円**
	合計	141,600円

㈱△△産業

（出典：制度Ｑ＆Ａ問13）

【税率ごとに区分記載請求書等を分けて発行する場合の記載例】

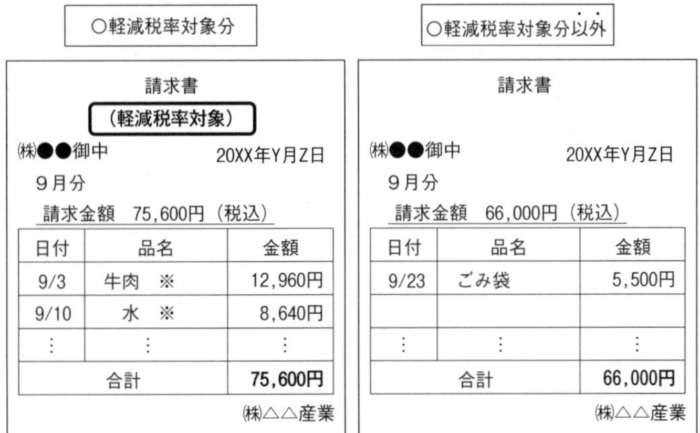

○軽減税率対象分

請求書

（軽減税率対象）

㈱●●御中　　　20XX年Y月Z日

９月分

請求金額　75,600円（税込）

日付	品名	金額
9/3	牛肉　※	12,960円
9/10	水　※	8,640円
⋮	⋮	⋮
	合計	**75,600円**

㈱△△産業

○軽減税率対象分以外

請求書

㈱●●御中　　　20XX年Y月Z日

９月分

請求金額　66,000円（税込）

日付	品名	金額
9/23	ごみ袋	5,500円
⋮	⋮	⋮
	合計	**66,000円**

㈱△△産業

（出典：制度Ｑ＆Ａ問13、個別Ｑ＆Ａ問114）

サーバー等の保守サービスのように、年間契約では、旧税率と新税率が混在する場合があります。この場合、令和元(2019)年10月1日以降、軽減税率の適用対象とはならない取引であっても、令和元(2019)年9月までの取引と税率が異なることから、取引の相手方が仕入税額控除を行うための請求書等の記載事項を満たすためには、令和元(2019)年9月までの対価の額と令和元(2019)年10月1日以降の対価の額を区分して記載する必要があります（個別Q＆A問117)。

なお、請求書等に「税率ごとに区分して合計した税込価額」の記載がない場合、その請求書等の交付を受けた事業者が追記することができます。

（2）商品コード等による表示

「軽減対象資産の譲渡等である旨」の記載については、軽減対象資産の譲渡等であることが客観的に明らかであるといえる程度の表示がされていればよいこととされていますので、基本的には、個別の商品名等の記載が行われている必要があります。

ただし、それ以外の方法としては、取引当事者間でその資産の譲渡等が軽減対象資産の譲渡等かどうかの判別が明らかである場合は、資産の内容等について商品コード等による表示も認められています（軽減通達18、個別Q＆A問103)。

（3）一定期間分の取引をまとめて記載する場合

現行の消費税法においても、請求書等を課税期間の範囲内で一定期間分の取引についてまとめて作成する場合、その請求書等に記載すべき課税売上げを行った年月日については、○月×日といった個々の日付でなくても、その一定期間、例えば、「9/1～9/30」というように記載すればよいこととされています（消法30⑨一ロかっこ書)。

ただし、一定期間分の取引をまとめて作成した請求書等であっても、令和元(2019)年10月以降は、現行の記載事項に加えて、「軽減対象資産の譲渡等である旨」及び「税率ごとに合計した課税資産の譲渡等の対価の額」が追加されます（平成28年改正法附則34②)。

また、例えば、同一の商品（一般的な総称による区分が同一となるもの）を一定期間に複数回購入しているような場合、その一定期間分の請求書等に１回ごとの取引の明細が記載または添付されていなければなりませんが、請求書等に記載すべき「軽減対象資産の譲渡等である旨」については、同一の商品をまとめて記載することができます（個別Q＆A問105)。

（４）税抜対価の額と消費税額を記載する場合

①　請求書等への記載方法

区分記載請求書等保存方式の下では、各取引について税率ごとに区分して経理するのに必要な「軽減対象資産の譲渡等である旨」及び「税率ごとに合計した課税資産の譲渡等の対価の額（税込価額)」が追加されています（平成28年改正法附則34②)。

ただし、「税率ごとに合計した課税資産の譲渡等の対価の額（税込価額)」については、

イ　税率ごとに合計した課税資産の譲渡等の対価の額（税抜価額)

ロ　税率ごとに合計した課税資産の譲渡等の対価の額（税抜価額）に係る消費税額等

のいずれも記載があれば、区分記載請求書等保存方式の記載事項としての要件を満たします（個別Q＆A問108)。

【税抜価額と消費税額を記載した場合の請求書等の記載】

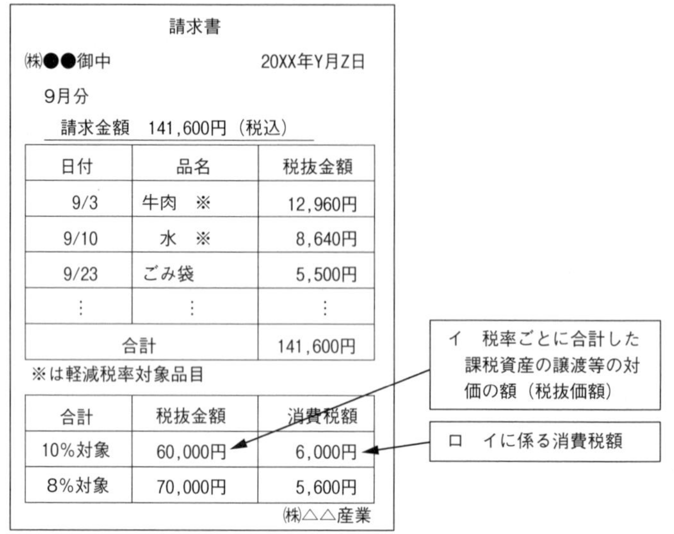
請求書

㈱●●御中　　20XX年Y月Z日

9月分

請求金額　141,600円（税込）

日付	品名	税抜金額
9/3	牛肉　※	12,960円
9/10	水　※	8,640円
9/23	ごみ袋	5,500円
⋮	⋮	⋮
合計		141,600円

※は軽減税率対象品目

合計	税抜金額	消費税額
10%対象	60,000円	6,000円
8%対象	70,000円	5,600円

㈱△△産業

（出典：個別Q＆A問108）

② 仕入明細書の記載方法

仕入側が作成した一定事項の記載のある仕入明細書等の書類で、相手方の確認を受けたものについては、仕入税額控除の要件として保存すべき請求書等に該当します（消法30⑨二）。

仕入明細書の記載事項についても、「軽減対象課税仕入れである旨」及び「税率ごとに合計した課税仕入れに係る支払対価の額（税込価額）」が追加されています。ただし、「税率ごとに合計した課税仕入れに係る支払対価の額（税込価額）」については、税率ごとに区分した仕入金額の税抜きの合計額及び税率ごとに区分した消費税額等を記載することも認められます（平成28年改正法附則34②、個別Q＆A問108）。

4　売上げ及び仕入れに係る対価の返還等がある場合の請求書等記載事項

事業者が、売上げに係る対価の返還等を行った場合や仕入れに係る対価の返還等を受けた場合、一定の事項が記載された請求書等の保存は求められていませんが、次の事項等を記載した帳簿は保存する必要があります（消法38②、58、消令58、71、平成28年改正令附則８②、消規27、平成28年改正省令附則11、個別Ｑ＆Ａ問119）。

①　売上げに係る対価の返還等の場合の帳簿の記載事項

・　売上げに係る対価の返還等に係る課税資産の譲渡等が軽減対象資産の譲渡等である場合には、資産の内容及びその旨

・　税率ごとに区分した売上げに係る対価の返還等をした金額

②　仕入れに係る対価の返還等の場合の帳簿の記載事項

・　仕入れに係る対価の返還等が他の者から受けた軽減対象資産の譲渡等に係るものである場合には、資産の内容及びその旨

5　商品の全部が軽減税率の対象である場合の請求書等の記載事項

事業者の販売する全部の商品が軽減税率の適用対象となっている場合もあります。その場合、事業者が発行する請求書等に記載されている商品等の全部が軽減税率の適用対象であるとわかるように、「軽減対象資産の譲渡等である旨」を明らかにする必要があります（個別Ｑ＆Ａ問112）。

【商品の全部が軽減税率の対象である場合の請求書等の具体例】

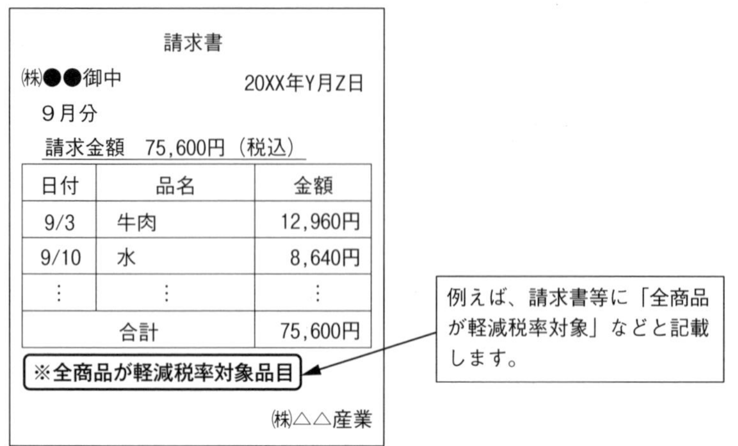

請求書

㈱●●御中　　20XX年Y月Z日

9月分

請求金額　75,600円（税込）

日付	品名	金額
9/3	牛肉	12,960円
9/10	水	8,640円
⋮	⋮	⋮
合計		75,600円

※全商品が軽減税率対象品目

㈱△△産業

（出典：個別Q＆A問112）

6　商品の全部が標準税率の対象である場合の請求書等の記載事項

事業者の販売する全部の商品が、軽減税率の適用対象とならないもののみで構成されている場合も考えられます。

この場合、軽減税率が適用される商品は全くありませんし、税率ごとに区分する必要もありませんので、「軽減対象資産の譲渡等である旨」の記載は不要ですし、これまでと同様に課税資産の譲渡等の対価の額（税込価額）の記載があれば、結果として「税率ごとに合計した課税資産の譲渡等の対価の額」の記載があるものとなります。

したがって、請求書の記載事項に変更はなく、現行の請求書等保存方式の下で発行している請求書の記載事項と同様の内容となります（個別Q＆A問113）。

【商品の全部が標準税率の対象である場合の請求書等の具体例】

請求書

㈱●●御中　　20XX年Y月Z日

９月分

請求金額　66,000円（税込）

日付	品名	金額
9/23	ごみ袋	5,500円
：	：	：
合計		66,000円

㈱△△産業

「軽減対象資産の譲渡等である旨」及び「税率ごとに合計した課税資産の譲渡等の対価の額」の記載は必要ありません。

（出典：個別Q＆A問113）

７　仕入先から受け取った請求書等に「軽減対象資産の譲渡等である旨」等の記載がなかった場合の追記

原則として、区分記載請求書等保存方式の下では、軽減税率が適用される取引について仕入税額控除を行うために保存すべき請求書等には、「軽減対象資産の譲渡等である旨」及び「税率ごとに合計した課税資産の譲渡等の対価の額」が記載されている必要があります。

しかし、何らかの理由によって、これらの項目の記載がない請求書等を交付された場合であっても、請求書等の交付を受けた事業者が、その取引の事実に基づいて、これらの項目を追記し、これを保存することによって、仕入税額控除が認められます（平成28年改正法附則34③、制度Q＆A問14）。

ただし、請求書等の交付を受けた事業者による追記が認められているのは、以下の２つの項目のみで、他の項目について追記や修正を行うことはできません（軽減通達19）。

【追記が認められる項目】

・軽減対象資産の譲渡等である旨
・税率ごとに合計した課税資産の譲渡等の対価の額（税込価額）

なお、区分記載請求書等保存方式の下でも、原則として請求書等の保存が必要ですが、例外として３万円未満の取引に係る仕入税額控除については、これまでと同様に請求書等の保存がなくても、法令に規定する事項が記載された帳簿の保存のみで適用することができます（消法30⑦、消令49①一）。この際、帳簿には、これまでの記載事項に加え、「軽減対象資産の譲渡等に係るものである旨」を記載することが必要となります（平成28年改正法附則34②、個別Q＆A問111）。

【追記の記載方法】

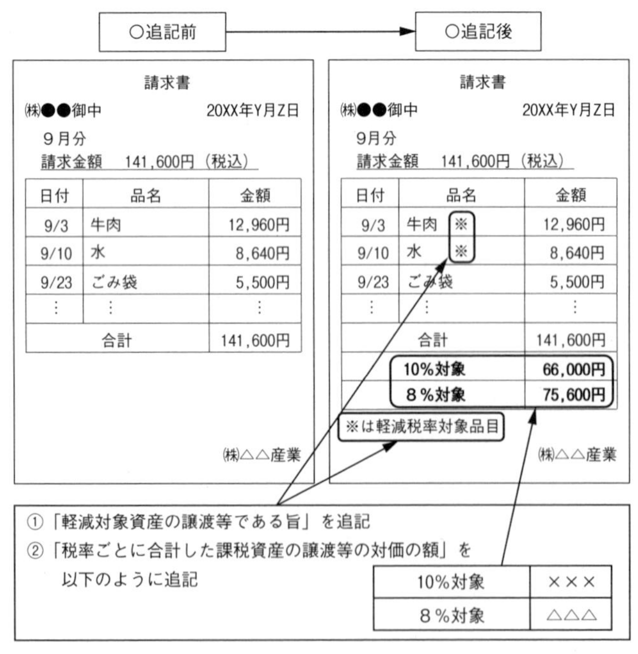

（出典：個別Q＆A問111）

なお、年間契約をしている場合の令和元(2019)年10月より前の請求書の記載については、令和元(2019)年10月以降、軽減税率の適用対象とはならない取引であったとしても、令和元(2019)年９月までの取引と税率が異なることから、取引の相手方が仕入税額控除を行うための請求書等の記載事項を満たすためには、令和元(2019)年９月までの対価の額と令和元(2019)年10月以降の対価の額を区分して記載する必要があります（個別Q＆A問117)。

この場合、請求書に記載がなかった場合には、追記することも認められています（制度Q＆A問14)。

８　仕入側が作成した仕入明細書等で代用する場合

仕入明細書等は、商品の仕入側が作成するものです。これまでも、仕入明細書を仕入側が作成し、相手方（仕入先）の確認を受けたものであれば、仕入税額控除の要件として認められていました。

そこで、区分記載請求書等保存方式の下においても、これまでの記載事項に加え、「軽減対象資産の譲渡等に係るものである旨」及び「税率ごとに合計した課税仕入れに係る支払対価の額」を仕入側で仕入明細書に追加で記載した上で、相手方（仕入先）の確認を受けたものを保存すれば、仕入税額控除の要件を満たすものとして認められます（個別Q＆A問115)。

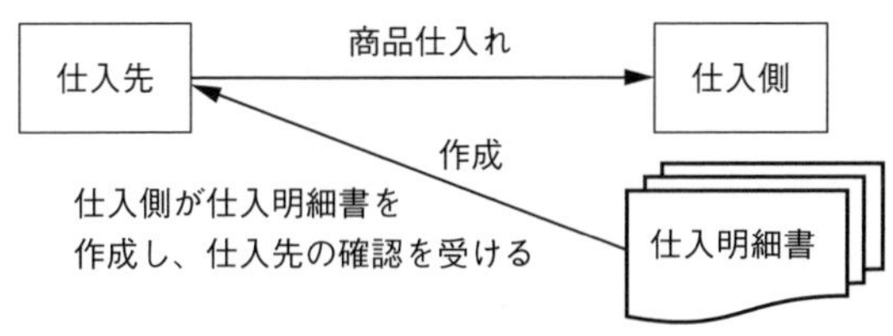

【仕入明細書等の記載例】

仕入明細書

㈱●●御中　　　　20XX年Y月Z日

9月分

請求金額　141,600円（税込）

日付	品名	金額
9/3	牛肉　※	12,960円
9/10	水　※	8,640円
9/23	ごみ袋	5,500円
⋮	⋮	⋮
合計		141,600円
	10%対象	66,000円
	8%対象	75,600円

※は軽減税率対象品目

㈱△△産業

仕入明細書に「軽減対象資産の譲渡等である旨、「税率ごとに合計した課税資産の譲渡等の対価の額」を記載してください。

（出典：個別Q＆A問115）

9　旧税率と新税率が混在する場合の記載方法

令和元(2019)年９月までの取引に適用される税率８％（以下「旧税率」といいます。）は、消費税率6.3％と地方消費税率1.7％の合計であり、他方、令和元(2019)年10月からの取引に適用される軽減税率８％は、消費税率6.24％と地方消費税率1.76％の合計ですので、旧税率８％と軽減税率８％では、その内訳が異なっています。

このため、税率の引上げが実施される令和元(2019)年10月分の請求書の場合のように、一の請求書において、旧税率が適用される取引と軽減税率が適用される取引とが混在するときは、「税率ごとに合計した課税資産の譲渡等の対価の額」の記載にあたり、標準税率10％と軽減税率８％を税率ごとに合計するだけでなく、旧税率８％の対象商品についても、例えば、同一の請求書の中に旧税率と新税率に分けて発行する場合も考えられます。その場合は以下の記載例のように、各商品を区分して合計する必要があります（個別Q＆A問116)。

【同一請求書内で、旧税率と新税率の取引を区分して発行する場合の記載例】

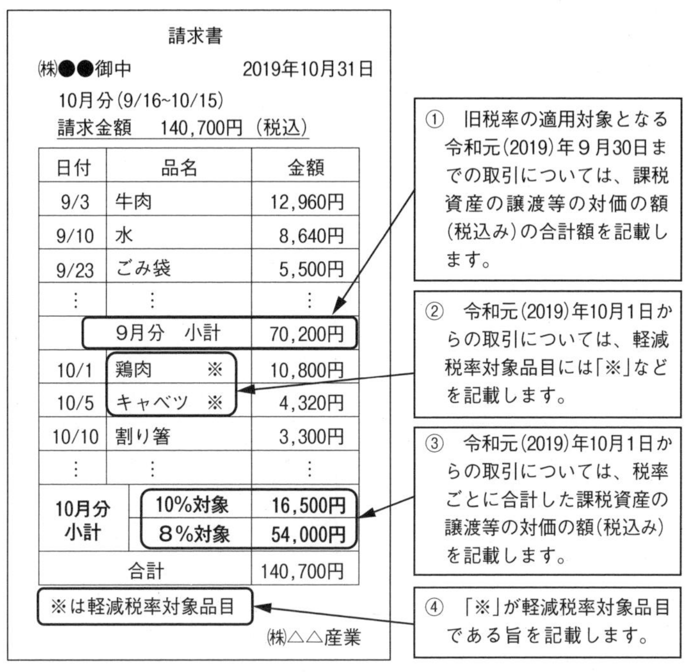

請求書

㈱●●御中　2019年10月31日

10月分(9/16~10/15)

請求金額　140,700円（税込）

日付	品名	金額
9/3	牛肉	12,960円
9/10	水	8,640円
9/23	ごみ袋	5,500円
⋮	⋮	⋮
	9月分　小計	70,200円
10/1	鶏肉　※	10,800円
10/5	キャベツ　※	4,320円
10/10	割り箸	3,300円
⋮	⋮	⋮
10月分小計	10%対象	16,500円
	８%対象	54,000円
合計		140,700円

※は軽減税率対象品目

㈱△△産業

（出典：個別Q＆A問116)

【旧税率と新税率の取引に係る請求書を分けて発行する場合の記載例】

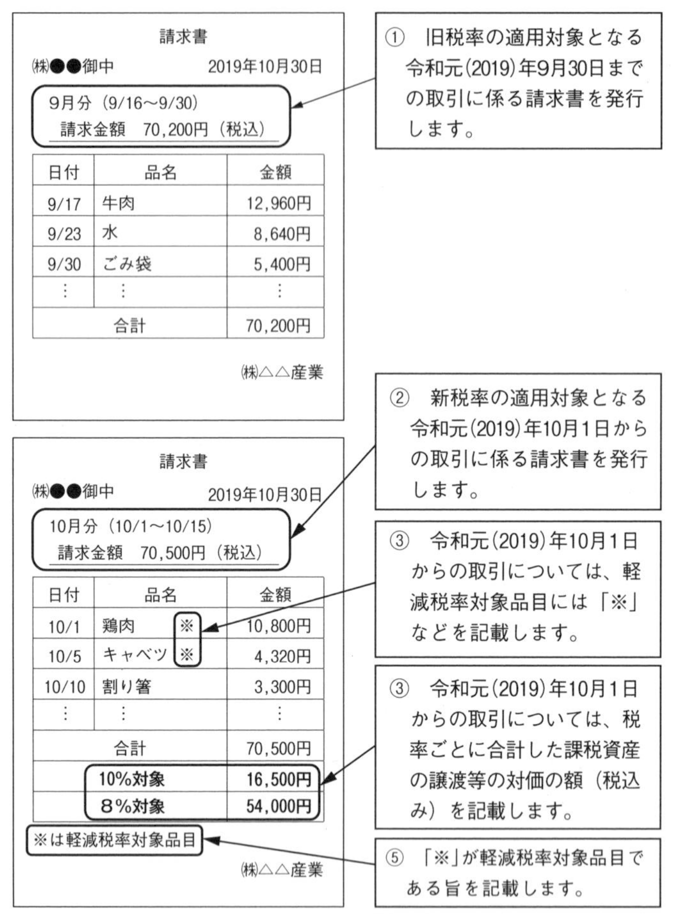
請求書

㈱●●御中　2019年10月30日

9月分（9/16～9/30）
請求金額　70,200円（税込）

日付	品名	金額
9/17	牛肉	12,960円
9/23	水	8,640円
9/30	ごみ袋	5,400円
⋮	⋮	⋮
合計		70,200円

㈱△△産業

請求書

㈱●●御中　2019年10月30日

10月分（10/1～10/15）
請求金額　70,500円（税込）

日付	品名	金額
10/1	鶏肉　※	10,800円
10/5	キャベツ　※	4,320円
10/10	割り箸	3,300円
⋮	⋮	⋮
合計		70,500円
	10%対象	16,500円
	8%対象	54,000円

※は軽減税率対象品目

㈱△△産業

（出典：個別Q＆A問116）

10　免税事業者に関係する取扱い

（1）免税事業者が交付する請求書等

免税事業者であっても、区分記載請求書等保存方式が導入された場合、次のような影響があります。具体的には、免税事業者であっても、区分記載請求書等保存方式の下では、区分記載請求書の記載事項を満たす請求書等を発行しなければならなくなります。したがって、免税事業者が発行する請求書等には、①「軽減対象資産の譲渡等である旨」及び、②「税率ごとに区分して合計した課税資産の譲渡等の対価の額」を記載しなければなりません（個別Ｑ＆Ａ問111）。

なお、免税事業者は、取引に課される消費税がありませんので、請求書等に「消費税額」等を表示して別途消費税相当額等を受け取るといったことは、消費税の仕組み上、予定されていません。そのため、免税事業者は取引の相手方に交付する請求書等に「消費税額」等を表示することはできません（個別Ｑ＆Ａ問111）。

【免税事業者が交付する請求書等】

請求書

㈱●●御中　　　20XX年Y月Z日

9月分
請求金額　　×××円（税込）

日付	品名	金額
9/3	牛肉　※	×××円
9/10	水　※	×××円
9/23	ごみ袋	×××円
⋮	⋮	⋮
合計		×××円
	10%対象	×××円
	8%対象	×××円

※は軽減税率対象品目

㈱△△産業

消費税額を表示することはできません。

（出典：個別Ｑ＆Ａ問111）

なお、３万円未満の取引については、区分記載請求書等保存方式の要件を満たしていなくても、取引先は法令に規定する事項が記載された帳簿の保存のみで仕入税額控除を適用することができますので、これまでと同様の請求書等を交付することも可能です（消法30⑦、消令

49①一、個別Q＆A問111(注))。

(2) 免税事業者から課税仕入れを行った課税事業者の対応

課税事業者が、免税事業者等から行った課税仕入れについては、区分記載請求書等保存方式の下でも、現行と同様に仕入税額控除が認められます（制度Q＆A問15、個別Q＆A問111）。

この場合、免税事業者からの仕入れであっても、これまでの請求書等への記載事項に加え、以下の①及び②が記載された区分記載請求書等の保存が必要となります。

① 軽減対象資産の譲渡等である旨

② 税率ごとに区分して合計した課税資産の譲渡等の対価の額

したがって、免税事業者から交付される請求書等に上記①及び②の2項目について記載がない場合には、請求書等の交付を受けた事業者が、取引事実に基づいて、自ら追記することができます。

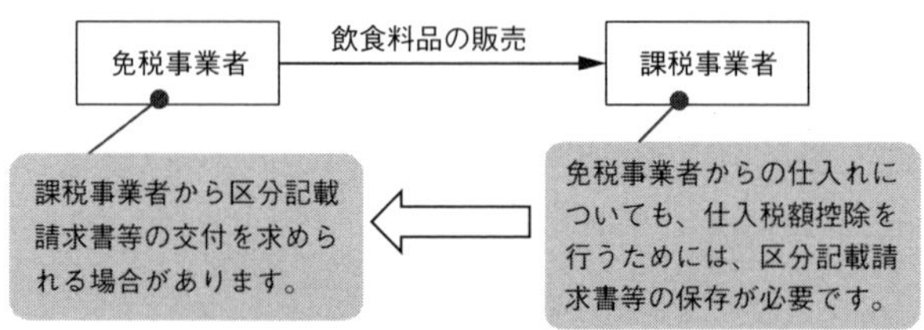

（出典：国税庁「消費税軽減税率制度の手引き」p.71）

11 業種別の区分記載請求書等保存方式への対応における注意点

(1) スーパーなど小売業の場合

① レシート（領収書等）への記載内容

レシートであっても、要件を満たせば、仕入税額控除が認められます。なお、小売業等の場合には、不特定多数の消費者に販売しますので、仕入税額控除の要件である「書類の交付を受ける事業者の氏名または名称」を記載する必要はありません（消法30⑨一）。

【レシート（領収書）への記載例】

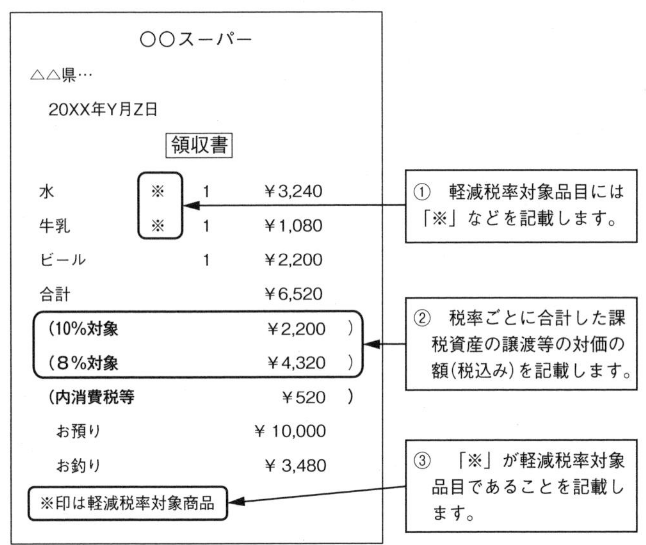

（出典：個別Ｑ＆Ａ問107）

② 一括値引きがある場合のレシートの記載

事業者が、軽減対象課税売上げとそれ以外の課税売上げを同時に行った場合には、それぞれの課税売上げごとに適用税率を判定することとなります。しかし、例えば、顧客が割引券（クーポン）等を利用して飲食料品と飲食料品以外の商品を同時に販売する場合、その合計額から一括して値引きを行う場合には、税率ごとに区分した値引き後の販売代金に対してそれぞれ消費税が課されることとなります（軽減通達15）。

そのため、レシート等における「税率ごとに合計した課税資産の譲渡等の対価の額」は、値引き後のものを明らかにする必要があります。

レシートの記載方法について、以下に具体例を挙げます。

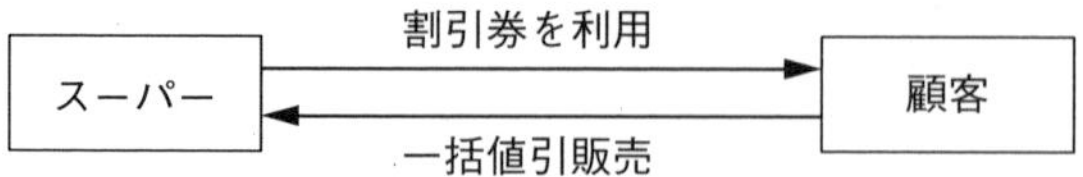

割引券を利用した顧客に、牛肉2,160円と雑貨3,300円を
合計4,460円で販売

【値引き後の「税率ごとに合計した課税資産の譲渡等の対価の額」を記載する方法】

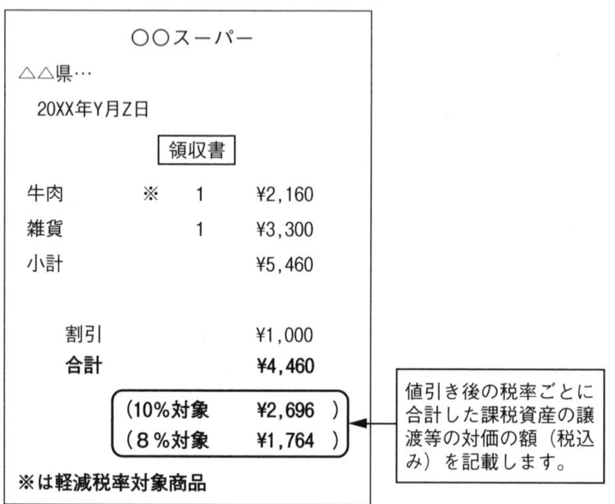

値引額は以下のとおり、商品の販売代金の比率であん分し、税率ごとに区分します。

10%対象：1,000×3,300/5,460≒604

８%対象：1,000×2,160/5,460≒396

また、値引き後の対価の額は次のとおり計算しています。

10%対象：3,300－604＝2,696

８%対象：2,160－396＝1,764

（出典：個別Q＆A問118）

なお、税率ごとに区分された値引き前の販売代金と、税率ごとに区分された値引額が、レシート等において明らかとなっている場合は、これらにより値引き後の税率ごとに合計した販売代金が確認できるため、このような場合であっても、値引き後の「税率ごとに合計した課税資産の譲渡等の対価の額」が明らかにされているものとして取り扱われます（軽減通達15、個別Ｑ＆Ａ問93）。

したがって、例えば、軽減税率の適用対象とならない課税資産の譲渡等の対価の額からのみ値引きしたとしても、値引額または値引き後の対価の額が領収書等の書類により確認できるときは、適用税率ごとに合理的に区分されているものに該当します（個別Ｑ＆Ａ問118（参考））。

【値引き前の「税率ごとに合計した課税資産の譲渡等の対価の額」と税率ごとの値引額を記載する方法】

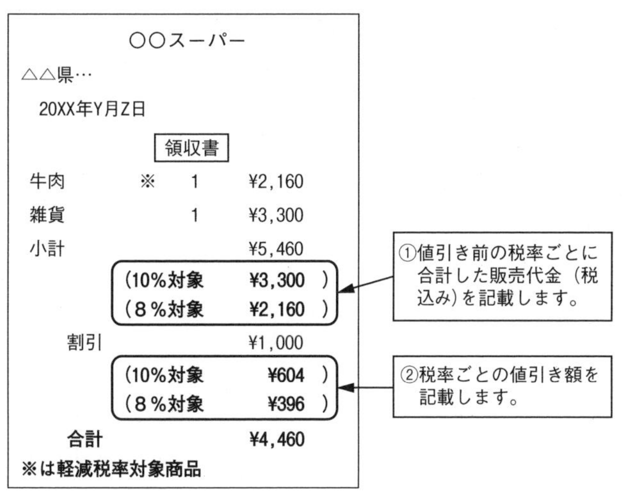

（注）値引額は以下のとおり、資産の価額の比率であん分し、税率ごとに区分しています。
10%対象：1,000×3,300/5,460＝604
８%対象：1,000×2,160/5,460＝396

※　①及び②の記載がそれぞれある場合、値引後の「税率ごとに合計した課税資産の譲渡等の対価の額」の記載があるものとして取り扱われます。

（出典：個別Ｑ＆Ａ問118）

（2）小規模な小売事業者の場合

①　多数の商品登録が行えないレジを使用している場合

個人商店のように小規模な小売店等が使用しているレジでは、税率ごとの区分記載は行うことができても、多数の商品登録が行えないため、個別の商品名等を登録することが事実上不可能な場合があります。この場合、商品の内容の記載について、個々の商品の名称ではなく、例えば、「肉」「野菜」「食品」等、販売している商品の一般的総称で記載することが考えられます。

そのような記載であっても、取引された資産が、①課税資産の譲渡等に係るものであること、②軽減対象資産とそれ以外のものであること、が交付を受けた事業者において把握できる程度のものであれば、区分記載請求書等保存方式における請求書等の記載事項である「資産の内容」を満たすものとして取り扱われます（個別Q＆A問104）。

【認められる例】

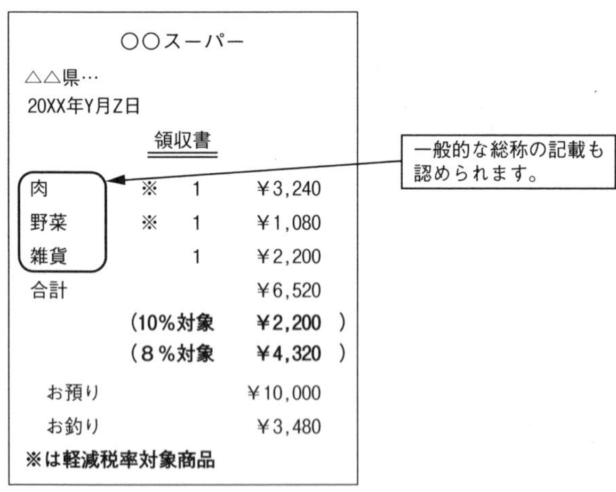

（出典：個別Q＆A問104）

【認められない例】

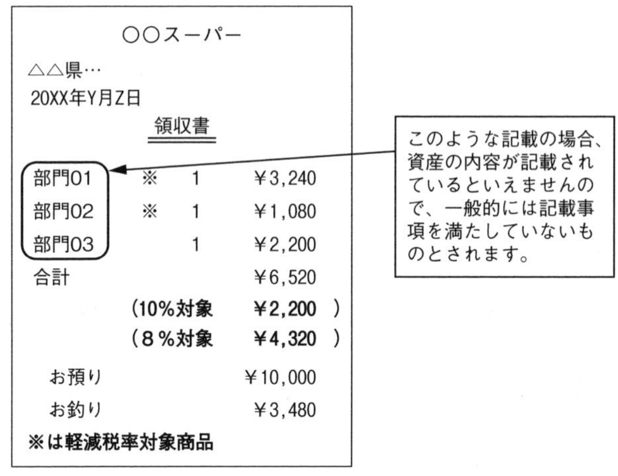

（出典：個別Ｑ＆Ａ問104）

（３）委託販売等を行う事業者の場合

①　委託販売手数料等の取扱い

委託販売その他業務代行等（以下「委託販売等」といいます。）を通じて商品を販売する委託者については、原則として、受託者が委託商品を譲渡等したことに伴い収受した、または収受すべき金額が委託者における資産の譲渡等の金額となり、受託者に支払う委託販売手数料が課税仕入れに係る支払対価の額となります（以下「総額処理」といいます。）が、現行の単一税率の下では、その課税期間中に行った委託販売等の全てについて、その資産の譲渡等の金額からその受託者に支払う委託販売手数料を控除した残額を委託者における資産の譲渡等の金額とすることが認められています（以下「純額処理」といいます。）（消基通10－１－12）。

令和元(2019)年10月１日以降においては、委託販売等を通じて受託者が行う飲食料品の譲渡は軽減税率の適用対象となる一方、受託者が行う委託販売手数料等を対価とする役務の提供は、その取扱商品が飲食料品であったとしても、軽減税率の適用対象とならず、標準税率の適用対象となります（軽減通達16）。

なお、その委託販売等に係る課税売上げが軽減税率の適用対象となる場合には、適用税率ごとに区分して、委託者及び受託者の課税売上げに係る対価の額及び課税仕入れに係る支払対価の額の計算を行うこととなります。

したがって、その取扱商品が飲食料品である場合には、受託者が行う販売と委託販売に係る役務の提供の適用税率が異なるため、純額処理をすることはできないこととなります（消基通10－１－12⑴、⑵なお書、軽減通達16、個別Q＆A問45）。

（参考）消費税法基本通達10－１－12

委託販売その他業務代行等（以下10－1－12において「委託販売等」という。）に係る資産の譲渡等を行った場合の取扱いは、次による。

⑴　委託販売等に係る委託者については、受託者が委託商品を譲渡等したことに伴い収受した又は収受すべき金額が委託者における資産の譲渡等の金額となるのであるが、その課税期間中に行った委託販売等の全てについて、当該資産の譲渡等の金額から当該受託者に支払う委託販売手数料を控除した残額を委託者における資産の譲渡等の金額としているときは、これを認める。

⑵　委託販売等に係る受託者については、委託者から受ける委託販売手数料が役務の提供の対価となる。

なお、委託者から課税資産の譲渡等のみを行うことを委託されている場合の委託販売等に係る受託者については、委託された商品の譲渡等に伴い収受した又は収受すべき金額を課税資産の譲渡等の金額とし、委託者に支払う金額を課税仕入れに係る金額としても差し支えないものとする。

②　委託販売等に係る取扱商品が全て標準税率の対象の場合

委託販売等に係る取扱商品が軽減税率の適用対象でない場合は、

令和元(2019)年10月１日以降も引き続き純額処理によることができます。

なお、その場合には、軽減税率の適用対象ではない取扱商品に係る委託販売等の全てについて、純額処理による必要があります（個別Ｑ＆Ａ問45(注)１)。

③　軽減税率と標準税率の両方の適用対象となる商品を取り扱う場合

軽減税率の適用対象となる商品と適用対象とならない商品の両方の委託販売等を行う委託者は、令和元(2019)年10月１日を含む課税期間において、その課税期間の初日から令和元(2019)年９月30日までの期間について純額処理していた場合、令和元(2019)年10月１日以降について、軽減税率の適用対象となる取引について総額処理に変更することとなりますが、軽減税率の適用対象とならない取引も含めて、その委託販売等の全てを総額処理に変更することも認められます（個別Ｑ＆Ａ問45(注)２)。

12　帳簿への記載事項

区分記載請求書等保存方式において保存が必要となる帳簿への「軽減対象資産の譲渡等に係るものである旨」の記載については、軽減対象資産の譲渡等であることが客観的に明らかであるといえる程度の表示がされていればよいとされています（軽減通達18)。

したがって、個々の取引ごとに「10％」や「８％」の税率が記載されている場合のほか、例えば、軽減税率の対象となる取引に、「※」や「☆」といった記号・番号等を表示し、かつ、これらの記号・番号等が「軽減対象資産の譲渡等に係るものである旨」を別途「※（☆）は軽減対象」などと表示する場合も「軽減対象資産の譲渡等に係るものである旨」の記載として認められることとなります（個別Ｑ＆Ａ問120)。

なお、請求書に基づいて帳簿への記載を行いますが、帳簿への記載は、商品の一般的な総称でまとめて記載する等、帳簿の記載内容に基づいて消費税額を計算できる程度の記載で差し支えないとされています（個別Q＆A問120）。

【記号・番号等を使用した場合の帳簿の記載例①】

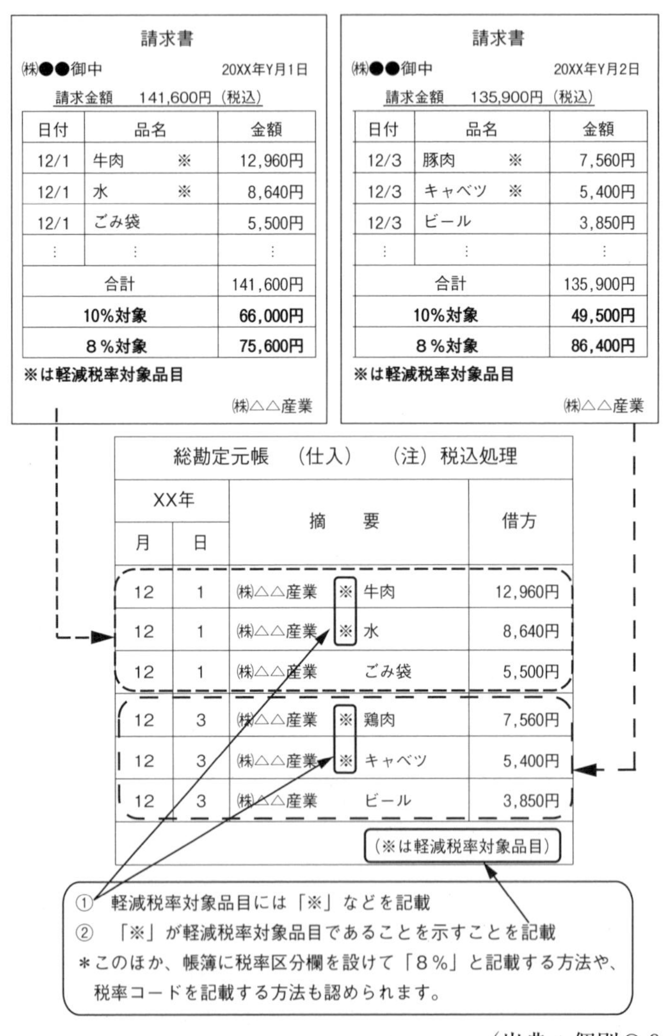

請求書

㈱●●御中　20XX年Y月1日

請求金額　141,600円（税込）

日付	品名	金額
12/1	牛肉　※	12,960円
12/1	水　※	8,640円
12/1	ごみ袋	5,500円
⋮	⋮	⋮
合計		141,600円
10％対象		**66,000円**
８％対象		**75,600円**

※は軽減税率対象品目

㈱△△産業

請求書

㈱●●御中　20XX年Y月2日

請求金額　135,900円（税込）

日付	品名	金額
12/3	豚肉　※	7,560円
12/3	キャベツ　※	5,400円
12/3	ビール	3,850円
⋮	⋮	⋮
合計		135,900円
10％対象		**49,500円**
８％対象		**86,400円**

※は軽減税率対象品目

㈱△△産業

総勘定元帳　（仕入）　（注）税込処理

XX年 月	日	摘　要	借方
12	1	㈱△△産業　※　牛肉	12,960円
12	1	㈱△△産業　※　水	8,640円
12	1	㈱△△産業　ごみ袋	5,500円
12	3	㈱△△産業　※　鶏肉	7,560円
12	3	㈱△△産業　※　キャベツ	5,400円
12	3	㈱△△産業　ビール	3,850円

（※は軽減税率対象品目）

（出典：個別Q＆A問120）

【記号・番号等を使用した場合の帳簿の記載例②（一定期間分の取引をまとめた請求書の場合）】

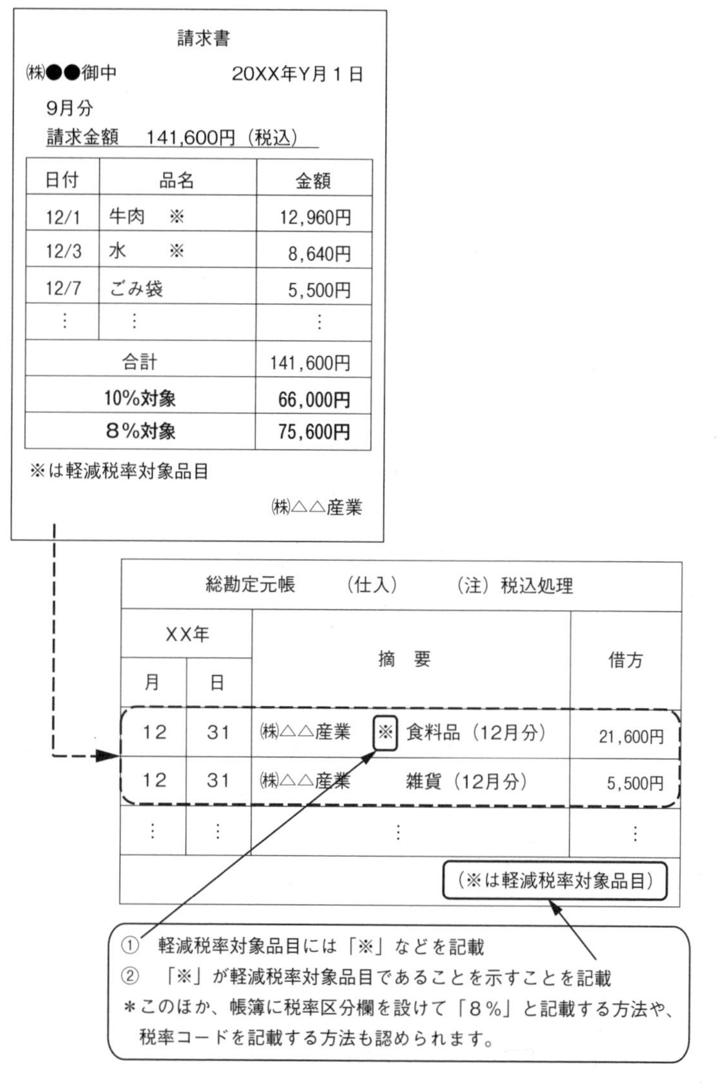

請求書

㈱●●御中　　20XX年Y月１日

9月分

請求金額　141,600円（税込）

日付	品名	金額
12/1	牛肉　※	12,960円
12/3	水　※	8,640円
12/7	ごみ袋	5,500円
⋮	⋮	⋮
合計		141,600円
10%対象		**66,000円**
８%対象		**75,600円**

※は軽減税率対象品目

㈱△△産業

総勘定元帳　（仕入）　（注）税込処理

XX年		摘　要	借方
月	日		
12	31	㈱△△産業　※　食料品（12月分）	21,600円
12	31	㈱△△産業　雑貨（12月分）	5,500円
⋮	⋮	⋮	⋮

（※は軽減税率対象品目）

（出典：個別Q＆A問120）

13　税額計算等

（1）区分記載請求書等保存方式の下での税額計算方法

軽減税率制度実施後においても、基本的な計算方法は従来と同様の計算を行います。

軽減税率制度実施後は、基本的には、税率の異なるごとに売上げ及び仕入れを記帳し、これを基に、以下のように、税率ごとの売上総額及び仕入総額を算出して売上税額及び仕入税額を計算することになります（平成28年改正法附則34②、制度Q＆A問16）。

【消費税額等の計算方法】

1．売上げに係る消費税額の計算

①　軽減税率対象の売上げに係る消費税額

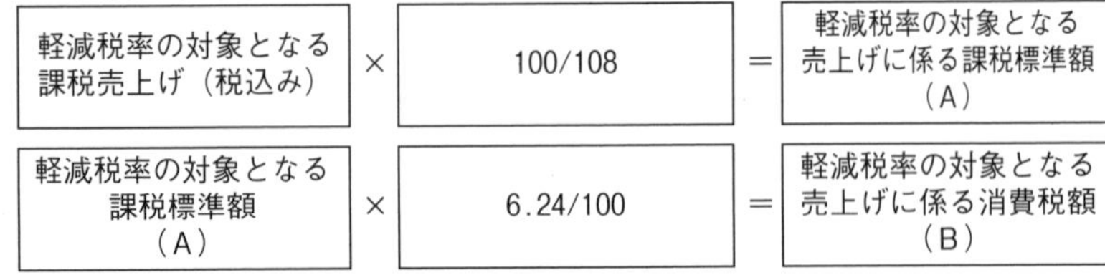

②　標準税率対象の売上げに係る消費税額

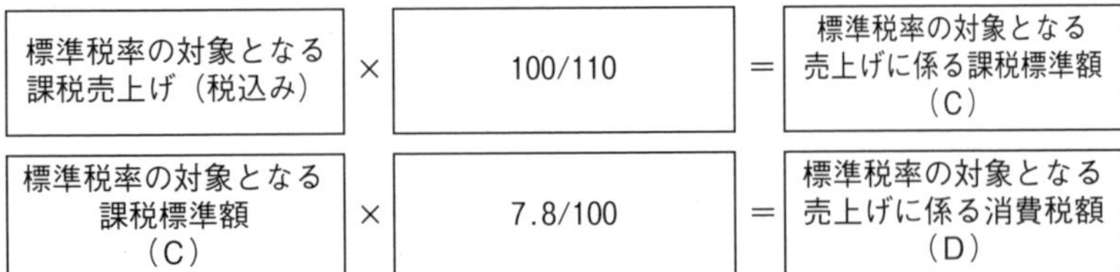

③　売上げに係る消費税額

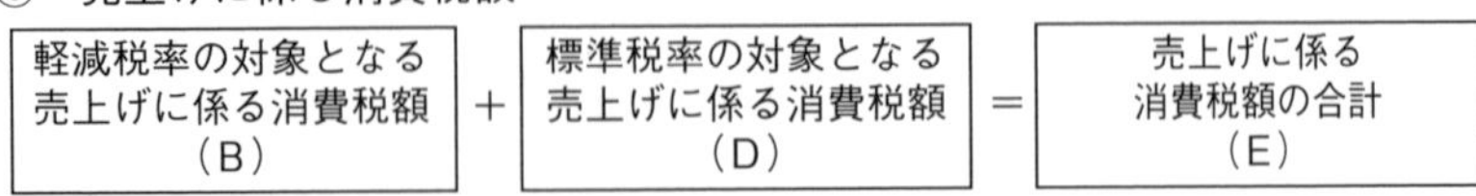

2．仕入れに係る消費税額の計算

① 軽減税率対象の仕入れに係る消費税額

軽減税率の対象となる課税仕入れ（税込み）	×	6.24/108	＝	軽減税率の対象となる仕入れに係る消費税額（F）

② 標準税率対象の仕入れに係る消費税額

標準税率の対象となる課税仕入れ（税込み）	×	7.8/110	＝	標準税率の対象となる仕入れに係る消費税額（G）

③ 仕入れに係る消費税額

軽減税率の対象となる仕入れに係る消費税額（F）	＋	標準税率の対象となる仕入れに係る消費税額（G）	＝	仕入れに係る消費税額の合計（H）

3．消費税額の計算

売上げに係る消費税額の合計（E）	－	仕入れに係る消費税額の合計（H）	＝	納付すべき消費税額（Ｉ）

4．地方消費税額の計算

納付すべき消費税額（Ｉ）	×	22/78	＝	納付すべき地方消費税額（J）

5．納付すべき消費税額等の計算

納付すべき消費税額（Ｉ）	－	納付すべき地方消費税額（J）	＝	納付すべき消費税額等

（出典：制度Ｑ＆Ａ問16）

（２）課税売上割合が95％未満の場合

① 原則課税（一般課税）

仕入控除税額を計算する方法は、これまでと同様に、その課税期間中の課税売上高が５億円を超えているか否か、または５億円以下であっても課税売上割合が95％未満であるか否かによって異なります。また、後述するように、簡易課税制度の適用も従来どおり可能です。

【仕入控除税額の計算方法】

<table>
<tr><td>課税売上高が５億円以下
かつ
課税売上割合が95％以上</td><td colspan="2">全額控除（消法30①）</td></tr>
<tr><td rowspan="2">課税売上高が５億円超
または
課税売上割合が95％未満</td><td rowspan="2">選択適用</td><td>個別対応方式（消法30②一）</td></tr>
<tr><td>一括比例配分方式（消法30②二）</td></tr>
</table>

② 課税売上割合

課税売上割合とは、その課税期間中の総売上高（国内における資産の譲渡等の対価の額の合計額）に占める課税売上高（国内における課税資産の譲渡等の対価の額の合計額）の割合をいいます（消法30⑥）。課税売上割合の計算は、次の算式により計算します。

【課税売上割合】

$$= \frac{\text{その課税期間中の国内における課税資産の譲渡等の対価の額の合計額}}{\text{その課税期間中の国内における資産の譲渡等の対価の額の合計額}}$$

$$= \frac{\text{課税売上げ（税抜き）＋免税売上げ}}{\text{課税売上げ（税抜き＋非課税売上＋免税売上げ）}}$$

③　個別対応方式

個別対応方式とは、その課税期間中において行った課税仕入れ等の税額を、

(イ)　課税資産の譲渡等にのみ要するもの
(ロ)　その他の資産（非課税資産）の譲渡等にのみ要するもの
(ハ)　課税資産の譲渡等とその他の資産の譲渡等に共通して要するもの

に区分し、次の算式により計算した金額を仕入控除税額とする方式です（消法30②一）。

【仕入控除税額】

(イ)　課税資産の譲渡等にのみ要する課税仕入れ等の税額	＋	(ハ)　課税資産の譲渡等とその他の資産の譲渡等に共通して要する課税仕入れ等の税額	×	課税売上割合

④　一括比例配分方式

一括比例配分方式とは、課税仕入れ等の消費税額が、上記③の個別対応方式のように区分されていない場合や、区分されていても、納税者がこの方式を選択した場合の仕入控除税額の計算方式です。仕入控除税額は次の算式により計算されます（消法30②二）。

【仕入控除税額】

＝	その課税期間中の課税仕入れ等の税額	×	課税売上割合

なお、一括比例配分方式を選択した事業者は、この方法で計算することとした課税期間の初日から同日以後２年を経過する日までの

間に開始する各課税期間において、この方法を継続して適用した後の課税期間でなければ、個別対応方式に変更することはできません(消法30⑤)。

(３) 積上げ計算で行う場合

従来から、領収書等に消費税額を記載すること等を要件として、１領収単位ごとに１円未満の端数処理を行った消費税等相当額（消費税及び地方消費税の合計額に相当する金額）に基づいた消費税額の計算「課税標準額に対する消費税額の計算の特例（積上げ計算)」を行うことが認められていました。積上げ計算とは、販売の都度、計算した消費税額相当額を累計する方法です。

区分記載請求書等保存方式の下でも、一定の要件の下、積上げ計算が認められます。ただし、軽減税率制度の実施後においては税率が複数となりますので、税率の異なるごとに端数処理を行うこととなります。

具体的な方法としては、１領収単位において軽減税率対象分と標準税率対象分ごとに1円未満の端数処理を行った場合には、これまでと同様の要件を満たすことを前提として、税率の異なるごとに端数処理を行った後の消費税等相当額を基礎として納付すべき消費税額等の計算を行うことができます（軽減通達25、制度Q＆A問16)。

(４) 中小事業者の特例

課税売上げ（税込み）または課税仕入れ（税込み）を税率ごとに区分して合計することが困難な事情がある中小事業者（基準期間における課税売上高が5,000万円以下の事業者をいいます。）は、経過措置として、上記（１）の売上税額及び仕入税額の計算方法について、後述する売上税額の計算の特例及び仕入税額の計算の特例が認められています。

14　売上税額の計算の特例

軽減税率制度の下で求められる区分経理に事業者が円滑に対応できるよう、課税売上げ（税込み）を税率ごとに区分して合計することが困難な事情がある中小事業者（基準期間における課税売上高が5,000万円以下の事業者）は、経過措置として、（１）小売等軽減仕入割合の特例、（２）軽減売上割合の特例、（３）50/100で計算する方法の３つの方法により売上税額を計算する特例が認められています（平成28年改正法附則38①②④）。

【「困難な事情があるとき」の意義（軽減通達21本文、（注）１）】

> 改正法附則第38条第１項（中略）に規定する「困難な事情があるとき」とは、例えば、事業者が同項に規定する適用対象期間中に国内において行った課税資産の譲渡等につき、税率の異なるごとの管理が行えないことなどにより、当該適用対象期間中の当該課税資産の譲渡等の税込価額を税率の異なるごとに区分して合計することが困難である場合をいい、そのような場合には、その困難の度合いを問わず、同項に規定する経過措置を適用することができることに留意する。
> (注) １　改正法附則第38条第２項に規定する「困難な事情があるとき」において同様である。
> (後略)

上記のように、困難な事情があるときについては、その程度の度合いを問わないとされていますので、それぞれの事業者の事情に応じて判断すればよいと思われます。

（１）小売等軽減仕入割合の特例

令和元(2019)年10月１日から令和５(2023)年９月30日までの期間において、課税売上げ（税込み）を税率ごとに区分して合計することが困難な中小事業者（基準期間における課税売上高が5,000万円以下の事業者）のうち、課税仕入れ（税込み）を税率ごとに管理できる卸売業または小売業を営む中小事業者は、その事業に係る課税売上げ（税込み）に、その事業に係る課税仕入れ（税込み）に占める軽減税率対象品目の売上げにのみ要する課税仕入れ（税込み）の割合（小売等軽減仕入割合）を乗じて、軽減対象資産に係る課税売上げ（税込み）を算出し、売上税額を計算できます（平成28年改正法附則38②、制度Q＆A問17）。

【小売等軽減仕入割合】

$$= \frac{\text{卸売業・小売業に係る軽減税率対象品目の課税仕入れ（税込み）}}{\text{卸売業・小売業に係る課税仕入れ（税込み）}}$$

なお、特例の適用を受けようとする課税期間中に簡易課税制度（簡易課税制度の届出の特例を受ける場合を含みます。）の適用を受けていないことも要件となっています。

【卸売業及び小売業の定義（平成28年改正法附則38③）】

「卸売業」とは、他の者から購入した商品をその性質及び形状を変更しないで他の事業者に対して販売する事業ををいいます。

「小売業」とは、他の者から購入した商品をその性質及び形状を変更しないで販売する事業で卸売業以外のものをいいます。

【小売等軽減仕入割合の特例が適用できる事業者のイメージ】

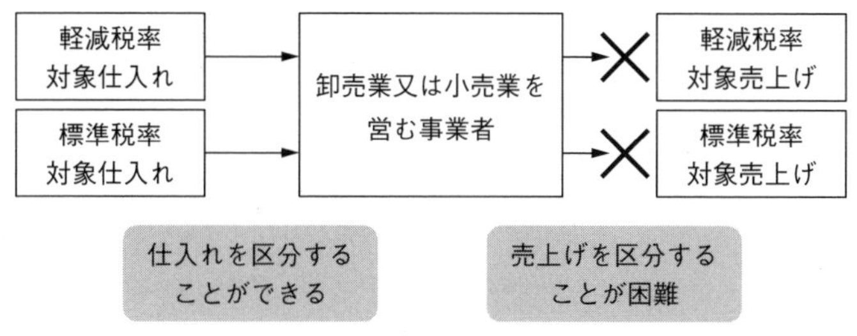

【小売等軽減仕入割合のイメージ】

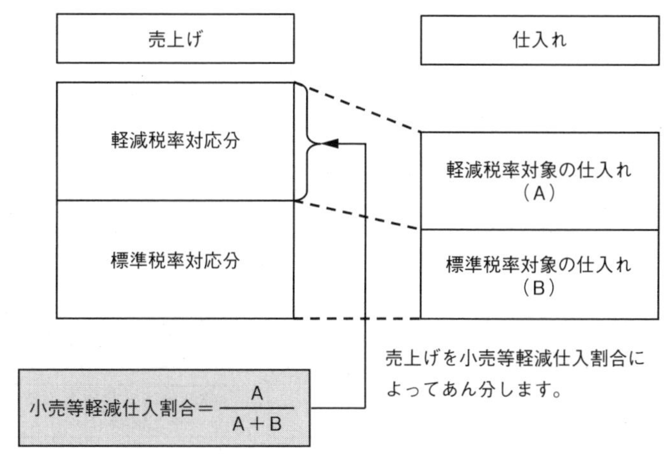

上図のように、小売等軽減仕入割合は、仕入れ側における軽減税率の占める割合で、売上げ側の軽減税率対応分を計算するというものです。

【小売等軽減仕入割合の特例による売上税額の計算方法】

イ）卸売業及び小売業に係る軽減税率の対象となる課税標準額

卸売業及び小売業に係る課税売上げ（税込み）	×	小売等軽減仕入割合（※）	＝	軽減税率の対象となる課税売上げ（税込み）(A)

（※）小売等軽減仕入割合 ＝ 卸売業及び小売業にのみ要する課税仕入れ(税込み)のうち軽減税率の対象となる売上げにのみ要するものの金額 ／ 卸売業及び小売業にのみ要する課税仕入れ（税込み）

ただし、主として軽減税率の対象品目の譲渡等を行う中小事業者で小売等軽減仕入割合の計算が困難な場合は、上記のような計算を行わずに50／100とすることができます。

軽減税率の対象となる課税売上げ（税込み）(A)	×	100／108	＝	軽減税率の対象となる課税標準額(B)

ロ）卸売業及び小売業に係る標準税率の対象となる課税標準額

［卸売業及び小売業に係る課税売上げ（税込み）	−	軽減税率の対象となる課税売上げ（税込み）(A)］	×	100／110	＝	標準税率の対象となる課税標準額(C)

ハ）売上税額の合計額

軽減税率の対象となる課税標準額（B）	×	6.24%	＝	軽減税率の対象となる売上税額（D）
標準税率の対象となる課税標準額（C）	×	7.8%	＝	標準税率の対象となる売上税額（E）
軽減税率の対象となる売上税額（D）	×	標準税率の対象となる売上税額（E）	＝	売上税額の合計額

（参考：制度Ｑ＆Ａ問20）

【小売等軽減仕入割合を使用する場合の付表（課税資産の譲渡等の対価の額の計算表〔小売等軽減仕入割合を使用する課税期間用〕（売上区分用））】

第5-(2)号様式

課税資産の譲渡等の対価の額の計算表〔小売等軽減仕入割合を使用する課税期間用〕　売上区分用

軽減対象資産の譲渡等(税率6.24%適用分)を行う事業者が、適用対象期間中に国内において行った卸売業及び小売業に係る課税資産の譲渡等(免税取引及び旧税率(6.3%等)が適用される取引は除く。)の税込価額を税率の異なるごとに区分して合計することにつき困難な事情があるときは、この計算表を使用して計算をすることができます(所得税法等の一部を改正する法律(平成28年法律第15号)附則38②)。

以下の①～⑬欄に、当該適用対象期間中に行った取引について記載してください。

課税期間	・・～・・	氏名又は名称	
適用対象期間	・・～・・		

			事業の区分ごとの計算（　）	（　）	合計
卸売業及び小売業に係る課税取引	課税仕入れに係る支払対価の額（税込み）	①	円	円	
	特定課税仕入れに係る支払対価の額×110／100（経過措置により旧税率が適用される場合は×108／100）	②			
	保税地域から引き取った課税貨物に係る税込引取価額	③			
	課税仕入れに係る支払対価の額等の合計額（①＋②＋③）	④			
	④のうち、軽減対象資産の譲渡等(税率6.24%適用分)にのみ要するものの金額（税込み）	⑤			
	小売等軽減仕入割合（⑤／④）（※1）	⑥	〔　%〕※端数切捨て	〔　%〕※端数切捨て	
	課税資産の譲渡等の税込価額の合計額	⑦	円	円	
	軽減対象資産の譲渡等(税率6.24%適用分)の対価の額の合計額（税抜き）（⑦×⑤／④×100／108）（※1）	⑧			円
	軽減対象資産の譲渡等以外の課税資産の譲渡等(税率7.8%適用分)の対価の額の合計額（税抜き）（(⑦－(⑦×⑤／④))×100／110）（※1）	⑨			
	（※1）主として軽減対象資産の譲渡等(税率6.24%適用分)を行う事業者が、小売等軽減仕入割合の算出につき困難な事情があるときは、「50／100」を当該割合とみなして計算することができる。その場合は、①～⑤欄は記載せず、⑥欄に50と記載し、⑧及び⑨欄の金額の計算において、「⑤／④」を「50／100」として計算する。				

卸売業及び小売業以外の事業に係る課税取引	軽減対象資産の譲渡等(税率6.24%適用分)の対価の額の合計額（税抜き）	⑩	円
	軽減対象資産の譲渡等以外の課税資産の譲渡等(税率7.8%適用分)の対価の額の合計額（税抜き）	⑪	

全事業に係る課税取引	軽減対象資産の譲渡等(税率6.24%適用分)の対価の額の合計額（税抜き）（⑧合計＋⑩）	⑫	※付表1-1の①-1D欄へ　円
	軽減対象資産の譲渡等以外の課税資産の譲渡等(税率7.8%適用分)の対価の額の合計額（税抜き）（⑨合計＋⑪）	⑬	※付表1-1の①-1E欄へ

注意　1　金額の計算においては、1円未満の端数を切り捨てる。
　　　2　事業の区分ごとの計算がこの計算表に記載しきれないときは、この計算表を複数枚使用し、事業の区分ごとに①～⑨欄を適宜計算した上で、いずれか1枚の計算表に⑧及び⑨欄の合計額を記載する。

（2）軽減売上割合の特例

令和元(2019)年10月１日から令和５(2023)年９月30日までの期間において、課税売上げ（税込み）を税率ごとに区分して合計することが困難な中小事業者（基準期間における課税売上高が5,000万円以下の事業者）については、課税売上げ（税込み）に、軽減売上割合を乗じて、軽減対象資産に係る課税売上げ（税込み）を算出し、売上税額を計算できます（平成28年改正法附則38①）。

【軽減売上割合が適用できる事業者のイメージ】

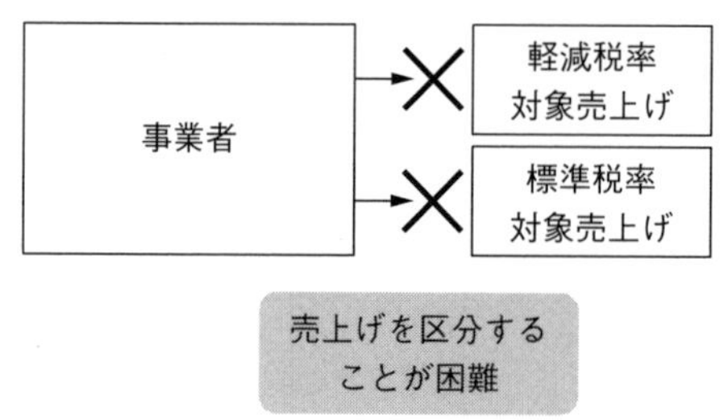

「軽減売上割合」とは、通常の連続する10営業日の課税売上げ（税込み）に占める同期間の軽減税率対象品目の課税売上げ（税込み）の割合をいいます（平成28年改正法附則38①一、制度Q＆A問17）。

【軽減売上割合】

$$= \frac{\text{通常の連続する10営業日の軽減税率対象品目の課税売上げ（税込み）}}{\text{通常の連続する10営業日の課税売上げ（税込み）}}$$

ここでいう「通常の連続する10営業日」とは、この特例の適用を受けようとする期間内の通常の事業を行う連続する10営業日であれば、いつかは問いません（軽減通達22）。

【「通常の事業を行う連続する10営業日」の意義（軽減通達22）】

改正法附則第38条第１項（中略）を適用する場合の「通常の事業を行う連続する10営業日」は、同項に規定する適用対象期間における通常の事業を行う連続する10営業日であればいつかを問わないのであるが、例えば、通常飲食料品と飲食料品以外の資産の譲渡等を行う事業者が、特別な営業により、ある10日間について飲食料品の譲渡のみを行うといった営業日は同項に規定する「通常の事業」を行う営業日に含まれないことに留意する。

なお、これら「通常の事業」でない営業日を含む連続する10営業日に基づき同項の規定を適用することはできないのであるが、このような「通常の事業」でない営業日を除いた前後の連続する期間の合計10営業日については、「通常の事業を行う連続する10営業日」として取り扱う。

すなわち、この通達を読むと、通常の事業を行う連続する10営業日とは、季節ごとのセールや全品○○％割引のような場合には、含まれることになります。

ただし、通常、飲食料品の販売（軽減税率）と飲食料品以外の販売（標準税率）を行う事業者が、特別な営業により、ある10日間について飲食料品の販売のみを行うといった営業日は「通常の事業」を行う営業日には含まれませんとしていますので、一般的なスーパーにおける、普段からよくある「○○セール」のような場合には、10営業日に含めて問題ないと思われます。

また、仮に「通常の事業」を行う営業日には含まれまれない日があったとしても、その特別な日を除いた前後の連続する10営業日を「通常の連続する10営業日」とすることができます。

したがって、どの10営業日をこの「軽減売上割合」の計算の際に用いるかによって、軽減売上割合の数字は変化することとなります。

【連続する10営業日の具体例】

① 通常営業のみの場合

11月						
1	2	3	4	5	6	7
通常営業	通常営業	通常営業	通常営業	通常営業	通常営業	通常営業
8	9	10	11	12	13	14
通常営業	通常営業	通常営業	通常営業	通常営業	通常営業	通常営業

このうち、連続する10日営業日を任意に選択できます。

② 食品のみの販売しか実施しない日があった場合

11月						
1	2	3	4	5	6	7
通常営業	通常営業	通常営業	食品のみ	通常営業	通常営業	通常営業
8	9	10	11	12	13	14
通常営業	通常営業	通常営業	食品のみ	通常営業	通常営業	通常営業

このうち、食品のみを除いて連続する10日営業日を任意に選択できます。

【軽減売上割合の特例による売上税額の計算方法】

イ）軽減税率の対象となる課税標準額

課税売上げ（税込み）	×	軽減売上割合[(※)]	＝	軽減税率の対象となる課税売上げ（税込み）(A)

（※）軽減売上割合　＝　通常の連続する10営業日の課税売上げ(税込み)のうち軽減税率の対象となる課税売上げ(税込み)部分の金額 ／ 通常の連続する10営業日の課税売上げ（税込み）

ただし、主として軽減税率の対象品目の譲渡等を行う中小事業者で軽減売上割合の計算が困難な場合は、上記のような計算を行わずに50／100とすることができます。

軽減税率の対象となる課税売上げ（税込み）(A)	×	100／108	＝	軽減税率の対象となる課税標準額 (B)

ロ）卸売業及び小売業に係る標準税率の対象となる課税標準額

[課税売上げ（税込み）	−	軽減税率の対象となる課税売上げ（税込み）(A)]	×	100／110	＝	標準税率の対象となる課税標準額 (C)

ハ）売上税額の合計額

軽減税率の対象となる課税標準額（B）	×	6.24%	＝	軽減税率の対象となる売上税額（D）
標準税率の対象となる課税標準額（C）	×	7.8%	＝	標準税率の対象となる売上税額（E）
軽減税率の対象となる売上税額（D）	×	標準税率の対象となる売上税額（E）	＝	売上税額の合計額

（参考：制度Q＆A問20）

【軽減売上割合を使用する場合の付表（課税資産の譲渡等の対価の額の計算表〔軽減売上割合（10営業日）を使用する課税期間用〕（売上区分用））】

第5-(1)号様式

課税資産の譲渡等の対価の額の計算表〔軽減売上割合(10営業日)を使用する課税期間用〕　売上区分用

軽減対象資産の譲渡等(税率6.24%適用分)を行う事業者が、適用対象期間中に国内において行った課税資産の譲渡等(免税取引及び旧税率(6.3%等)が適用される取引は除く。)の税込価額を税率の異なるごとに区分して合計することにつき困難な事情があるときは、この計算表を使用して計算をすることができます(所得税法等の一部を改正する法律(平成28年法律第15号)附則38①)。

以下の①～⑪欄に、当該適用対象期間中に行った取引について記載してください。

課税期間	・　・　～　・　・	氏名又は名称	
適用対象期間	・　・　～　・　・		

税率ごとの区分が困難な事業における課税資産の譲渡等			事業の区分ごとの計算 ( )	( )	( )	合計
	課税資産の譲渡等の税込価額の合計額	①	円	円	円	
	通常の事業を行う連続する10営業日	②	年 月 日 (自)　・　・ (至)　・　・	年 月 日 (自)　・　・ (至)　・　・	年 月 日 (自)　・　・ (至)　・　・	
	②の期間中に行った課税資産の譲渡等の税込価額の合計額	③	円	円	円	
	③のうち、軽減対象資産の譲渡等(税率6.24%適用分)に係る部分の金額（税込み）	④				
	軽減売上割合 (④／③)（※1)	⑤	〔　　%〕 ※端数切捨て	〔　　%〕 ※端数切捨て	〔　　%〕 ※端数切捨て	
	軽減対象資産の譲渡等(税率6.24%適用分)の対価の額の合計額（税抜き） (①×④／③×100／108)（※1)	⑥	円	円	円	円
	軽減対象資産の譲渡等以外の課税資産の譲渡等(税率7.8%適用分)の対価の額の合計額（税抜き） ((①－(①×④／③))×100／110)（※1)	⑦				

(※1) 主として軽減対象資産の譲渡等(税率6.24%適用分)を行う事業者が、軽減売上割合の算出につき困難な事情があるときは、「50／100」を当該割合とみなして計算することができる。その場合は、②～④欄は記載せず、⑤欄に50と記載し、⑥及び⑦欄の金額の計算において、「④／③」を「50／100」として計算する。

税率ごとの区分が可能な事業における課税資産の譲渡等			
	軽減対象資産の譲渡等(税率6.24%適用分)の対価の額の合計額（税抜き）(※2)	⑧	円
	軽減対象資産の譲渡等以外の課税資産の譲渡等(税率7.8%適用分)の対価の額の合計額（税抜き）（※3)	⑨	

(※2) ⑧欄には、軽減対象資産の譲渡等(税率6.24%適用分)のみを行う事業における課税資産の譲渡等の対価の額を含む。
(※3) ⑨欄には、軽減対象資産の譲渡等以外の課税資産の譲渡等(税率7.8%適用分)のみを行う事業における課税資産の譲渡等の対価の額を含む。

全事業における課税資産の譲渡等			
	軽減対象資産の譲渡等(税率6.24%適用分)の対価の額の合計額（税抜き） (⑥合計＋⑧)	⑩	※付表1-1を使用する場合は、付表1-1の①-1D欄へ ※付表4-1を使用する場合は、付表4-1の①-1D欄へ　円
	軽減対象資産の譲渡等以外の課税資産の譲渡等(税率7.8%適用分)の対価の額の合計額（税抜き） (⑦合計＋⑨)	⑪	※付表1-1を使用する場合は、付表1-1の①-1E欄へ ※付表4-1を使用する場合は、付表4-1の①-1E欄へ

注意 1 金額の計算においては、1円未満の端数を切り捨てる。
2 事業の区分ごとの計算がこの計算表に記載しきれないときは、この計算表を複数枚使用し、事業の区分ごとに①～⑦欄を適宜計算した上で、いずれか1枚の計算表に⑥及び⑦欄の合計額を記載する。

（３）50/100で計算する方法

上記（１）及び（２）の割合の計算が困難な中小事業者であって、主として軽減対象資産の譲渡等を行う事業者は、これらの割合を50/100（50％）とすることができます（平成28年改正法附則38④、制度Q＆A問17）。

なお、「主として軽減対象資産の譲渡等を行う事業者」とは、適用対象期間中の課税売上げのうち、軽減税率の対象となる課税売上げの占める割合がおおむね50％以上である事業者をいいます（軽減通達23）。

【売上税額の計算の全体像】

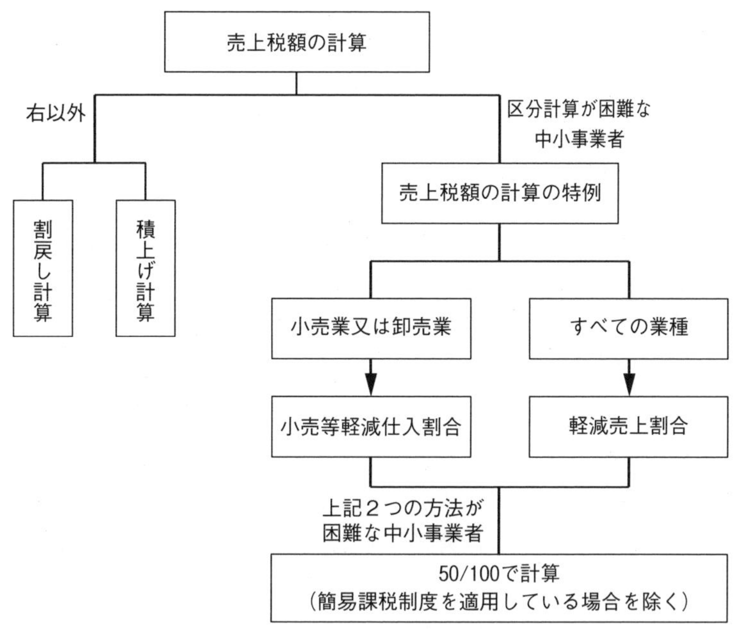

【売上税額の計算の特例のまとめ】

	小売等軽減仕入割合の特例	軽減売上割合の特例	50%
区分	(1) 課税仕入れ(税込み)を税率ごとに管理できる卸売業・小売業を営む中小事業者	(2) (1)以外の中小事業者	(3) (1)・(2)以外で使用する割合の計算が困難な中小事業者 (注) 主に軽減税率対象品目を販売する中小事業者が対象
内容	卸売業・小売業に係る課税売上げ(税込み)に小売等軽減仕入割合を乗じた金額を軽減税率対象品目の課税売上げ(税込み)とし、売上税額を計算する。 小売等軽減仕入割合 $=\dfrac{\text{卸売業・小売業に係る軽減税率対象品目の課税仕入れ（税込み）}}{\text{卸売業・小売業に係る課税仕入れ（税込み）}}$	課税売上げ(税込み)に軽減売上割合を乗じた金額を軽減税率対象品目の課税売上げ(税込み)とし、売上税額を計算する。 軽減売上割合 $=\dfrac{\text{通常の連続する10営業日の軽減税率対象品目の課税売上げ（税込み）}}{\text{通常の連続する10営業日の課税売上げ(税込み)}}$	(1)・(2)の計算において使用する割合に代えて50%を使用して、売上税額を計算する。
適用対象	以下の期間において行った課税資産の譲渡等 令和元(2019)年10月1日から令和5(2023)年9月30日までの期間 ※ (1)については、簡易課税制度の適用を受けない期間に限る。		

(出典：制度Q＆A問17)

（４）適用対象期間に関する注意点

令和元(2019)年10月１日から令和５(2023)年９月30日までが、売上税額の計算の特例を適用できる期間です。

このとき、令和元(2019)年10月１日及び令和５(2023)年９月30日を期中に含んでいる課税期間においては、適用関係に注意が必要です。

【課税期間が1月１日から12月31日までの場合】

①　令和元(2019)年10月１日を含む課税期間

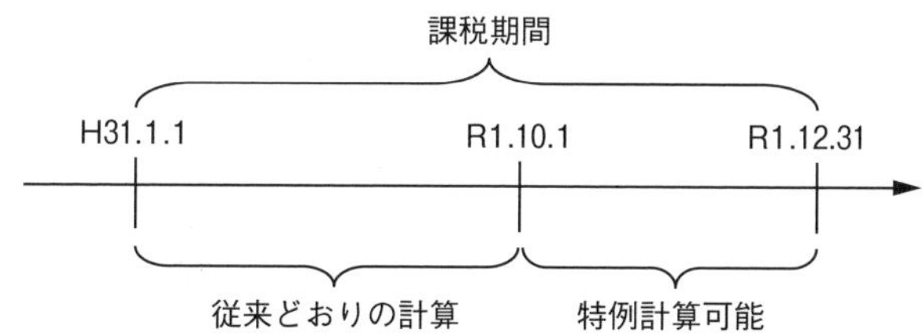

この場合、１つの課税期間でも、1月１日から9月30日までは従来どおりに計算し、10月１日から12月31日までは特例計算で行います。

②　令和５(2023)年９月30日を含む課税期間

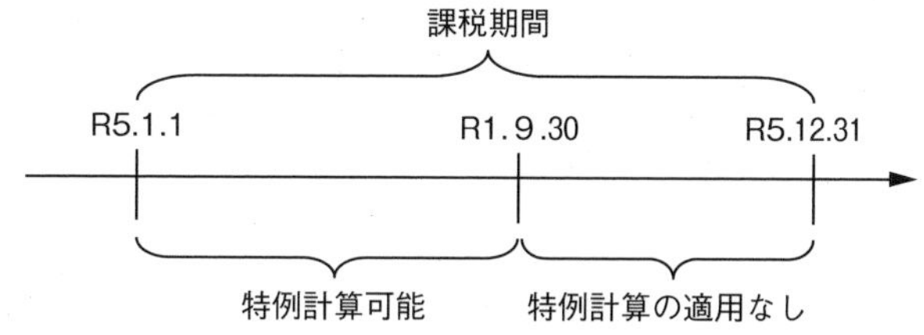

【課税期間が4月1日から3月31日までの場合】

① 令和元(2019)年10月1日を含む課税期間

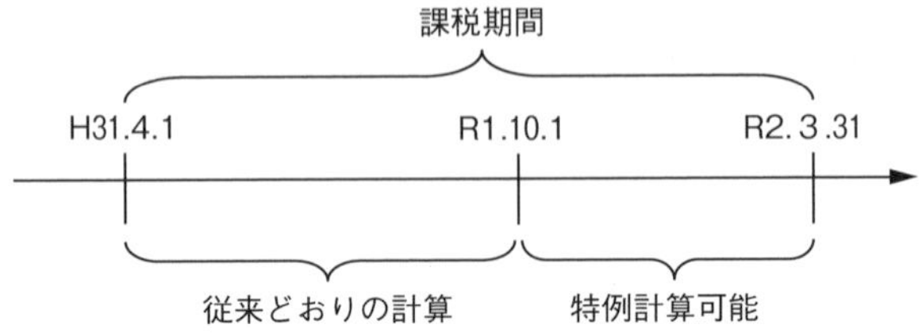

② 令和5(2023)年9月30日を含む課税期間

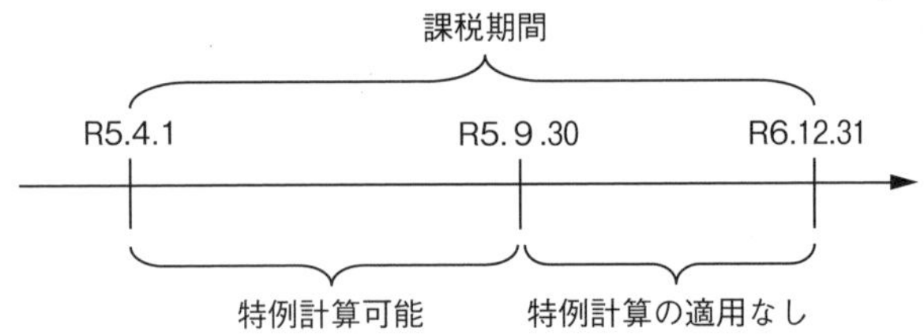

15 仕入税額の計算の特例

軽減税率制度の下で求められる区分経理に事業者が円滑に対応できるよう、課税仕入れ（税込み）を税率ごとに区分して合計することが困難な事情がある中小事業者（基準期間における課税売上高が5,000万円以下の事業者）は、経過措置として、次に掲げる方法により仕入税額を計算する特例が認められています（平成28年改正法附則39①、40①)。

【困難な事情があるときの意義（軽減通達21（注）2)】

改正法附則第39条第1項（中略）に規定する「困難な事情があるとき」とは、例えば、事業者が（中略）適用対象期間中に国内において

> 行った課税仕入れ又は当該適用対象期間中の課税貨物の保税地域から引取りにつき、税率の異なるごとの管理が行えないことなどにより、当該適用対象期間中の当該課税仕入れに係る支払対価の額又は当該適用対象期間中に保税地域から引き取った当該課税貨物に係る税込引取価額を税率の異なるごとに区分して合計することが困難である場合をいい、そのような場合には、その困難の度合いを問わず、同項に規定する経過措置を適用することができる。
>
> なお、第40条第１項（中略）に規定する「困難な事情」において同様である。

上記のように、困難な事情があるときについては、その困難な程度の度合いを問わないとされていますので、それぞれの事業者の事情に応じて判断すればよいと思われます。

（１）小売等軽減売上割合の特例（卸売業または小売業のみ）

令和元(2019)年10月１日から令和２(2020)年９月30日の属する課税期間の末日までの期間（簡易課税制度の適用を受けない期間に限ります。）において、課税売上げ（税込み）を税率ごとに管理できる卸売業または小売業を行う中小事業者は、その事業に係る課税仕入れ（税込み）に、その事業に係る課税売上げ（税込み）に占める軽減税率対象品目の課税売上げ（税込み）の割合（小売等軽減売上割合）を乗じて、軽減対象資産に係る課税仕入れ（税込み）を算出し、仕入税額を計算できます（平成28年改正法附則39①、制度Ｑ＆Ａ問18）。

【小売等軽減売上割合の特例による仕入税額の計算方法】

① 卸売業及び小売業に係る軽減税率の対象となる課税標準額

卸売業及び小売業に係る課税売上げ（税込み）	×	小売等軽減売上割合(※)	＝	軽減税率の対象となる課税仕入（税込み）(A)

(※) 小売等軽減売上割合 ＝ 卸売業及び小売業にのみ要する課税仕入れ(税込み)のうち軽減税率の対象となる課税売上げ ／ 卸売業及び小売業にのみ要する課税売上げ（税込み）

軽減税率の対象となる課税仕入れ（税込み）(A)	×	6.24／108	＝	軽減税率の対象となる仕入税額(B)

② 卸売業及び小売業に係る標準税率の対象となる課税標準額

[卸売業及び小売業に係る課税仕入れ（税込み）	−	軽減税率の対象となる課税仕入れ（税込み）(A)]	×	7.8／110	＝	標準税率の対象となる仕入税額(C)

③ 売上税額の合計額

軽減税率の対象となる仕入税額（B）	＋	標準税率の対象となる仕入税額（C）	＝	仕入税額の合計額

（参考：制度Q＆A問20）

【小売等軽減売上割合のイメージ】

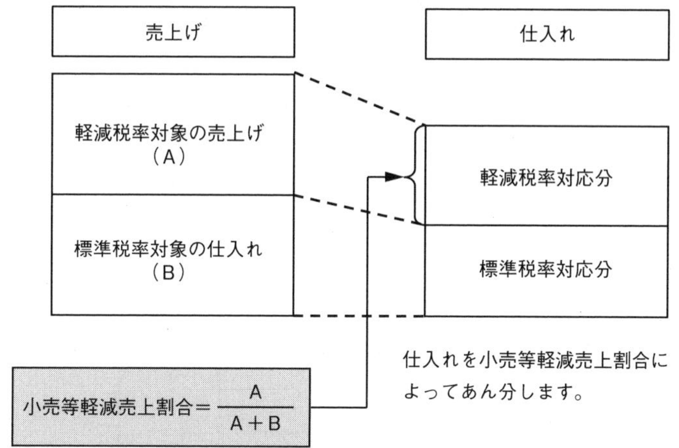

上図のように、小売等軽減売上割合は、売上側における全体の売上げに対する軽減税率対象の売上げが占める割合で、仕入側の軽減税率対応分を計算するというものです。

【小売等軽減売上割合を使用する場合の付表（課税仕入れ等の税額の計算表〔小売等軽減売上割合を使用する課税期間用〕（仕入区分用））】

第5-(3)号様式

課税仕入れ等の税額の計算表〔小売等軽減売上割合を使用する課税期間用〕

仕入区分用

軽減対象資産の譲渡等(税率6.24%適用分)を行う事業者が、適用対象期間中に国内において行った卸売業及び小売業に係る課税仕入れに係る支払対価の額又は当該適用対象期間中に保税地域から引き取った課税貨物に係る税込引取価額を税率の異なるごとに区分して合計することにつき困難な事情があるときは、この計算表を使用して計算をすることができます(所得税法等の一部を改正する法律(平成28年法律第15号)附則39①)。

以下の①～⑧欄、⑪～⑮欄及び⑰～⑳欄には、当該適用対象期間中に行った取引について記載してください。

課税期間	・　・　～　・　・	氏名又は名称	
適用対象期間	・　・　～　・　・		

			事業の区分ごとの計算		
			(　　　)	(　　　)	合計
卸売業及び小売業に係る課税取引	課税資産の譲渡等(免税取引及び旧税率(6.3%等)が適用される取引は除く。)の税込価額の合計額	①	円	円	
	軽減対象資産の譲渡等(税率6.24%適用分)の税込価額の合計額	②			
	小売等軽減売上割合 (②/①)	③	〔　　%〕 ※端数切捨て	〔　　%〕 ※端数切捨て	
	課税仕入れに係る支払対価の額(税込み)	④	円	円	
	保税地域から引き取った課税貨物に係る税込引取価額	⑤			
	課税仕入れに係る支払対価の額等の合計額 (④+⑤)	⑥			
	軽減対象資産に係る課税仕入れ等(税率6.24%適用分)の税額 (※1) (⑥×②/①×6.24/108)	⑦			円
	軽減対象資産に係る課税仕入れ等以外の課税仕入れ等(税率7.8%適用分)の税額 (※1) ((⑥－(⑥×②/①))×7.8/110)	⑧			
	納税義務の免除を受けない(受ける)こととなった場合における消費税額の調整(加算又は減算)額	⑨	税率6.24%適用分 円	⑩	税率7.8%適用分 円

(※1)　値引き、割戻し、割引きなど仕入対価の返還等の金額がある場合には、裏面の3を参照する。

			税率6.24%適用分 イ		税率7.8%適用分 ロ
卸売業及び小売業以外の事業に係る課税取引	課税仕入れに係る支払対価の額(税込み) (※2)	⑪	円		円
	課税仕入れに係る消費税額	⑫	(⑪イ欄×6.24/108)		(⑪ロ欄×7.8/110)
	特定課税仕入れに係る支払対価の額	⑬	※⑬及び⑭欄は、課税売上割合が95%未満、かつ、特定課税仕入れがある事業者のみ記載する。		
	特定課税仕入れに係る消費税額	⑭			(⑬ロ欄×7.8/100)
	課税貨物に係る消費税額	⑮			
	納税義務の免除を受けない(受ける)こととなった場合における消費税額の調整(加算又は減算)額	⑯			
	課税仕入れ等の税額の合計額 (⑫+⑭+⑮±⑯)	⑰		⑱	

(※2)　値引き、割戻し、割引きなど仕入対価の返還等の金額がある場合には、その金額を控除した後の金額を⑪欄に記載する。

全事業に係る課税取引	軽減対象資産に係る課税仕入れ等(税率6.24%適用分)の税額の合計額 (⑦合計±⑨+⑰)	⑲	※付表2-1の⑮D欄へ　円
	軽減対象資産に係る課税仕入れ等以外の課税仕入れ等(税率7.8%適用分)の税額の合計額 (⑧合計±⑩+⑱)	⑳	※付表2-1の⑮E欄へ

注意 1　金額の計算においては、1円未満の端数を切り捨てる。

2　事業の区分ごとの計算がこの計算表に記載しきれないときは、この計算表を複数枚使用し、事業の区分ごとに①～⑧欄を適宜計算した上で、いずれか1枚の計算表に⑦及び⑧欄の合計額を記載する。

（２）簡易課税制度の届出の特例

①　特例の内容

令和元(2019)年10月１日から令和２(2020)年９月30日までの日の属する課税期間において、課税仕入れ（税込み）を税率ごとに区分して合計することが困難な中小事業者は、簡易課税制度の適用を受けようとする課税期間中に簡易課税制度選択届出書を納税地の所轄税務署長に提出した場合、届出書を提出した課税期間から簡易課税制度の適用を受けることができます（平成28年改正法附則40①、制度Ｑ＆Ａ問18）。

なお、この特例により簡易課税制度を適用する場合に提出する簡易課税制度選択届出書は、令和元(2019)年７月１日から提出することができます（平成28年改正法附則１七の二、40③）。

また、「簡易課税制度の届出の特例」を適用した場合は、事業を廃止した場合を除いて、２年間継続して適用した後でなければ、「消費税簡易課税選択不適用届出書」を提出し、簡易課税制度の適用をやめることができません（消法37⑥）。

【簡易課税制度の届出の特例を適用した場合】

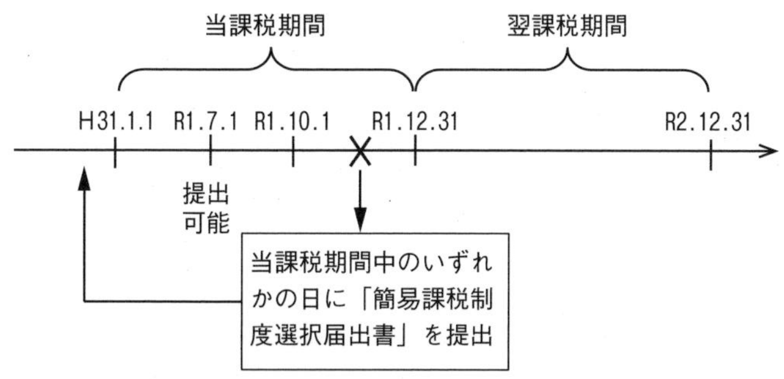

課税期間の初日の前日に提出したものとみなします。
→H30.12.31に提出したことになります。

【簡易課税制度選択届出書（令和元(2019)年7月1日以降提出分)】

第1号様式

消費税簡易課税制度選択届出書

※ この届出書を所得税法等の一部を改正する法律（平成二十八年法律第十五号）附則第四十条第一項の規定により提出しようとする場合には、平成三十一年七月一日以後提出することができます。

収受印			
平成　年　月　日	届出者	(フリガナ)	
		納税地	(〒　－　) (電話番号　－　－　)
		(フリガナ)	
		氏名又は名称及び代表者氏名	印
＿＿＿＿税務署長殿		法人番号	

下記のとおり、消費税法第37条第1項に規定する簡易課税制度の適用を受けたいので、届出します。

〔□ 所得税法等の一部を改正する法律（平成28年法律第15号）附則第40条第1項の規定により消費税法第37条第1項に規定する簡易課税制度の適用を受けたいので、届出します。〕

① 適用開始課税期間	自 平成　年　月　日	至 平成　年　月　日	
② ①の基準期間	自 平成　年　月　日	至 平成　年　月　日	
③ ②の課税売上高			円
事業内容等	(事業の内容)		(事業区分) 第　種事業

提出要件の確認					
	次のイ、ロ又はハの場合に該当する (「はい」の場合のみ、イ、ロ又はハの項目を記載してください。)			はい □	いいえ □
イ	消費税法第9条第4項の規定により課税事業者を選択している場合		課税事業者となった日	平成　年　月　日	
			課税事業者となった日から2年を経過する日までの間に開始した各課税期間中に調整対象固定資産の課税仕入れ等を行っていない	はい □	
ロ	消費税法第12条の2第1項に規定する「新設法人」又は同法第12条の3第1項に規定する「特定新規設立法人」に該当する（該当していた）場合		設立年月日	平成　年　月　日	
			基準期間がない事業年度に含まれる各課税期間中に調整対象固定資産の課税仕入れ等を行っていない	はい □	
ハ	消費税法第12条の4第1項に規定する「高額特定資産の仕入れ等」を行っている場合 (仕入れ等を行った資産が高額特定資産に該当する場合はAの欄を、自己建設高額特定資産に該当する場合は、Bの欄をそれぞれ記載してください。)	A	仕入れ等を行った課税期間の初日	平成　年　月　日	
			この届出による①の「適用開始課税期間」は、高額特定資産の仕入れ等を行った課税期間の初日から、同日以後3年を経過する日の属する課税期間までの各課税期間に該当しない	はい □	
		B	仕入れ等を行った課税期間の初日	平成　年　月　日	
			建設等が完了した課税期間の初日	平成　年　月　日	
			この届出による①の「適用開始課税期間」は、自己建設高額特定資産の建設等に要した仕入れ等に係る支払対価の額の累計額が1千万円以上となった課税期間の初日から、自己建設高額特定資産の建設等が完了した課税期間の初日以後3年を経過する日の属する課税期間までの各課税期間に該当しない	はい □	

※ この届出書を提出した課税期間が、上記イ、ロ又はハに記載の各課税期間である場合、この届出書提出後、届出を行った課税期間中に調整対象固定資産の課税仕入れ等又は高額特定資産の仕入れ等を行うと、原則としてこの届出書の提出はなかったものとみなされます。詳しくは、裏面をご確認ください。

所得税法等の一部を改正する法律（平成28年法律第15号）（平成28年改正法）附則第40条第1項の規定による場合			
	次のニ又はホのうち、いずれか該当する項目を記載してください。		
	ニ	平成28年改正法附則第40条第1項に規定する「困難な事情のある事業者」に該当する （ただし、上記イ又はロに記載の各課税期間中に調整対象固定資産の課税仕入れ等を行っている場合又はこの届出書を提出した日を含む課税期間がハに記載の各課税期間に該当する場合には、次の「ホ」により判定する。）	はい □
	ホ	平成28年改正法附則第40条第2項に規定する「著しく困難な事情があるとき」に該当する （該当する場合は、以下に「著しく困難な事情」を記載してください。） 〔　〕	はい □

参考事項	
税理士署名押印	印　(電話番号　－　－　)

※税務署処理欄						
	整理番号		部門番号			
	届出年月日	年　月　日	入力処理	年　月　日	台帳整理	年　月　日
	通信日付印 年　月　日	確認印	番号確認			

注意　1．裏面の記載要領等に留意の上、記載してください。
　　　2．税務署処理欄は、記載しないでください。

② 調整対象固定資産や高額特定資産の仕入れ等を行った場合の簡易課税制度選択届出書の提出が制限される事業者に対する取扱い

調整対象固定資産や高額特定資産の仕入れ等を行った場合、一定期間、「簡易課税制度選択届出書」を提出することができません（消法37③）。

しかし、その課税期間中の課税仕入れ等（税込み）を税率の異なるごとに区分して合計することにつき、著しく困難な事情があるときは、簡易課税制度の届出の特例の適用を受けようとする課税期間の末日までに「簡易課税制度選択届出書」を納税地の所轄税務署長に提出すれば、簡易課税制度の適用を受けることができます（平成28年改正法附則40②）。

【「著しく困難な事情があるとき」の意義（軽減通達24）】

改正法附則第40条第２項（中略）に規定する「著しく困難な事情があるとき」とは、同項に規定する適用対象期間中に国内において行った課税仕入れを税率の異なるごとに区分して合計することが著しく困難である場合をいうのであるから、例えば、当該適用対象期間中に軽減税率の対象となる課税仕入れとそれ以外の課税仕入れがある場合であっても、当該適用対象期間の軽減税率の対象となる課税仕入れがそれ以外の課税仕入れの回数に比し、著しく少ない場合などは、帳簿、保存書類等からこれらの課税仕入れを容易に区分することができるのであるから、他に考慮すべき事情があるときを除き、「著しく困難な事情があるとき」に該当しない。

（注） 建設業、不動産業その他の主として軽減税率の対象となる課税仕入れを行う事業者に該当しない事業者が、当該事業者の事務所、営業所等に自動販売機を設置した場合の清涼飲料水の仕入れや、福利厚生、贈答用として菓子等を仕入れた場合は、著しく困難な事情に当たらない。

【仕入税額の計算の特例のまとめ】

	小売等軽減売上割合の特例	簡易課税制度の届出の特例
区分	(1) 課税売上げ（税込み）を税率ごとに管理できる卸売業・小売業を営む中小事業者	(2) (1)以外の中小事業者
内容	卸売業・小売業に係る課税仕入れ（税込み）に小売等軽減売上割合を乗じた金額を軽減税率対象品目の課税仕入れ（税込み）とし、仕入税額を計算する。 小売等軽減仕入割合 ＝ 卸売業・小売業に係る軽減税率対象品目の課税売上げ（税込み） ／ 卸売業・小売業に係る課税売上げ（税込み）	簡易課税制度選択届出書を提出した課税期間から簡易課税制度を適用できる。 （参考）原則は、その課税期間の開始前に届出書の提出が必要
適用対象	以下の期間において行った課税仕入れ 令和元(2019)年10月１日から令和２(2020)年９月30日の属する課税期間の末日までの期間 ※ 簡易課税制度の適用を受けない期間に限る。	以下の課税期間に適用可能 令和元(2019)年10月１日から令和２(2020)年９月30日までの日の属する課税期間 ※ 届出書は令和元(2019)年７月１日から提出可能

（出典：制度Ｑ＆Ａ問18）

16　売上げ及び仕入れに係る対価の返還等があった場合の取扱い

（１）売上返品等があった事業者の場合

①　区分経理ができる場合

売上げに係る返品や値引き、割戻し等の対価の返還等があった場合については、その返還の対象となった課税売上げの事実に基づいて、適用される税率を判断します。

したがって、軽減税率が適用された課税売上げに係る返還であれば、返還のときも軽減税率が適用され、標準税率が適用された課税売上げに係る返還であれば、返還のときも標準税率が適用されます（平成28年改正法附則34②、個別Ｑ＆Ａ問42）。

② 区分経理が困難な中小事業者の場合

売上げに係る対価の返還等を行った事業者のうち、税率の異なるごとに区分することが困難な中小事業者の場合には、その対象となった課税売上げの内容に応じて税率ごとにあん分し、軽減税率または標準税率に対応する売上返品等を区分することとなります（平成28年改正法附則38⑤、平成28年改正令附則８①、個別Ｑ＆Ａ問119）。

すなわち、そのような中小事業者の場合には、その売上対価の返還等の金額に、適用した売上税額の計算の特例の割合である、「小売等軽減仕入割合」、「軽減売上割合」または「50/100」のいずれかを用いて計算した金額を軽減対象資産の譲渡等に係るものとして計算することができます（平成28年改正法附則38⑤ただし書）。

【売上返品があった場合の計算例】

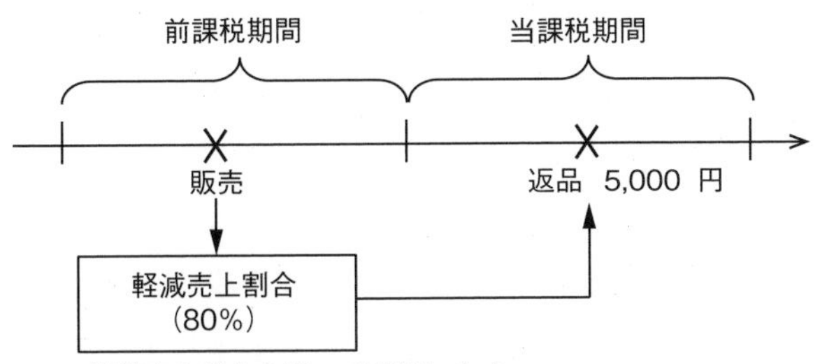
前課税期間
当課税期間
販売
返品　5,000 円
軽減売上割合
(80%)
軽減売上割合を用いて計算します。
5,000×80%＝4,000円が軽減税率対象分となります。

なお、前課税期間に販売した商品が当課税期間において返品された場合に、前課税期間において「軽減売上割合の特例」を適用している場合には、当課税期間における返品については「軽減売上割合」を用いて計算します。

③　売上げから直接控除する場合

事業者が、その課税期間において行った軽減税率が適用された課税売上げとそれ以外の課税売上げにつき、その課税期間中に返品を受け、または値引きもしくは割戻しをした場合に、その課税売上げに係る返品額または値引額もしくは割戻額につき税率の異なるごとに合理的に区分した金額を、その課税売上げの税率の異なるごとの金額からそれぞれ控除する経理処理を継続しているときは、この処理が認められます（軽減通達17）。

この場合の返品額または値引額もしくは割戻額については、売上げに係る対価の返還等をした場合の消費税額の控除の規定の適用はありませんが、帳簿を保存する必要があります（消法38①②、軽減通達17(注)）。

（2）仕入返品等があった場合

①　区分経理ができる事業者の場合

仕入れに係る返品や値引き、割戻し等の対価の返還等があった場合については、その返還の対象となった課税仕入れの事実に基づいて、適用される税率を判断します。

したがって、軽減税率が適用された課税仕入れに係る返還であれば、返還のときも軽減税率が適用され、標準税率が適用された課税仕入れに係る返還であれば、返還のときも標準税率が適用されます（平成28年改正法附則34②、個別Q＆A問42）。

②　区分経理が困難な中小事業者の場合

仕入れに係る対価の返還等を行った事業者のうち、税率の異なるごとに区分することが困難な中小事業者の場合には、その対象となった課税仕入れの内容に応じて税率の異なるごとにあん分し、軽減税率または標準税率に対応する仕入返品等を区分することとなります（平成28年改正法附則39②、平成28年改正令附則７、個別Ｑ＆Ａ問119）。

③　仕入れから直接控除する場合

事業者が、課税仕入れ（免税事業者であった課税期間において行ったものを除きます。）につき返品をし、または値引きもしくは割戻しを受けた場合に、その課税仕入れに係る返品額または値引額もしくは割戻額につき税率の異なるごとに合理的に区分した金額を、その課税仕入れの税率の異なるごとの金額からそれぞれ控除する経理処理を継続しているときは、この処理が認められます（軽減通達20）。

この場合の返品額または値引額もしくは割戻額については、仕入れに係る対価の返還等を受けた場合の仕入れに係る消費税額の控除の特例の規定の適用はありません（消法32①、軽減通達20(注)）。

（３）貸倒れがあった場合

貸倒れがあった場合も、売上返品等があった場合と取扱いが同様となっています（消法39①、平成28年改正法附則38⑥、平成28年改正令附則９）。

すなわち、課税事業者が、課税売上げを行った場合において、相手方に対する売掛金その他の債権につき更生計画認可の決定により債権の切捨てがあったことその他これに準ずる一定の事実が生じたため、当該課税資産の譲渡等の税込価額の全部または一部の領収をすることができなくなったときは、当該領収をすることができないこととなった日の属する課税期間の課税標準額に対する消費税額から、その貸倒れに係る軽減税率または標準税率に対応する消費税額の合計額を控除することとなります。

なお、税率の異なるごとに区分することが困難な中小事業者の場合には、その対象となった課税売上げの内容に応じて税率の異なるごとにあん分し、軽減税率または標準税率に対応する当該貸倒れを区分することとなります（平成28年改正法附則38⑥）。

17　税額計算の特例の適用関係

（1）売上税額と仕入税額の適用関係

中小事業者が課税売上げ（税込み）及び課税仕入れ等（税込み）のいずれも税率の異なるごとに区分して合計することにつき困難な事情があるときは、売上税額の計算の特例及び仕入税額の計算の特例を同時に適用することができます。

適用可能な売上税額と仕入税額の計算の特例の組み合わせは次の表のとおりです（制度Q＆A問19）。

<table>
<tr><th colspan="4" rowspan="3"></th><th colspan="3">売上税額の計算</th></tr>
<tr><th rowspan="2">特例適用なし</th><th colspan="2">特例適用あり</th></tr>
<tr><th>〈卸売業・小売業〉
小売等軽減仕入割合の特例
（※1）</th><th>〈全ての中小事業者〉
軽減売上割合の特例
（※1）</th></tr>
<tr><td rowspan="4">仕入税額の計算</td><td colspan="3">一般課税</td><td>—</td><td>◎</td><td>◎</td></tr>
<tr><td colspan="3">簡易課税</td><td>—</td><td>×</td><td>◎</td></tr>
<tr><td rowspan="2">特例制度あり</td><td>簡易課税制度の適用あり</td><td>簡易課税制度の届出の特例</td><td>◎</td><td>×</td><td>◎</td></tr>
<tr><td>簡易課税制度の適用なし</td><td>小売等軽減売上割合の特例</td><td>◎</td><td>×</td><td>◎
（※2）</td></tr>
</table>

（※1）　軽減売上割合や小売等軽減仕入割合の計算が困難な中小事業者であって、主として軽減税率の対象品目の譲渡等を行う中小事業者は、売上税額及び仕入税額の計算において、それぞれその割合を50/100とすることができます。

（※２）　同じ事業について、軽減売上割合の特例と小売等軽減売上割合の特例を適用する場合、仕入税額の計算にあたっては、小売等軽減売上割合ではなく、軽減売上割合を小売等軽減売上割合をみなしますので、結果として軽減売上割合を用いて、軽減対象資産の仕入税額を計算します（平成28年改正令附則15）。

（出典：制度Ｑ＆Ａ問19）

（２）「軽減売上割合の特例」と「小売等軽減売上割合の特例」の適用関係

小売業または卸売業を営む課税事業者において、「軽減売上割合の特例」を適用し、売上税額を計算する場合であっても、「小売等軽減売上割合の特例」を適用して仕入税額を計算することができます（制度Ｑ＆Ａ問23）。

ただし、売上税額の計算の特例として、「軽減売上割合の特例」を適用する場合、「小売等軽減売上割合の特例」を適用する仕入税額の計算にあたっては、「軽減売上割合の特例」を適用するにあたって使用する「軽減売上割合」を、「小売等軽減売上割合」とみなして計算を行うこととなります（平成28年改正令附則15、制度Ｑ＆Ａ問23）。

すなわち、この場合は、通常の連続する10営業日の課税売上げ（税込み）に占める同期間の軽減税率対象品目の課税売上げ（税込み）の割合で計算するということになります。

【小売業及び卸売業の事業者】

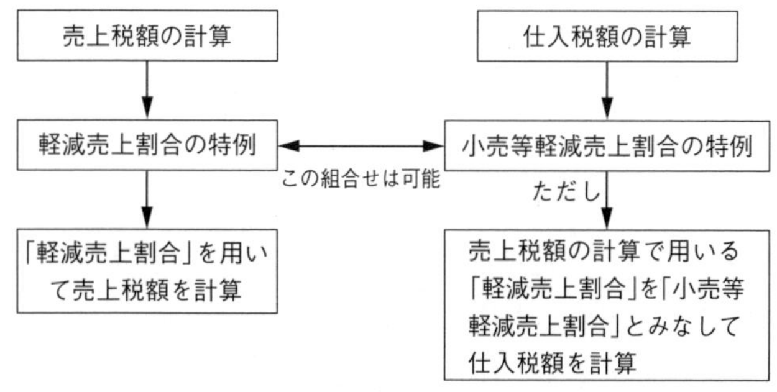

（3）複数の事業を営む中小事業者の売上税額の計算の特例の適用関係

複数の事業を営む中小事業者が、課税売上げ（税込み）を事業ごとに区分しているときは、その区分している事業ごとに「小売等軽減仕入割合の特例」または「軽減売上割合の特例」を適用することができます。

なお、平成28年改正法附則38条２項において、「……前項（筆者注：軽減売上割合の特例）の規定の適用を受ける場合を除き、……」と規定していますので、１つの事業者が「小売等軽減仕入割合の特例」と「軽減売上割合の特例」を同時に適用することはできません（平成28年改正法附則38②）。

したがって、例えば、小売業と製造業を営む中小事業者で、小売業について、「小売等軽減仕入れ割合の特例」を適用する場合、製造業については、原則どおり、税率の異なるごとに課税売上げ（税込み）を区分し、税額計算を行う必要があります。

ただし、この場合でも、「軽減売上割合の特例」は全ての事業において適用できますので、小売業及び製造業の両方に「軽減売上割合の特例」を適用することは可能です。

18　簡易課税制度との関係

軽減税率制度の実施後においても、簡易課税制度が適用できます。そこで、簡易課税制度を適用しているか否かによって、どのような税額計算が適用できるのかについて異なることから、それぞれの場合について確認します。

（1）簡易課税制度の概要

簡易課税制度は、一定規模以下の中小事業者の事務負担に配慮し、一般課税に代えて簡便な方法によって仕入控除税額の計算を認めるために設けられたものです。簡易課税制度は、その基準期間における課税売上高が5,000万円以下の中小事業者が、選択によってその課税期間における課税売上高を基に仕入控除税額を計算する簡便な方法で計算できるというものです。

具体的には、課税事業者が、その納税地の所轄税務署長にその基準期間における課税売上高が5,000万円以下である課税期間について簡易課税制度選択届出書を提出した場合には、その届出書を提出した日の属する課税期間の翌課税期間以後の課税期間については、簡便な方法で仕入控除税額の計算をすることができるというものです（消法37①）。

（２）簡易課税制度における仕入控除税額の計算

課税事業者が簡易課税制度の適用を受けた場合は、次の算式により計算した金額を控除対象仕入税額とみなして、その課税期間の課税標準額に対する消費税額から控除することができます。一般課税による課税仕入れ等の税額を基礎として仕入控除税額の計算を行う必要がありません（消法37①）。

【簡易課税制度における仕入控除税額の計算】

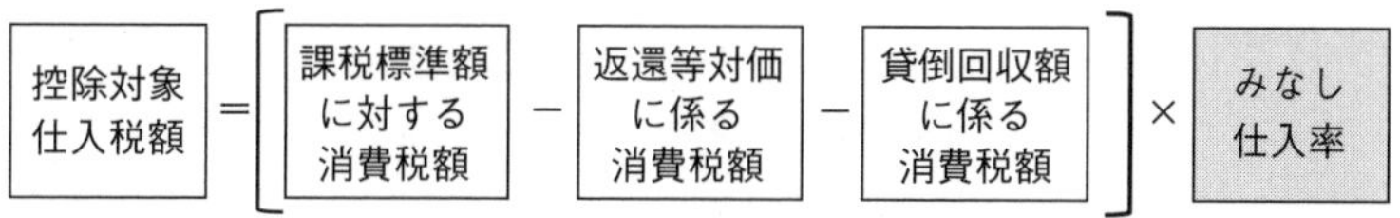

（３）みなし仕入率

みなし仕入率は、事業区分により、次頁の表のとおり定められています（消法37①、消令57①⑤⑥）。みなし仕入率の適用については、事業者の営む事業を第一種事業から第六種事業に区分し、それぞれの事業ごとの課税売上高に係る消費税額にみなし仕入率を適用します（消基通13－２－１～13－２－９）。

また、売上げに係る対価の返還等を行った場合において、当該対価の返還等に係る金額につき、第一種事業から第六種事業に係る事業の区分をしていない部分があるときは、当該区分していない部分については、当該事業者の課税売上げに係る帳簿等または対価の返還等に係る帳簿等を基に合理的に区分します（消基通13－2－10）。

なお、平成30年度税制改正により、令和元(2019)年10月1日からは、「農業、林業、漁業」のうち、「飲食料品の譲渡」に係る事業区分が第三種事業から第二種事業に変更されます（平成30年改正消令附則10）。

したがって、令和元(2019)年10月1日を含む課税期間の場合、9月30日までは第三種事業、10月1日からは第二種事業として計算することになります。

【事業区分とみなし仕入率（令和元(2019)年10月1日以降）】

事業区分	みなし仕入率	事　業
第一種事業（卸売業）	90％	卸売業（他の者から購入した商品をその性質及び形状を変更しないで、他の事業者に販売する事業）
第二種事業（小売業）	80％	小売業（他の者から購入した商品をその性質及び形状を変更しないで販売する事業で、第一種事業以外のもの。一般的に消費者に販売する事業）及び軽減税率が適用される食用の農林水産物を精算する農業、林業、漁業
第三種事業（製造業等）	70％	軽減税率が適用されない非食用の農林水産物を精算する農業、林業、漁業、鉱業、建設業、製造業（製造小売業を含みます。）、電気業、ガス業、熱供給業及び水道業（第一種事業または第二種事業に該当するもの及び加工賃その他これに類する料金を対価とする役務の提供を行う事業を除きます。）

第四種事業 （飲食等業）	60％	第一種事業、第二種事業、第三種事業、第五種事業及び第六種事業以外の事業（例えば、飲食店業等及び事業者が自己で使用していた固定資産を譲渡する場合も該当します。）
第五種事業 （サービス業）	50％	第一種事業から第三種事業までの事業以外の事業のうち、運輸通信業、金融業・保険業、サービス業（飲食店業に該当する事業を除く。）が該当する。
第六種事業 （不動産業）	40％	第一種事業、第二種事業、第三種事業及び第五種事業以外の事業のうち、不動産業が該当する。

（4）簡易課税制度の適用要件

簡易課税制度の適用を受けるためには、原則として、次の①及び②の2つの要件を満たす必要があります（消法37①）。

① 課税事業者の基準期間における課税売上高が5,000万円以下であること

②「消費税簡易課税制度選択届出書」を、原則として適用しようとする課税期間の開始の日の前日までに納税地の所轄税務署長に提出していること

（5）簡易課税選択不適用の届出

簡易課税制度を選択した事業者が、その簡易課税制度の適用をやめようとするときは、「消費税簡易課税制度選択不適用届出書」の提出が必要です（消法37⑤）。

ただし、この不適用届出書は、事業を廃止した場合を除き、簡易課税制度の適用を受けようとする課税期間の初日から2年を経過する日の属する課税期間の初日以後でなければ提出することができません（消法37⑥）。

すなわち、簡易課税制度を選択した場合には、原則として2年間継続しなければならないということです。

また、簡易課税制度の選択届出書は、不適用届出書を提出しない限り、その効力は失われません。したがって、簡易課税制度の適用されている途中で基準期間における課税売上高が5,000万円を超えた場合や免税事業者になった場合でも、その後の基準期間において課税売上高が5,000万円以下の課税事業者となった場合には、簡易課税制度の適用を受けます。

(6) 軽減税率制度実施後に簡易課税制度を適用している場合の売上税額の計算の特例

① 軽減売上割合の特例

前述のように、簡易課税制度は「課税売上げ×みなし仕入率」によって控除仕入税額を計算する方法です。他方、軽減税率制度が実施されると税率の異なるごとに取引を区分しなければならなくなりますが、その取引の区分が困難な中小事業者の場合、課税売上げを税率の異なるごとに区分できないため、仕入控除税額の計算において肝心の課税売上げがわかりません。

そのため、簡易課税制度を適用する場合に、一定の計算をすることで、軽減税率対象分と標準税率対象分とに課税売上げを分ける必要があります。

そこで、簡易課税制度を適用する場合(「簡易課税制度の届出の特例」を適用する場合を含みます。)に適用できる売上税額の計算の特例は、10営業日で算定できる「軽減売上割合」を用いて軽減対象資産の課税売上げ(税込み)を計算する「軽減売上割合の特例」となります(平成28年改正法附則38①、制度Q＆A問22)。

なお、「軽減売上割合」の計算が困難な中小事業者(主として軽減税率対象品目の譲渡等を行う中小事業者に限ります。)は、課税売上げ(税込み)の50/100を軽減対象資産の課税売上げ(税込み)とすることができます(平成28年改正法附則38④、制度Q＆A問22)。

②　簡易課税制度の届出の特例

令和元(2019)年10月１日から令和２(2020)年９月30日までの日の属する課税期間において、課税仕入れ（税込み）を税率ごとに区分して合計することが困難な中小事業者は、簡易課税制度の適用を受けようとする課税期間中に簡易課税制度選択届出書を納税地の所轄税務署長に提出した場合、届出書を提出した課税期間から簡易課税制度の適用を受けることができます（平成28年改正法附則40①）。

なお、当該特例により簡易課税制度を適用する場合に提出する簡易課税制度選択届出書は、令和元(2019)年７月１日から提出することができます（平成28年改正法附則１七の二、40③）。

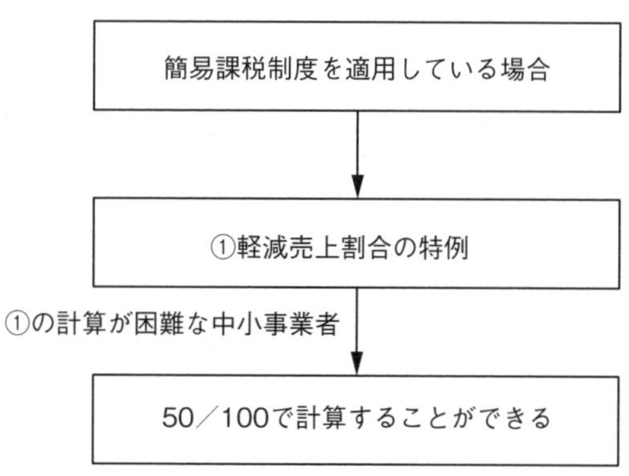

（7）軽減税率制度実施後に簡易課税制度を適用していない場合の売上税額の計算の特例

簡易課税制度を適用していない場合（仕入税額の計算の特例も適用していない場合）に適用できる売上税額の計算の特例は、以下の①及び②となります（平成28年改正法附則38①②、制度Ｑ＆Ａ問21）。

①　「軽減売上割合」を用いて軽減対象資産の課税売上げ（税込み）を計算する「軽減売上割合の特例」

②　仕入れを税率ごとに管理できる卸売業または小売業を営む中小

事業者は、「小売等軽減仕入割合」を用いて軽減対象資産の課税売上げ（税込み）を計算する「小売等軽減仕入割合の特例」

なお、簡易課税制度を適用していませんので、①の「軽減売上割合」及び②の「小売等軽減仕入割合」の計算が困難な中小事業者（主として軽減税率対象品目の譲渡等を行う中小事業者）は、その割合を50/100とすることができます（平成28年改正法附則38④、制度Q＆A問21）。

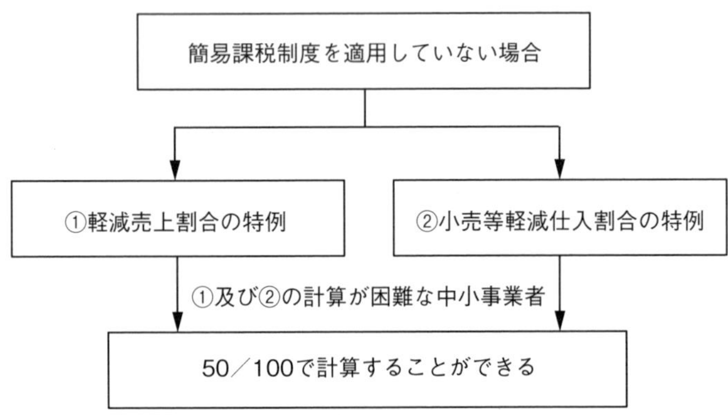

19　決算及び申告書の作成

次ページ以降で、国税庁「消費税の軽減税率制度に対応した経理・申告ガイド～区分経理（記帳）から消費税申告書作成まで～（令和元年６月）」を用いて、帳簿への記載から申告書の作成までの一連の流れについて確認します。

（1）区分記載請求書を基にした帳簿等への記帳

（例）会社名：霞ヶ関商事㈱、経理方法：税込み、課税期間：平成31年1月1日～令和元年12月31日

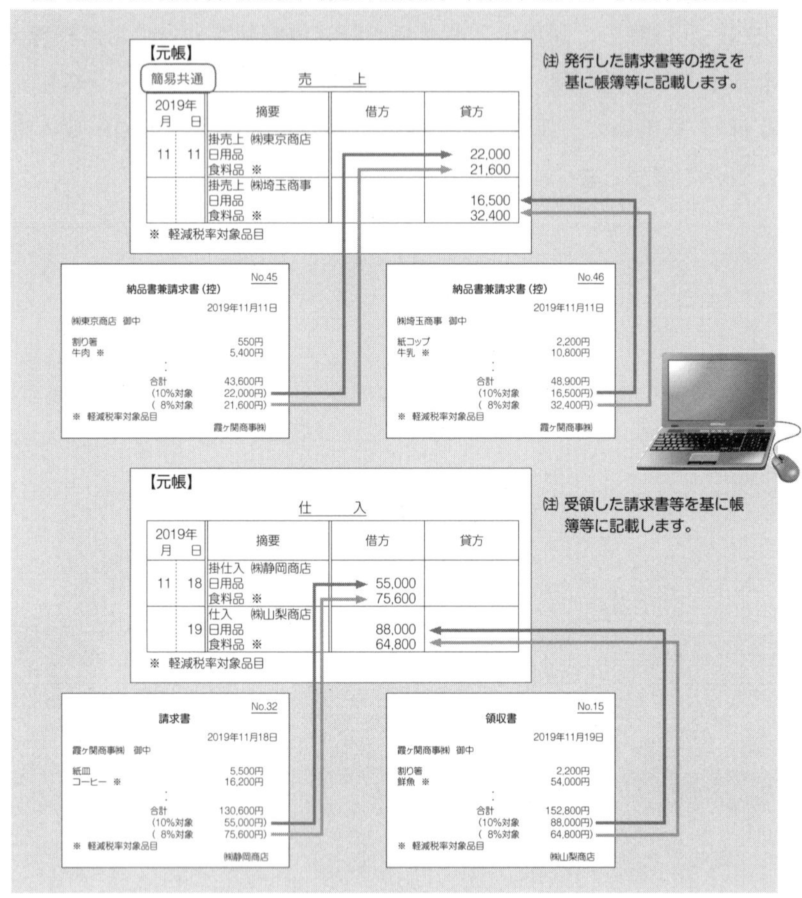

※　区分経理（記帳）や申告に関する計算で簡易課税と共通する項目については，簡易共通と表記しています。

（２）決算処理

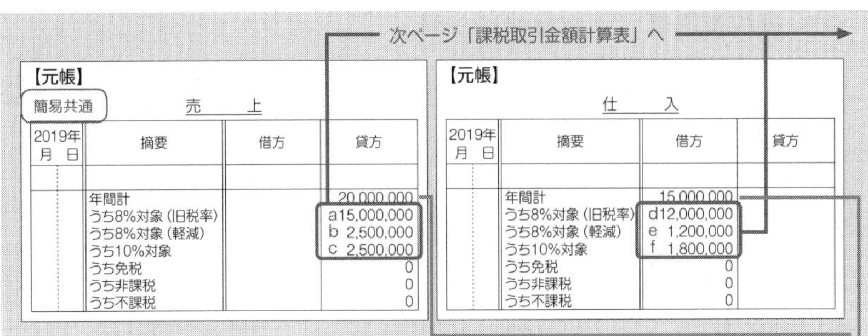

【元帳】

簡易共通　　売　上

2019年 月 日	摘要	借方	貸方
	年間計		20,000,000
	うち8%対象（旧税率）		a15,000,000
	うち8%対象（軽減）		b 2,500,000
	うち10%対象		c 2,500,000
	うち免税		0
	うち非課税		0
	うち不課税		0

【元帳】

仕　入

2019年 月 日	摘要	借方	貸方
	年間計	15,000,000	
	うち8%対象（旧税率）	d12,000,000	
	うち8%対象（軽減）	e 1,200,000	
	うち10%対象	f 1,800,000	
	うち免税	0	
	うち非課税	0	
	うち不課税	0	

※　決算の方法については、特に定めはありませんが、勘定科目ごとのその年の合計額（年間計）のほか、上記のとおり、課税取引（税率別：上記の元帳の例ではａ～ｆ）、免税取引、非課税取引及び不課税取引ごとの合計額を記載しておくと、消費税確定申告書の作成が容易となります。

POINT!

消費税の軽減税率は、旧税率と同じ8%ですが、消費税率（6.3%→6.24%）と地方消費税率（1.7%→1.76%）の割合が異なりますので、上記（ａとｂ、ｄとｅ）のとおり区分経理する必要があります。

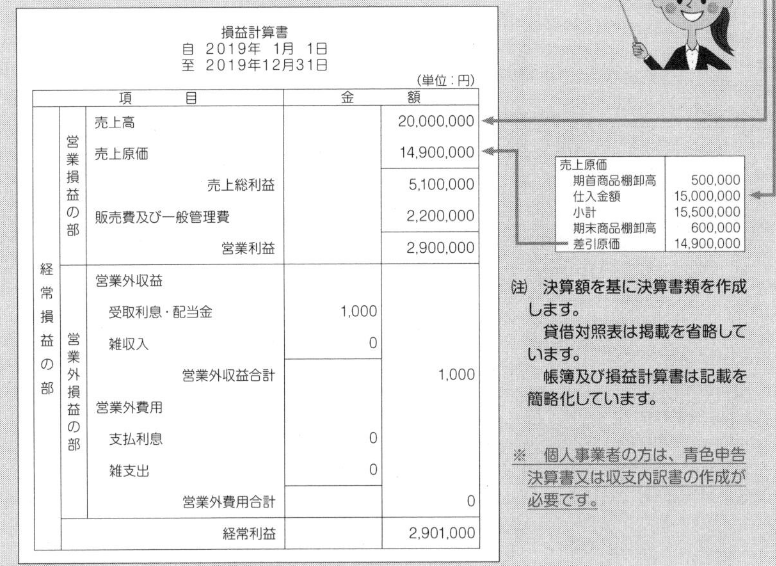

損益計算書
自　2019年　1月　1日
至　2019年12月31日

（単位：円）

項目			金額	
経常損益の部	営業損益の部	売上高		20,000,000
		売上原価		14,900,000
		売上総利益		5,100,000
		販売費及び一般管理費		2,200,000
		営業利益		2,900,000
	営業外損益の部	営業外収益		
		受取利息・配当金	1,000	
		雑収入	0	
		営業外収益合計		1,000
		営業外費用		
		支払利息	0	
		雑支出	0	
		営業外費用合計		0
		経常利益		2,901,000

売上原価	
期首商品棚卸高	500,000
仕入金額	15,000,000
小計	15,500,000
期末商品棚卸高	600,000
差引原価	14,900,000

(注)　決算額を基に決算書類を作成します。
貸借対照表は掲載を省略しています。
帳簿及び損益計算書は記載を簡略化しています。

※　個人事業者の方は、青色申告決算書又は収支内訳書の作成が必要です。

（3）申告書の作成

①　課税標準額・消費税額の計算

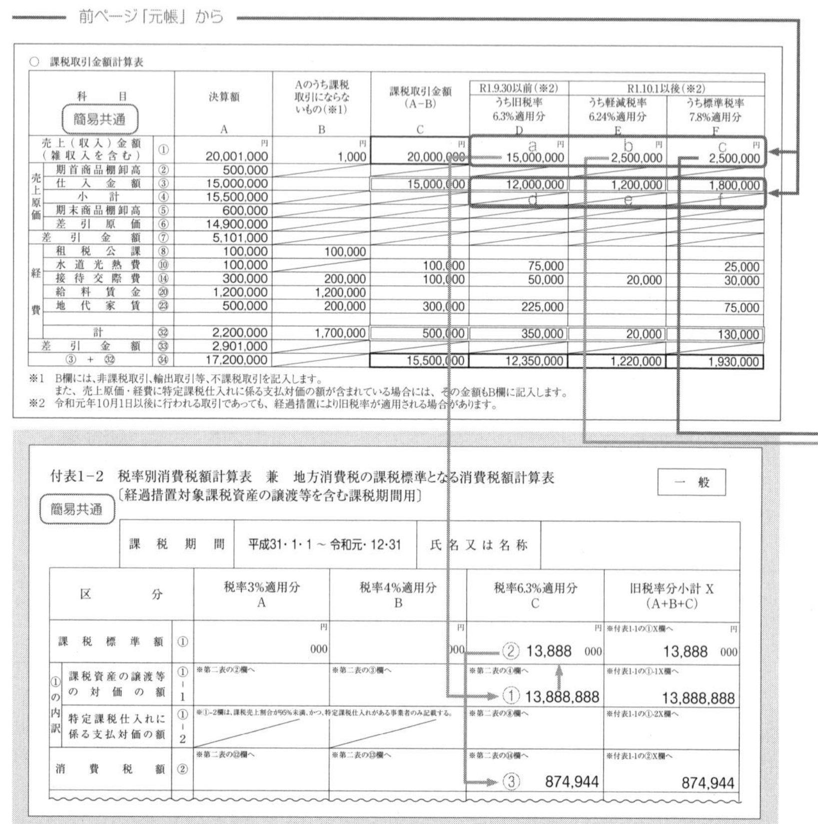

前ページ「元帳」から

○　課税取引金額計算表

科目（簡易共通）		決算額 A	Aのうち課税取引にならないもの(※1) B	課税取引金額(A−B) C	R1.9.30以前(※2) うち旧税率6.3%適用分 D	R1.10.1以後(※2) うち軽減税率6.24%適用分 E	R1.10.1以後(※2) うち標準税率7.8%適用分 F
売上（収入）金額（雑収入を含む）	①	20,001,000円	1,000円	20,000,000円	a 15,000,000円	b 2,500,000円	c 2,500,000円
売上原価　期首商品棚卸高	②	500,000					
売上原価　仕入金額	③	15,000,000		15,000,000	12,000,000	1,200,000	1,800,000
売上原価　小計	④	15,500,000			d	e	f
売上原価　期末商品棚卸高	⑤	600,000					
売上原価　差引原価	⑥	14,900,000					
差引金額	⑦	5,101,000					
経費　租税公課	⑧	100,000	100,000				
経費　水道光熱費	⑩	100,000		100,000	75,000		25,000
経費　接待交際費	⑭	300,000	200,000	100,000	50,000	20,000	30,000
経費　給料賃金	⑳	1,200,000	1,200,000				
経費　地代家賃	㉓	500,000	200,000	300,000	225,000		75,000
経費　計	㉜	2,200,000	1,700,000	500,000	350,000	20,000	130,000
差引金額	㉝	2,901,000					
③ ＋ ㉜	㉞	17,200,000		15,500,000	12,350,000	1,220,000	1,930,000

※1　B欄には、非課税取引、輸出取引等、不課税取引を記入します。
また、売上原価・経費に特定課税仕入れに係る支払対価の額が含まれている場合には、その金額もB欄に記入します。
※2　令和元年10月1日以後に行われる取引であっても、経過措置により旧税率が適用される場合があります。

付表1−2　税率別消費税額計算表　兼　地方消費税の課税標準となる消費税額計算表
〔経過措置対象課税資産の譲渡等を含む課税期間用〕　　一般

簡易共通

課税期間	平成31・1・1 ～ 令和元・12・31	氏名又は名称	

区分		税率3%適用分 A	税率4%適用分 B	税率6.3%適用分 C	旧税率分小計 X (A+B+C)
課税標準額	①	円 000	円 000	円 ② 13,888 000	※付表1-1の①X欄へ 円 13,888 000
①の内訳　課税資産の譲渡等の対価の額	①-1	※第二表の②欄へ	※第二表の③欄へ	※第二表の④欄へ ① 13,888,888	※付表1-1の①-1X欄へ 13,888,888
①の内訳　特定課税仕入れに係る支払対価の額	①-2	※①-2欄は、課税売上割合が95%未満、かつ、特定課税仕入れがある事業者のみ記載する。		※第二表の⑧欄へ	※付表1-1の①-2X欄へ
消費税額	②	※第二表の⑫欄へ	※第二表の⑬欄へ	※第二表の⑭欄へ ③ 874,944	※付表1-1の②X欄へ 874,944

【税率 6.3%適用分】

① 15,000,000 × 100/108 = 13,888,888〔付表 1-2 ① -1C欄〕
② 13,888,888 → 13,888,000（千円未満切捨て）〔付表 1-2 ①C欄〕
③ 13,888,000 × 6.3%＝ 874,944〔付表 1-2 ②C欄〕

- 付表 1-2・2-2 は、A、B及びC欄の合計をX欄に記載します。
- 付表 1-1・2-1 のX欄は、付表 1-2・2-2 から転記します。また、X、D及びE欄の合計をF欄に記載します。

※　このページから159ページまで同様の記載となります。

消費税の確定申告に当たっては、消費税額等を税率の異なるごとに区分して計算する必要がありますので、税率の異なるごとに区分した課税売上げ及び課税仕入れ等を集計する必要があります。

※　日々の記帳において、取引を税率の異なるごとに区分（区分経理）しておく必要があります。

POINT!

決算書類（損益計算書等）に記載の決算額は税率ごとの区分がありませんので、決算書類からは消費税確定申告書の作成ができません。

消費税申告には、課税期間内の取引を課税取引（税率別）、免税取引、非課税取引及び不課税取引に区分する必要がありますので、区分経理された元帳（174・175ページの元帳を参照）を基に、左記のような表（この事例では国税庁ホームページに掲載の個人事業者用「課税取引金額計算表（事業所得用）」を使用しています。以下「計算表」といいます。）で整理しておくと便利です。

※　この計算表は、免税・非課税・不課税の取引金額を、B欄にまとめて記載する様式となっています。
　個人事業者の方については、申告書の作成に便利な「課税取引金額計算表」、「課税売上高計算表」及び「課税仕入高計算表」を国税庁ホームページに掲載していますので、ご利用ください。「課税取引金額計算表」については、法人の事業者の方もご利用いただけます。

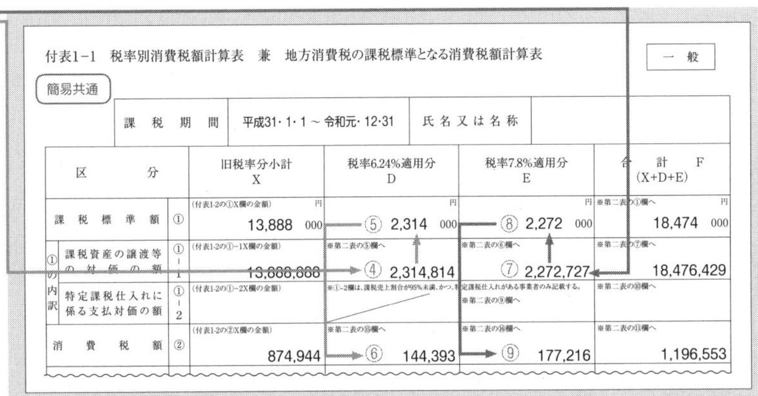

付表1−1　税率別消費税額計算表　兼　地方消費税の課税標準となる消費税額計算表　　一　般

簡易共通

課税期間	平成31・1・1 ～ 令和元・12・31	氏名又は名称	

区分		旧税率分小計 X	税率6.24%適用分 D	税率7.8%適用分 E	合計 F (X+D+E)
課税標準額	①	(付表1-2の①X欄の金額) 円 13,888 000	円 ⑤ 2,314 000	円 ⑧ 2,272 000	※第二表の①欄へ 円 18,474 000
①の内訳 課税資産の譲渡等の対価の額	①-1	(付表1-2の①-1X欄の金額) 13,888,888	※第二表の⑤欄へ ④ 2,314,814	※第二表の⑥欄へ ⑦ 2,272,727	※第二表の⑦欄へ 18,476,429
①の内訳 特定課税仕入れに係る支払対価の額	①-2	(付表1-2の①-2X欄の金額)	※①-2欄は、課税売上割合が95%未満、かつ、特定課税仕入れがある事業者のみ記載する。	※第二表の⑨欄へ	※第二表の⑩欄へ
消費税額	②	(付表1-2の②X欄の金額) 874,944	※第二表の⑮欄へ ⑥ 144,393	※第二表の⑯欄へ ⑨ 177,216	※第二表の⑪欄へ 1,196,553

【税率 6.24%適用分】
④　2,500,000 × 100/108 = 2,314,814〔付表 1-1 ① -1 D欄〕
⑤　2,314,814 → 2,314,000（千円未満切捨て）〔付表 1-1 ①D欄〕
⑥　2,314,000 × 6.24% = 144,393〔付表 1-1 ②D欄〕

【税率 7.8%適用分】
⑦　2,500,000 × 100/110 = 2,272,727〔付表 1-1 ① -1 E欄〕
⑧　2,272,727 → 2,272,000（千円未満切捨て）〔付表 1-1 ①E欄〕
⑨　2,272,000 × 7.8% = 177,216〔付表 1-1 ②E欄〕

② 課税売上割合の計算

○ 課税取引金額計算表

科目		決算額 A	Aのうち課税取引にならないもの(※1) B	課税取引金額 (A−B) C	R1.9.30以前(※2) うち旧税率6.3%適用分 D	R1.10.1以後(※2) うち軽減税率6.24%適用分 E	うち標準税率7.8%適用分 F
売上（収入）金額（雑収入を含む）	①	円 20,001,000	円 1,000	円 20,000,000	円 15,000,000	円 2,500,000	円 2,500,000
売上原価 期首商品棚卸高	②	500,000					
売上原価 仕入金額	③	15,000,000		15,000,000	12,000,000	1,200,000	1,800,000
売上原価 小計	④	15,500,000					
売上原価 期末商品棚卸高	⑤	600,000					
売上原価 差引原価	⑥	14,900,000					
差引金額	⑦	5,101,000					
経費 租税公課	⑧	100,000	100,000				
経費 水道光熱費	⑩	100,000		100,000	75,000		25,000
経費 接待交際費	⑭	300,000	200,000	100,000	50,000	20,000	30,000
経費 給料賃金	⑳	1,200,000	1,200,000				
経費 地代家賃	㉓	500,000	200,000	300,000	225,000		75,000
経費 計	㉜	2,200,000	1,700,000	500,000	350,000	20,000	130,000
差引金額	㉝	2,901,000					
③＋㉜	㉞	17,200,000		15,500,000	12,350,000	1,220,000	1,930,000

※1 B欄には、非課税取引、輸出取引等、不課税取引を記入します。
　また、売上原価・経費に特定課税仕入れに係る支払対価の額が含まれている場合には、その金額もB欄に記入します。
※2 令和元年10月1日以後に行われる取引であっても、経過措置により旧税率が適用される場合があります。

付表1−2 税率別消費税額計算表 兼 地方消費税の課税標準となる消費税額計算表
〔経過措置対象課税資産の譲渡等を含む課税期間用〕

一　般

課税期間	平成31・1・1 ～ 令和元・12・31	氏名又は名称	

区分		税率3%適用分 A	税率4%適用分 B	税率6.3%適用分 C	旧税率分小計 X (A+B+C)
課税標準額	①	円 000	円 000	円 ② 13,888 000	※付表1-1の①X欄へ　円 13,888 000
①の課税資産の譲渡等の対価の額	①-1	※第二表の②欄へ	※第二表の③欄へ	※第二表の④欄へ ① 13,888,888	※付表1-1の①-1X欄へ 13,888,888

付表2−2 課税売上割合・控除対象仕入税額等の計算表
〔経過措置対象課税資産の譲渡等を含む課税期間用〕

一　般

課税期間	平成31・1・1 ～ 令和元・12・31	氏名又は名称	

項目		税率3%適用分 A	税率4%適用分 B	税率6.3%適用分 C	旧税率分小計X (A+B+C)
課税売上額（税抜き）	①	円	円	円 ※13,888,888	※付表2-1の①X欄へ　円 13,888,888
免税売上額	②				
非課税資産の輸出等の金額、海外支店等へ移送した資産の価額	③				
課税資産の譲渡等の対価の額（①＋②＋③）	④				(付表2-1の④F欄の金額) 18,476,429
課税資産の譲渡等の対価の額（④の金額）	⑤				
非課税売上額	⑥				
資産の譲渡等の対価の額（⑤＋⑥）	⑦				(付表2-1の⑦F欄の金額) 18,477,429
課税売上割合（④／⑦）	⑧				(付表2-1の⑧F欄の割合) [99%] ※端数切捨て

⑩　13,888,888〔付表 2-2 ①C欄〕＋2,314,814〔付表 2-1 ①D欄〕＋2,272,727〔付表 2-1 ①E欄〕
　＝18,476,429〔付表 2-1 ①F欄〕
⑪　免税売上額がある場合に記載します。
⑫　非課税売上額　1,000〔付表 2-1 ⑥F欄〕
　（注）課税取引金額計算表①B欄 1,000 円は、非課税である受取利息です。
⑬　18,476,429＋1,000＝18,477,429〔付表 2-1 ⑦F欄〕
⑭　18,476,429／18,477,429＝99%〔付表 2-1 ⑧F欄〕
※　この事例では、売上対価の返還等がないものとして計算をしています。
　売上対価の返還等がある場合の付表 2-1・2-2 の「課税売上額（税抜き）①」欄は、旧税率の場合
　課税売上額（税抜き）＝課税売上高（税込み）×100/108－売上対価の返還等（税込み）×100/108
　となります。また、売上金額から売上対価の返還等を直接減額する方法で経理している場合は、減額した後の金額に 100/108 を乗じた金額となります。

付表1−1　税率別消費税額計算表　兼　地方消費税の課税標準となる消費税額計算表　　一　般

課税期間	平成31・1・1 ～ 令和元・12・31	氏名又は名称	

区分		旧税率分小計 X	税率6.24%適用分 D	税率7.8%適用分 E	合計 F (X+D+E)
課税標準額	①	(付表1-2の①X欄の金額) 13,888 000	⑤ 2,314 000	⑧ 2,272 000	※第二表の①欄へ 18,474 000
①の 課税資産の譲渡等の対価の額	①-1	(付表1-2の①-1X欄の金額) 13,888,888	※第二表の⑤欄へ ④ 2,314,814	※第二表の⑥欄へ ⑦ 2,272,727	※第二表の⑦欄へ 18,476,429

付表2−1　課税売上割合・控除対象仕入税額等の計算表　　一　般

課税期間	平成31・1・1 ～ 令和元・12・31	氏名又は名称	

項目		旧税率分小計 X	税率6.24%適用分 D	税率7.8%適用分 E	合計 F (X+D+E)
課税売上額（税抜き）	①	(付表2-2の①X欄の金額) 13,888,888	※ 2,314,814	※ 2,272,727	⑩ 18,476,429
免税売上額	②				⑪
非課税資産の輸出等の金額、海外支店等へ移送した資産の価額	③				
課税資産の譲渡等の対価の額（①＋②＋③）	④				※第一表の⑮欄へ ※付表2-2の④X欄へ 18,476,429
課税資産の譲渡等の対価の額（④の金額）	⑤				18,476,429
非課税売上額	⑥				⑫ 1,000
資産の譲渡等の対価の額（⑤＋⑥）	⑦				※第一表の⑯欄へ ※付表2-2の⑦X欄へ ⑬ 18,477,429
課税売上割合（④／⑦）	⑧				※付表2-2の⑧X欄へ ⑭ [99%] ※端数切捨て

③　課税仕入れ等の税額の計算

○　課税取引金額計算表

科目			決算額 A	Aのうち課税取引にならないもの(※1) B	課税取引金額(A−B) C	R1.9.30以前(※2) うち旧税率6.3%適用分 D	R1.10.1以後(※2) うち軽減税率6.24%適用分 E	R1.10.1以後(※2) うち標準税率7.8%適用分 F
売上(収入)金額(雑収入を含む)		①	円 20,001,000	円 1,000	円 20,000,000	円 15,000,000	円 2,500,000	円 2,500,000
売上原価	期首商品棚卸高	②	500,000					
売上原価	仕入金額	③	15,000,000		15,000,000	12,000,000	1,200,000	1,800,000
売上原価	小計	④	15,500,000					
売上原価	期末商品棚卸高	⑤	600,000					
売上原価	差引原価	⑥	14,900,000					
差引金額		⑦	5,101,000					
経費	租税公課	⑧	100,000	100,000				
経費	水道光熱費	⑩	100,000		100,000	75,000		25,000
経費	接待交際費	⑭	300,000	200,000	100,000	50,000	20,000	30,000
経費	給料賃金	⑳	1,200,000	1,200,000				
経費	地代家賃	㉓	500,000	200,000	300,000	225,000		75,000
経費								
経費	計	㉜	2,200,000	1,700,000	500,000	350,000	20,000	130,000
差引金額		㉝	2,901,000					
③＋㉜		㉞	17,200,000		15,500,000	12,350,000	1,220,000	1,930,000

※1　B欄には、非課税取引、輸出取引等、不課税取引を記入します。
また、売上原価・経費に特定課税仕入れに係る支払対価の額が含まれている場合には、その金額もB欄に記入します。
※2　令和元年10月1日以後に行われる取引であっても、経過措置により旧税率が適用される場合があります。

付表2−2　課税売上割合・控除対象仕入税額等の計算表
〔経過措置対象課税資産の譲渡等を含む課税期間用〕　　一　般

課税期間	平成31・1・1 ～ 令和元・12・31	氏名又は名称	

項目			税率3%適用分 A	税率4%適用分 B	税率6.3%適用分 C	旧税率分小計X (A+B+C)
課税売上額(税抜き)		①	円	円	円 13,888,888	※付表2-1の①X欄へ　円 13,888,888
課税仕入れに係る支払対価の額(税込み)		⑨			⑮12,350,000	※付表2-1の⑨X欄へ 12,350,000
課税仕入れに係る消費税額		⑩	(⑨A欄×3/103)	(⑨B欄×4/105)	(⑨C欄×6.3/108) ⑯　720,416	※付表2-1の⑩X欄へ 720,416
課税仕入れ等の税額の合計額(⑩+⑫+⑬±⑭)		⑮			720,416	※付表2-1の⑮X欄へ 720,416
課税売上高が5億円以下、かつ、課税売上割合が95%以上の場合(⑮の金額)		⑯			720,416	※付表2-1の⑯X欄へ 720,416
課税売上高が5億円超又は課税売上割合が95%未満の場合	個別対応方式 ⑮のうち、課税売上げにのみ要するもの	⑰				※付表2-1の⑰X欄へ
	個別対応方式 ⑮のうち、課税売上げと非課税売上げに共通して要するもの	⑱				※付表2-1の⑱X欄へ
	個別対応方式により控除する課税仕入れ等の税額〔⑰+(⑱×④／⑦)〕	⑲				※付表2-1の⑲X欄へ
	一括比例配分方式により控除する課税仕入れ等の税額(⑮×④／⑦)	⑳				※付表2-1の⑳X欄へ
控除税額の調整	課税売上割合変動時の調整対象固定資産に係る消費税額の調整(加算又は減算)額	㉑				※付表2-1の㉑X欄へ
差引	控除対象仕入税額〔(⑯、⑲又は⑳の金額)±㉑±㉒〕がプラスの時	㉓	※付表1-2の④A欄へ	※付表1-2の④B欄へ	※付表1-2の④C欄へ ㉑　720,416	※付表2-1の㉓X欄へ 720,416
差引	控除過大調整税額〔(⑯、⑲又は⑳の金額)±㉑±㉒〕がマイナスの時	㉔	※付表1-2の③A欄へ	※付表1-2の③B欄へ	※付表1-2の③C欄へ 付表1−2へ	※付表2-1の㉔X欄へ

【税率6.3%適用分】

⑮　12,350,000〔付表2-2 ⑨C欄〕

（注）この事例は税込経理ですので、課税仕入れの全額を記載します。⑰、⑲についても同じです。

⑯　12,350,000 × 6.3/108 = 720,416〔付表2-2 ⑩C欄〕

【税率6.24%適用分】

⑰　1,220,000〔付表2-1 ⑨D欄〕

⑱　1,220,000 × 6.24/108 = 70,488〔付表2-1 ⑩D欄〕

【税率7.8%適用分】

⑲　1,930,000〔付表2-1 ⑨E欄〕

⑳　1,930,000 × 7.8/110 = 136,854〔付表2-1 ⑩E欄〕

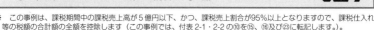

※　この事例は、課税期間中の課税売上高が5億円以下、かつ、課税売上割合が95%以上となりますので、課税仕入れ等の税額の合計額の全額を控除します（この事例では、付表2-1・2-2の⑩を⑮、⑯及び㉓に転記します。）。

※　課税期間中の課税売上高が5億円超又は課税売上割合が95%未満の場合は、個別対応方式又は一括比例配分方式で計算します（付表2-1・2-2の⑰～⑳で計算します。）。個別対応方式又は一括比例配分方式の計算の詳細については、国税庁ホームページ（「消費税及び地方消費税の申告書の書き方」など）をご覧ください。

付表2−1　課税売上割合･控除対象仕入税額等の計算表

一　般

課税期間	平成31･1･1 ～ 令和元･12･31	氏名又は名称	

項目		旧税率分小計 X	税率6.24%適用分 D	税率7.8%適用分 E	合計 F (X+D+E)
課税売上額（税抜き）	①	(付表2-2の①X欄の金額) 円 13,888,888	円 2,314,814	円 2,272,727	円 18,476,429
課税仕入れに係る支払対価の額（税込み）	⑨	(付表2-2の⑨X欄の金額) 12,350,000	⑰ 1,220,000	⑲ 1,930,000	15,500,000
課税仕入れに係る消費税額	⑩	(付表2-2の⑩X欄の金額) 720,416	(⑨D欄×6.24/108) ⑱ 70,488	(⑨E欄×7.8/110) ⑳ 136,854	927,758
課税仕入れ等の税額の合計額 (⑩+⑫+⑬±⑭)	⑮	(付表2-2の⑮X欄の金額) 720,416	70,488	136,854	927,758
課税売上高が5億円以下、かつ、課税売上割合が95%以上の場合 (⑮の金額)	⑯	(付表2-2の⑯X欄の金額) 720,416	70,488	136,854	927,758
課税売上高が5億円超又は課税売上割合が95%未満の場合　個別対応方式　⑮のうち、課税売上げにのみ要するもの	⑰	(付表2-2の⑰X欄の金額)			
同　個別対応方式　⑮のうち、課税売上げと非課税売上げに共通して要するもの	⑱	(付表2-2の⑱X欄の金額)			
同　個別対応方式　個別対応方式により控除する課税仕入れ等の税額〔⑰+(⑱×④/⑦)〕	⑲	(付表2-2の⑲X欄の金額)			
同　一括比例配分方式により控除する課税仕入れ等の税額 (⑮×④/⑦)	⑳	(付表2-2の⑳X欄の金額)			
控除税額の調整　課税売上割合変動時の調整対象固定資産に係る消費税額の調整（加算又は減算）額	㉑	(付表2-2の㉑X欄の金額)			
差引　控除対象仕入税額〔(⑯、⑲又は⑳の金額)±㉑±㉒〕がプラスの時	㉓	(付表2-2の㉓X欄の金額) 720,416	※付表1-1の④D欄へ ㉒ 70,488	※付表1-1の④E欄へ ㉓ 136,854	927,758
差引　控除過大調整税額〔(⑯、⑲又は⑳の金額)±㉑±㉒〕がマイナスの時	㉔	(付表2-2の㉔X欄の金額)	※付表1-1の③D欄へ	※付表1-1の③E欄へ	

付表1−1へ

④　差引税額の計算

付表1−2　税率別消費税額計算表　兼　地方消費税の課税標準となる消費税額計算表　〔経過措置対象課税資産の譲渡等を含む課税期間用〕　簡易共通　一般

課税期間	平成31・1・1～令和元・12・31	氏名又は名称	

区分		税率3%適用分 A	税率4%適用分 B	税率6.3%適用分 C	旧税率分小計 X (A+B+C)
消費税額	②	※第二表の⑫欄へ	※第二表の⑬欄へ	※第二表の⑭欄へ 874,944	※付表1-1の②X欄へ 874,944
		(付表2-2の㉔・㉕A欄の合計金額)	(付表2-2の㉔・㉕B欄の合計金額)	(付表2-2の㉔・㉕C欄の合計金額)	※付表1-1の③X欄へ
控除税額　控除対象仕入税額	④	(付表2-2の㉓A欄の金額)	(付表2-2の㉓B欄の金額)	(付表2-2の㉓C欄の金額) ㉑ 720,416 付表2−2から	※付表1-1の④X欄へ 720,416
返還等対価に係る税額	⑤				※付表1-1の⑤X欄へ
⑤ 売上げの返還等	⑤-1				※付表1-1の⑤-1X欄へ
控除税額小計 (④+⑤+⑥)	⑦			720,416	※付表1-1の⑦X欄へ 720,416
控除不足還付税額 (⑦−②−③)	⑧		※⑪B欄へ	※⑪C欄へ	※付表1-1の⑧X欄へ
差引税額 (②+③−⑦)	⑨		※⑫B欄へ	※⑫C欄へ ㉔ 154,528	※付表1-1の⑨X欄へ 154,528

【税率 6.3%適用分】
㉔　874,944 − 720,416 = 154,528〔付表 1-2 ⑨C欄〕

⑤　地方消費税の計算

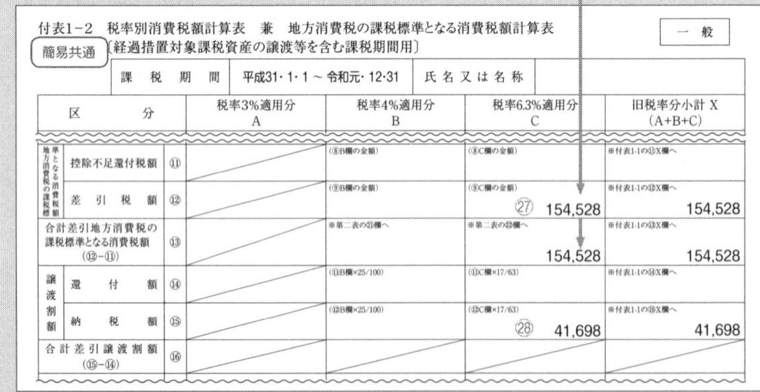

付表1−2　税率別消費税額計算表　兼　地方消費税の課税標準となる消費税額計算表　〔経過措置対象課税資産の譲渡等を含む課税期間用〕　簡易共通　一般

課税期間	平成31・1・1～令和元・12・31	氏名又は名称	

区分		税率3%適用分 A	税率4%適用分 B	税率6.3%適用分 C	旧税率分小計 X (A+B+C)
地方消費税の課税標準となる消費税額　控除不足還付税額	⑪		(⑧B欄の金額)	(⑧C欄の金額)	※付表1-1の⑪X欄へ
差引税額	⑫		(⑨B欄の金額)	(⑨C欄の金額) ㉗ 154,528	※付表1-1の⑫X欄へ 154,528
合計差引地方消費税の課税標準となる消費税額 (⑫−⑪)	⑬		※第二表の⑳欄へ	※第二表の㉑欄へ 154,528	※付表1-1の⑬X欄へ 154,528
譲渡割額　還付額	⑭		(⑪B欄×25/100)	(⑪C欄×17/63)	※付表1-1の⑭X欄へ
納税額	⑮		(⑫B欄×25/100)	(⑫C欄×17/63) ㉘ 41,698	※付表1-1の⑮X欄へ 41,698
合計差引譲渡割額 (⑮−⑭)	⑯				

【税率 6.3%適用分】
㉗　154,528〔付表 1-2 ⑫C欄〕　付表 1-2 ⑨C欄から転記
㉘　154,528 × 17/63 = 41,698〔付表 1-2 ⑮C欄〕

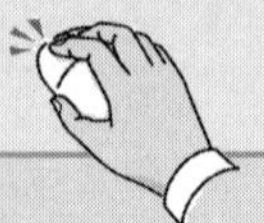

付表1-1　税率別消費税額計算表　兼　地方消費税の課税標準となる消費税額計算表　　一　般

簡易共通

課税期間	平成31・1・1 ～ 令和元・12・31	氏名又は名称	

区分		旧税率分小計 X	税率6.24%適用分 D	税率7.8%適用分 E	合計 F (X+D+E)
消費税額	②	(付表1-2の②X欄の金額) 874,944	※第二表の⑮欄へ 144,393	※第二表の⑯欄へ 177,216	※第二表の⑪欄へ 1,196,553
		(付表1-2の③X欄の金額)	(付表2-1の㉔・㉕D欄の合計金額)	(付表2-1の㉔・㉕E欄の合計金額)	※第一表の③欄へ
控除税額 控除対象仕入税額	④	(付表1-2の④X欄の金額) 720,416	(付表2-1の㉓D欄の金額) ㉒ 70,488	(付表2-1の㉓E欄の金額) ㉓ 136,854	※第一表の④欄へ 927,758
控除税額 返還等対価に係る税額	⑤	(付表1-2の⑤X欄の金額)			※第二表の⑰欄へ
控除税額 ⑤の① 売上げの返還等対価に係る税額	⑤-1	(付表1-2の⑤-1X欄の金額)			※第二表の⑱欄へ
控除税額 控除税額小計 (④+⑤+⑥)	⑦	(付表1-2の⑦X欄の金額) 720,416	70,488	136,854	※第一表の⑦欄へ 927,758
控除不足還付税額 (⑦-②-③)	⑧	(付表1-2の⑧X欄の金額)	※⑪E欄へ	※⑪E欄へ	
差引税額 (②+③-⑦)	⑨	(付表1-2の⑨X欄の金額) 154,528	※⑫E欄へ ㉕ 73,905	※⑫E欄へ ㉖ 40,362	268,795

付表 2−1から

【税率 6.24%適用分】
㉕　144,393 − 70,488 = 73,905〔付表 1-1 ⑨D欄〕

【税率 7.8%適用分】
㉖　177,216 − 136,854 = 40,362〔付表 1-1 ⑨E欄〕

付表1-1　税率別消費税額計算表　兼　地方消費税の課税標準となる消費税額計算表　　一　般

簡易共通

課税期間	平成31・1・1 ～ 令和元・12・31	氏名又は名称	

区分		旧税率分小計 X	税率6.24%適用分 D	税率7.8%適用分 E	合計 F (X+D+E)
地方消費税の課税標準となる消費税額 控除不足還付税額	⑪	(付表1-2の⑪X欄の金額)		(⑧D欄と⑧E欄の合計金額)	
地方消費税の課税標準となる消費税額 差引税額	⑫	(付表1-2の⑫X欄の金額) 154,528		(⑨D欄と⑨E欄の合計金額) ㉙ 114,267	268,795
合計差引地方消費税の課税標準となる消費税額 (⑫-⑪)	⑬	(付表1-2の⑬X欄の金額) 154,528		※第二表の㉓欄へ 114,267	※マイナスの場合は第一表の⑰欄へ ※プラスの場合は第一表の⑱欄へ ※第二表の⑳欄へ 268,795
譲渡割額 還付額	⑭	(付表1-2の⑭X欄の金額)		(⑪E欄×22/78)	
譲渡割額 納税額	⑮	(付表1-2の⑮X欄の金額) 41,698		(⑫E欄×22/78) ㉚ 32,229	73,927
合計差引譲渡割額 (⑮-⑭)	⑯				※マイナスの場合は第一表の⑲欄へ ※プラスの場合は第一表の⑳欄へ 73,927

【税率 6.24%及び 7.8%適用分】
㉙　73,905〔付表 1-1 ⑨D欄〕 + 40,362〔付表 1-1 ⑨E欄〕 = 114,267〔付表 1-1 ⑫E欄〕
㉚　114,267 × 22/78 = 32,229〔付表 1-1 ⑮E欄〕
※　6.24%及び 7.8%適用分の地方消費税率は、同率（消費税額の 22/78）であることから、付表の計算式のとおり、6.24%及び 7.8%適用分の消費税額を合計した上で、地方消費税率を乗じます。

第6部●

適格請求書等保存方式

1　概要

平成35(2023)年10月1日以降は、区分記載請求書等保存方式ではなく、適格請求書等保存方式となります。

適格請求書等保存方式とは、適格請求書発行事業者登録制度を創設し、原則として、登録を受けた「適格請求書発行事業者」から交付を受けた「適格請求書」、「適格簡易請求書」または「適格請求書の記載事項に係る電磁的記録（いわゆる「電子インボイス」)」の保存が、仕入税額控除の要件になるというものです（新消法30①⑦、57の４①②、適格Ｑ＆Ａ問１）。

そのため、「適格請求書等の保存を要しない取引」に該当する取引を除き、免税事業者や消費者から課税仕入れがあったとしても、従来までの取扱いとは異なり、原則として、仕入税額控除の対象とはなりません。

2　適格請求書発行事業者登録制度

適格請求書発行事業者とは、適格請求書発行事業者に係る登録を受けた事業者をいいます（新消法２①七の二、57の２①)。すなわち、課税事業者は国に適格請求書発行事業者の登録をしなければ、適格請求書発行事業者となることができません。したがって、仕入税額控除の要件を満たす適格請求書等を発行するためには、この適格請求書発行事業者の登録が必要となります。

(1) 適格請求書発行事業者の登録手続き

①　登録申請書の提出

国内において課税資産の譲渡等を行い、または行おうとする課税事業者にあって、適格請求書の交付をしようとする事業者は、税務署長の登録を受けることができます（新消法57の２①)。この登録を受けようとする事業者は、「適格請求書発行事業者の登録申請書」をその納税地の所轄税務署長に提出しなければなりません（新消法57の２②）。この登録を受けた事業者を「適格請求書発行事業者」といいます。

この登録申請書は、令和３(2021)年10月１日から提出することができます（平成28年改正法附則１八、44①）。

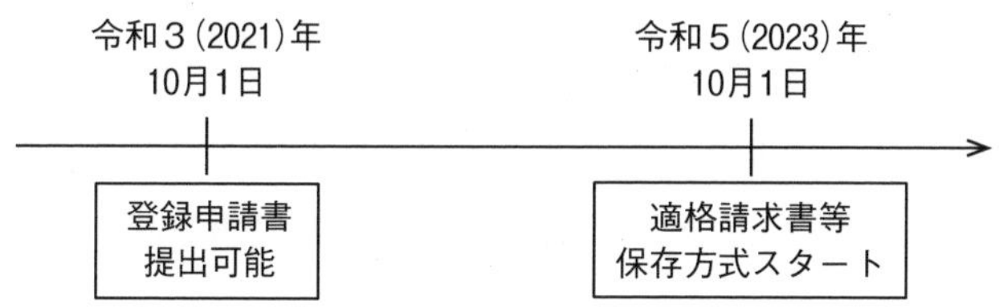

② 書面で通知

登録申請書の提出を受けた税務署長は、登録拒否する場合を除き、適格請求書発行事業者登録簿に一定の事項を登載し、それらの事項を速やかに公表するとともに、登録を受けた事業者にその旨を書面で通知します（新消法57の２③④⑤⑦）。

③ 変更があった場合

適格請求書発行事業者は、適格請求書発行事業者登録簿に登載された事項に変更があったときは、その旨を記載した届出書を、速やかに、その納税地の所轄税務署長に提出しなければなりません（新消法57の２⑧）。その場合、税務署長は、遅滞なく、その届出に係る事項を適格請求書発行事業者登録簿に登載して、変更の登録をし、速やかに公表するとされています（新消法57の２⑧）。

④ e-Tax を通じての申請

登録申請書は、書面で提出するだけでなく、e-Tax を利用して提出することもできます。この場合、登録の通知はe-Taxを通じて行われるとされています（国税関係法令に係る行政手続等における情報通信の技術の利用に関する省令（平成15年財務省令第71号）８①、国税関係法令に係る行政手続等における情報通信の技術の利用に関する省令第８条第１項に規定する国税庁長官が定める処分通知等を定める件（平成30年国税庁長官告示第８号）、適格Ｑ＆Ａ問２）。

（２）令和５(2023)年10月１日を登録日とする場合の手続き

令和５(2023)年10月１日に適格請求書発行事業者の登録を受けようとする事業者は、10月１日前であっても、登録申請書を提出することができます。

ただし、10月１日に登録を受けようとする事業者は、令和５(2023)年３月31日までに、登録申請書をその納税地の所轄税務署長に提出しなければなりません（平成28年改正法附則44①）。

なお、令和５(2023)年３月31日までに登録申請書を提出することにつき困難な事情がある場合には、登録申請書に困難な事情を記載して提出して登録がされたときは、10月１日に登録を受けたものとみなされます（平成30年改正令附則15）。この場合の「困難な事情」については、令和５(2023)年３月31日までに登録申請書を提出することにつき困難な事情があれば、その困難の度合いを問わないとされています（インボイス通達５－２）。

（３）免税事業者の場合の登録手続き

適格請求書発行事業者の登録を受けることができるのは、課税事業者に限られます。そのため、免税事業者は適格請求書発行事業者の登録をすることができません。

そこで、免税事業者が適格請求書発行事業者の登録をする場合において、免税事業者が課税事業者となる課税期間の初日から登録を受けようとするときは、原則として、当該課税期間の初日の前日から起算して１か月前の日までに登録申請書を提出しなければなりません（新消法57の２②、新消令70の２、インボイス通達２－１(注)、適格Ｑ＆Ａ問５）。

免税事業者の場合も課税事業者の場合と同様に、令和５(2023)年10月１日を登録日とする場合には、令和５(2023)年３月31日までに登録申請書を提出すれば、令和５(2023)年10月１日を登録日とすることができます（平成28年改正法附則44①、適格Ｑ＆Ａ問５）。この場合には、登録日から課税事業者となりますので、申請書と同時に課税事業者選択届出書を提出する必要はありません（平成28年改正法附則44④、インボイス通達５－１、適格Ｑ＆Ａ問５）。

また、３月31日までに登録申請書を提出することにつき困難な事情がある場合には、令和５(2023)年９月30までの間に、登録申請書にその困難な事情を記載して提出し、その後、税務署長より登録を受けたときは、10月１日に登録を受けたものとみなします（平成30年改正令附則15）。

なお、特定期間の課税売上高又は給与支払額の合計額が1,000万円を超えたことにより課税事業者となる場合は、令和５(2023)年６月30日までに困難な事情を申請書に記載して提出することができます（適格Q&A問４）。

この場合、10月１日が登録日となりますので、例外的に、課税期間の途中であっても課税事業者となります。

【免税事業者に係る登録の経過措置】

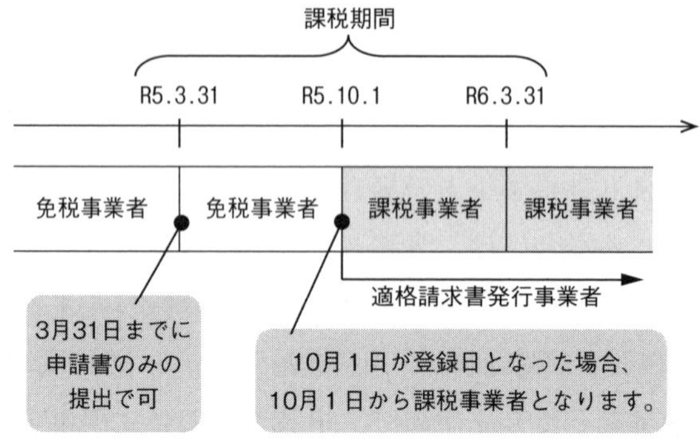

（出典：適格Q＆A問5）

なお、適格請求書発行事業者は、その登録をしている限りは、基準期間における課税売上高が1,000万円以下となった場合でも、免税事業者となりません（新消法9①、インボイス通達2－5、適格Q&A問11)。

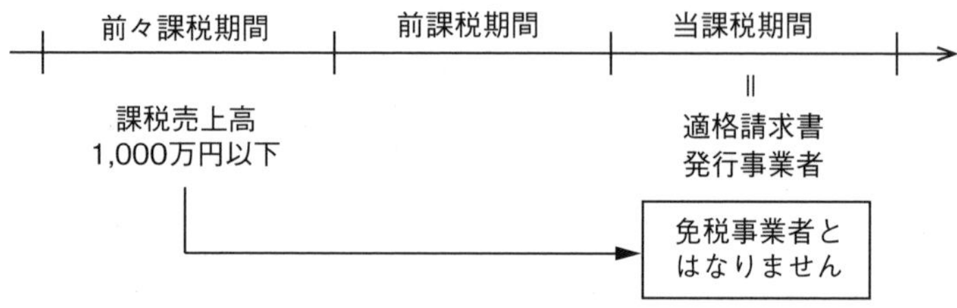

したがって、再度免税事業者となるためには、適格請求書発行事業者登録取消届出書と課税事業者選択不適用届出書の両方を、納税地の所轄税務署長に提出しなければなりません。

【適格請求書発行事業者の登録申請書】

第１－⑴号様式

国内事業者用

適格請求書発行事業者の登録申請書

収受印

【１／２】

平成　年　月　日 ＿＿＿＿税務署長殿	申請者	（フリガナ） 住所又は居所 （法人の場合） 本店又は主たる事務所の所在地	◎（〒　－　） （法人の場合のみ公表されます） （電話番号　－　－　）
		（フリガナ） 納税地	（〒　－　） （電話番号　－　－　）
		（フリガナ） 氏名又は名称	◎ 印
		（フリガナ） （法人の場合） 代表者氏名	印
		法人番号	

この申請書に記載した次の事項（◎印欄）は、適格請求書発行事業者登録簿に登載されるとともに、国税庁ホームページで公表されます。
1　申請者の氏名又は名称
2　法人（人格のない社団等を除く。）にあっては、本店又は主たる事務所の所在地
なお、上記１及び２のほか、登録番号及び登録年月日が公表されます。
また、常用漢字等を使用して公表しますので、申請書に記載した文字と公表される文字とが異なる場合があります。

下記のとおり、適格請求書発行事業者としての登録を受けたいので、所得税法等の一部を改正する法律（平成28年法律第15号）第５条の規定による改正後の消費税法第57条の２第２項の規定により申請します。
※　当該申請書は、所得税法等の一部を改正する法律（平成28年法律第15号）附則第44条第１項の規定により平成35年９月30日以前に提出するものです。

平成35年３月31日（特定期間の判定により課税事業者となる場合は平成35年６月30日）までにこの申請書を提出した場合は、原則として平成35年10月１日に登録されます。

事業者区分	この申請書を提出する時点において、該当する事業者の区分に応じ、□にレ印を付してください。 □ 課税事業者　　□ 免税事業者 ※　次葉「登録要件の確認」欄を記載してください。また、免税事業者に該当する場合には、次葉「免税事業者の確認」欄も記載してください（詳しくは記載要領等をご確認ください。）。
平成35年３月31日（特定期間の判定により課税事業者となる場合は平成35年６月30日）までにこの申請書を提出することができなかったことにつき困難な事情がある場合は、その困難な事情	
税理士署名押印	印 （電話番号　－　－　）

※税務署処理欄							
整理番号		部門番号		申請年月日	年　月　日	通信日付印 年　月　日	確認印
入力処理	年　月　日	番号確認		身元確認	□ 済 □ 未済	確認書類　個人番号カード／通知カード・運転免許証 その他（　）	
登録番号	T						

注意　1　記載要領等に留意の上、記載してください。
2　税務署処理欄は、記載しないでください。
3　この申請書を提出するときは、「適格請求書発行事業者の登録申請書（次葉）」を併せて提出してください。

この申請書は、平成三十三年十月一日から平成三十五年九月三十日までの間に提出する場合に使用します。

【適格請求書発行事業者の登録申請書（次葉）】

第１－(1)号様式次葉

国内事業者用

適格請求書発行事業者の登録申請書（次葉）

【２／２】

氏名又は名称	

<table>
<tr><td rowspan="9">免税事業者の確認</td><td colspan="6">該当する事業者の区分に応じ、□にレ印を付し記載してください。</td></tr>
<tr><td colspan="6">□　平成35年10月１日の属する課税期間中に登録を受け、所得税法等の一部を改正する法律（平成28年法律第15号）附則第44条第４項の規定の適用を受けようとする事業者
※　登録開始日から納税義務の免除の規定の適用を受けないこととなります。</td></tr>
<tr><td colspan="2">個人番号</td><td colspan="3"></td><td></td></tr>
<tr><td rowspan="3">事業内容等</td><td rowspan="2">生年月日（個人）又は設立年月日（法人）</td><td rowspan="2">１明治・２大正・３昭和・４平成
年　月　日</td><td rowspan="2">法人のみ記載</td><td>事業年度</td><td>自　月　日
至　月　日</td></tr>
<tr><td>資本金</td><td>円</td></tr>
<tr><td>事業内容</td><td colspan="4"></td></tr>
<tr><td colspan="4" rowspan="3">□　消費税課税事業者（選択）届出書を提出し、納税義務の免除の規定の適用を受けないこととなる課税期間の初日から登録を受けようとする事業者</td><td colspan="2">課税期間の初日</td></tr>
<tr><td colspan="2">※　平成35年10月１日から平成36年３月31日までの間のいずれかの日</td></tr>
<tr><td colspan="2">平成　年　月　日</td></tr>
<tr><td rowspan="3">登録要件の確認</td><td colspan="5">課税事業者です。
※　この申請書を提出する時点において、免税事業者であっても、「免税事業者の確認」欄のいずれかの事業者に該当する場合は、「はい」を選択してください。</td><td>□ はい　□ いいえ</td></tr>
<tr><td colspan="5">消費税法に違反して罰金以上の刑に処せられたことはありません。
（「いいえ」の場合は、次の質問にも答えてください。）</td><td>□ はい　□ いいえ</td></tr>
<tr><td colspan="5">その執行を終わり、又は執行を受けることがなくなった日から２年を経過しています。</td><td>□ はい　□ いいえ</td></tr>
<tr><td>参考事項</td><td colspan="6"></td></tr>
</table>

この申請書は、平成三十三年十月一日から平成三十五年九月三十日までの間に提出する場合に使用します。

【軽減税率対象品目を取り扱っていない事業者の登録の必要性】

適格請求書を交付できるのは、登録を受けた適格請求書発行事業者に限られますが、適格請求書発行事業者の登録を受けるかどうかは事業者の任意です（新消法57の２①、57の４①）。

ただし、登録を受けなければ、適格請求書を交付することができないため、取引先が仕入税額控除を行うことができません。

また、適格請求書発行事業者は、販売する商品に軽減税率対象品目があるかどうかを問わず、取引の相手方（課税事業者に限ります。）から交付を求められたときには、適格請求書を交付しなければなりません。

一方で、消費者や免税事業者など、課税事業者以外の者に対する交付義務はありませんので、例えば、顧客が消費者のみの場合には、必ずしも適格請求書を交付する必要はありません。このような点も踏まえ、登録の必要性を考える必要があります。

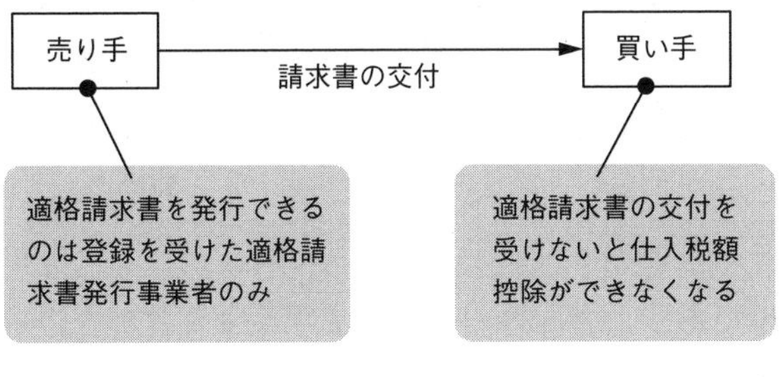

（出典：適格Ｑ＆Ａ問６）

（４）登録の効力発生日

適格請求書発行事業者の登録は、適格請求書発行事業者登録簿に登載された日（以下「登録日」といいます。）からその効力を発生します。

したがって、登録の通知を受けた日にかかわらず、適格請求書発行事業者は、登録日以後に行った取引について相手方（課税事業者に限ります。）の求めに応じ、適格請求書を交付しなければなりません（新消法57の２⑦、57の４①、インボイス通達２－４、適格Ｑ＆Ａ問３）。

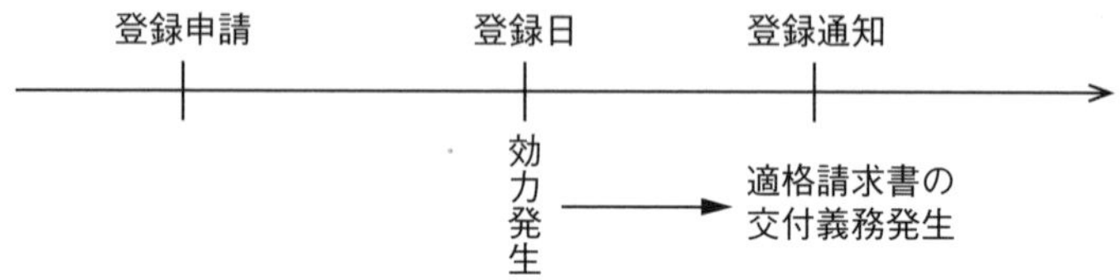

なお、登録日から登録の通知を受けるまでの間の取引について、相手方に交付した請求書は、登録番号、税率ごとに区分した消費税額等の記載がありませんので、適格請求書の記載事項の要件を満たしていません。

この場合、通知を受けた後、登録番号や税率ごとに区分した消費税額等を記載し、適格請求書の記載事項を満たした請求書を改めて相手方に交付する必要がありますが、通知を受けた後に、登録番号など適格請求書の記載事項として不足する事項を相手方に書面等で通知することによって、既に交付した請求書と合わせて適格請求書の記載事項を満たすことができます（インボイス通達２－４、適格Ｑ＆Ａ問22）。

ただし、この書面等は、相手方に対して既に交付した書類との相互の関連が明確であり、書面等の交付を受ける事業者が適格請求書の記載事項を適正に認識できるものに限られます（適格Ｑ＆Ａ問22(注)）。

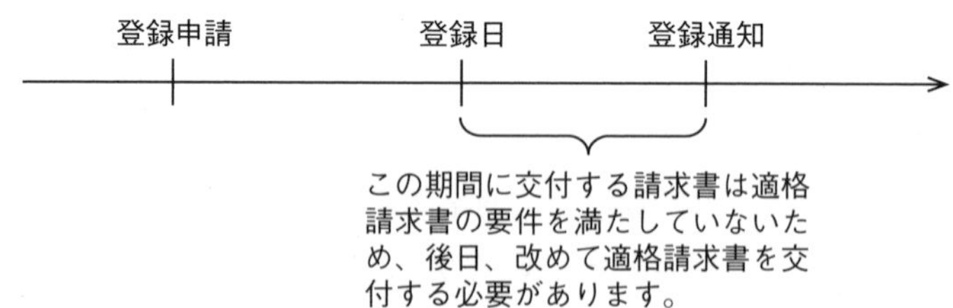

（５）新たに事業を開始した場合の登録

新たに事業を開始する個人事業者や新設法人の場合、通常、事業開始または設立直後は免税事業者となります。そのため、新たに事業を開始する個人事業者や新設法人が課税事業者になるためには、事業を開始した日の属する課税期間の末日までに、課税事業者選択届出書を納税地の所轄税務署長に提出する必要があります。課税事業者選択届出書を提出した場合には、その事業を開始した日の属する課税期間の初日から課税事業者となることができます（新消法９④、新消令20一）。

また、適格請求書発行事業者の登録を受けようとする個人事業者や新設法人が、事業を開始した日の属する課税期間の初日から登録を受けようとする旨を記載した登録申請書をその課税期間の末日までに提出し、登録がされたときは、その課税期間の初日から登録を受けたものとみなされます（新消令70の４、新消規26の４、インボイス通達２－２、適格Q&A問７）。このことを「新設法人等の登録時期の特例」といいます。この特例は、新設合併、新設分割の場合も同様です。

なお、「国内において課税資産の譲渡等に係る事業を開始した日の属する課税期間」については、原則として、個人事業者が新たに事業を開始した日の属する課税期間及び法人の設立の日の属する課税期間のことをいいますが、非課税資産の譲渡等のみを行っていた事業者または国外取引のみを行っていた事業者が、新たに国内において課税資産の譲渡等に係る事業を開始した課税期間もこれに含まれます（インボイス通達２－２）。

また、次に掲げる課税期間も、これに含むものとして取り扱います（インボイス通達２－２）。

①　その課税期間開始の日の前日まで２年以上にわたって国内において行った課税資産の譲渡等または課税仕入れ及び保税地域からの引取りがなかった事業者が、課税資産の譲渡等に係る事業を再び開始した課税期間

②　設立の日の属する課税期間においては設立登記を行ったのみで事業活動を行っていない免税事業者である法人が、その翌課税期

間等において実質的に事業活動を開始した場合の当該課税期間等

【新設法人等の登録時期の特例】

免税事業者が令和5(2023)年11月1日に法人（3月決算）を設立し、令和6(2024)年2月1日に登録申請書と課税事業者選択届出書を併せて提出した場合の登録時期は、当該課税期間の初日（11月1日）から登録を受けたものとみなされます。

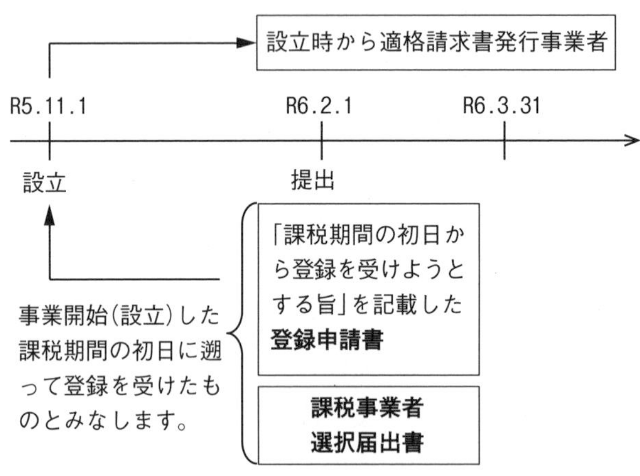

（出典：適格Q＆A問7）

（6）適格請求書発行事業者が死亡した場合の手続き

個人事業者である適格請求書発行事業者が死亡した場合には、その死亡した個人事業者の相続人は、個人事業者が死亡した場合に該当することとなった旨を記載した届出書を、速やかに、適格請求書発行事業者の納税地の所轄税務署長に提出しなければなりません（新消法57の3①、57①四）。

なお、適格請求書発行事業者が死亡した場合におけるその登録は、一定の場合を除き、届出書が提出された日の翌日または当該死亡した日の翌日から4か月経過した日のいずれか早い日に、その効力を失います（新消法57の３②）。

また、税務署長は、適格請求書発行事業者の登録がその効力を失ったときは、登録を抹消し、その登録が効力を失った旨及びその年月日を速やかに公表しなければならないとされています（新消法57の３⑤）。

（７）相続があった場合の登録の効力

相続により適格請求書発行事業者の事業を承継した相続人（相続人が適格請求書発行事業者である場合を除きます。）の相続のあった日の翌日から、相続人が登録を受けた日の前日またはその相続に係る適格請求書発行事業者が死亡した日の翌日から４か月を経過する日のいずれか早い日までの期間（「みなし登録期間」といいます。）については、その相続人を登録を受けた事業者とみなします。このみなし登録期間中は、適格請求書発行事業者に係る登録番号が、相続人の登録番号とみなされます（新消法57の３③）。

また、相続があった場合における適格請求書発行事業者である被相続人の登録は、その事業を承継した相続人が、適格請求書発行事業者が死亡した場合における手続等の規定（新消法57の３）により適格請求書発行事業者の登録を受けた事業者とみなされることとなる「みなし登録期間」後にその効力を失います。

したがって、相続人がみなし登録期間後においても適格請求書を交付しようとするときは、新たに登録申請書を提出し、適格請求書発行事業者の登録を受けなければなりません（インボイス通達２－６）。

なお、相続人が当該みなし登録期間中に登録申請書を提出した場合において、みなし登録期間の末日までに申請書に係る適格請求書発行事業者の登録または登録の拒否の処分に係る通知がないときは、同日の翌日から通知が相続人に到達するまでの期間は、みなし登録期間とみなされますので、その間の相続人による適格請求書の交付は被相続人の登録番号により行うこととなります（インボイス通達２－６）。

（8）合併または分割があった場合の登録の効力

合併または分割があった場合における適格請求書発行事業者の登録の効力は、それぞれ次のようになります。

①　吸収合併または新設合併の場合

被合併法人が受けた適格請求書発行事業者の登録の効力は、被合併法人の事業を承継した合併法人には及びません。したがって、合併法人が適格請求書発行事業者の登録を受けようとするときは、新たに登録申請書を提出しなければなりません。

なお、法人が、新設合併によりその事業を承継した場合または吸収合併により適格請求書発行事業者の登録を受けていた被合併法人の事業を承継した場合において、当該法人が合併があった日の属する課税期間中に登録申請書を提出したときは、その課税期間は、事業を開始した日の属する課税期間または合併があった日の属する課税期間に該当します（新消令70の４、新消規26の４一・二、インボイス通達２－７）。

合併法人	登録あり	登録なし
被合併法人	登録なし	登録あり
合併後の法人	そのまま登録あり	新たに登録が必要

②　分割があった場合

分割法人が受けた適格請求書発行事業者の登録の効力は、分割により分割法人の事業を承継した分割承継法人には及びません。したがって、分割承継法人が適格請求書発行事業者の登録を受けようとするときは、新たに登録申請書を提出しなければなりません。

また、分割等により新設分割親法人の事業を引き継いだ新設分割子法人についても同様です（インボイス通達２－７）。

なお、法人が、新設分割によりその事業を承継した場合または吸収分割により適格請求書発行事業者の登録を受けていた分割法人の事業を承継した場合において、その法人が新設分割または吸収分割があった日の属する課税期間中に登録申請書を提出したときは、その課税期間は、分割があった日の属する課税期間に該当します（新消令70の４、新消規26の４一・三、インボイス通達２－７）。

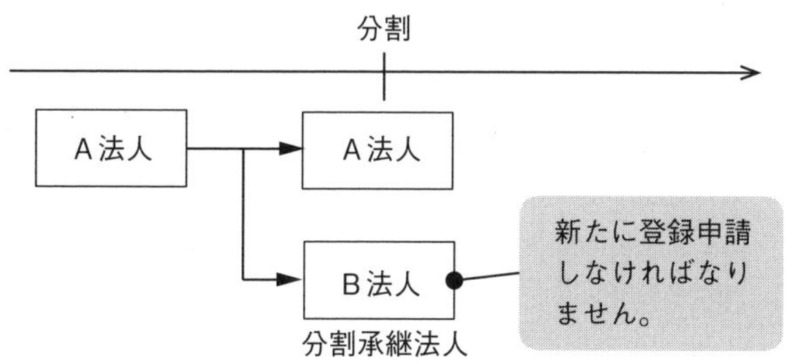

（９）登録を取りやめる場合

適格請求書発行事業者が、次に掲げる場合に該当することとなった場合には、それぞれに定める日に、登録はその効力を失います（新消法57の２⑩、適格Q＆A問９）。

① 適格請求書発行事業者が「適格請求書発行事業者の登録の取消しを求める旨の届出書」（「登録取消届出書」といいます。）をその納税地の所轄税務署長に提出した場合には、その提出があった日の属する課税期間の末日の翌日（その提出が、当該課税期間の末日から起算して30日前の日から当該課税期間の末日までの間にされた場合には、当該課税期間の翌課税期間の末日の翌日）（新消法57の２⑩一）

② 適格請求書発行事業者が事業を廃止し、「適格請求書発行事業者の事業廃止届出書」を提出した場合には、事業を廃止した日の翌日（新消法57の２⑩二、インボイス通達２－８）

③ 適格請求書発行事業者である法人が合併により消滅し、「合併に

よる法人の消滅届出書」を提出した場合には、当該法人が合併により消滅した日（新消法57の２⑩三、インボイス通達２－７）

【適格請求書発行事業者の登録の取消届出】

（例１）適格請求書発行事業者である法人（３月決算）が令和７(2025)年２月１日に登録取消届出書を提出した場合

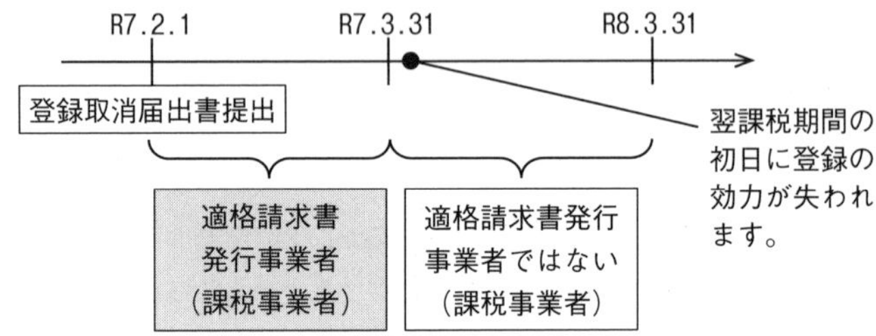

（出典：適格Q＆A問９）

（例２）適格請求書発行事業者がである法人（３月決算）が令和７(2025)年３月15日に登録取消届出書を提出した場合

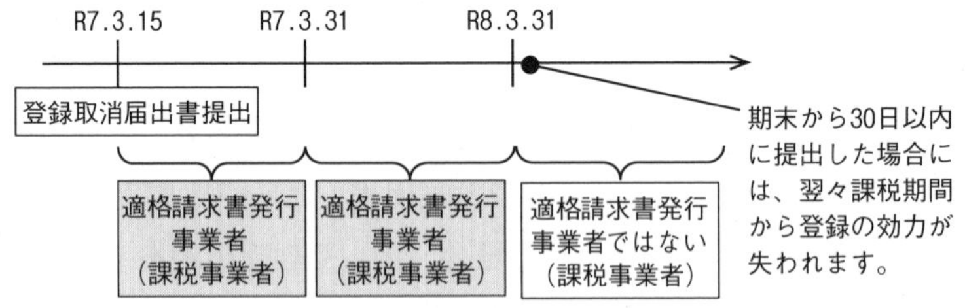

（出典：適格Q＆A問９）

課税事業者選択届出書を提出した事業者である場合には、登録取消届出書を提出しても、適格請求書発行事業者の登録が取り消されるだけで、事業者は課税事業者のままとなります。したがって、基準期間における課税売上高が1,000万円以下となった場合でも、登録を取り消したのみでは免税事業者となりませんので、一定の日までに、登録取消届出書の提出と同時に課税事業者選択不適用届出書を提出すれば、免税事業者となります（新消法９⑤⑥、新消規11②）。

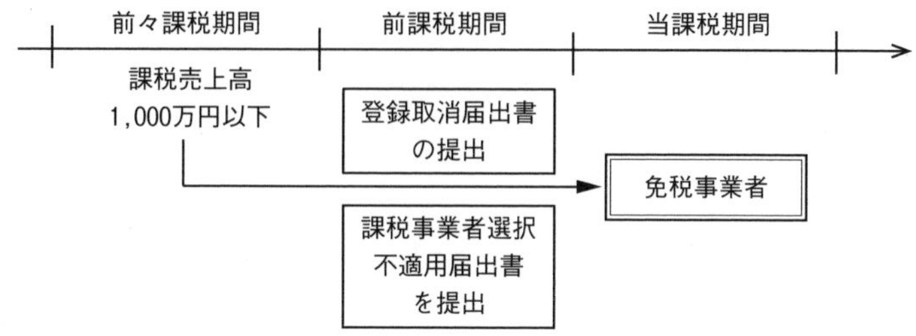

(10) 登録が拒否される場合

税務署長は、登録を受けようとする事業者が、次の①②に掲げる場合の区分に応じ、各区分に定める事実に該当すると認めるときは、当該登録を拒否することができます（新消法57の２⑤、適格Ｑ＆Ａ問８）。

なお、表中、「特定国外事業者」とは、国内において行う資産の譲渡等に係る事務所、事業所その他これらに準ずるものを国内に有しない国外事業者をいいます（新消法57の２⑤一）。

【登録の拒否事由】

① その事業者が特定国外事業者以外の事業者である場合

その事業者が、消費税法の規定に違反して罰金以上の刑に処せられ、その執行を終わり、または執行を受けることがなくなった日から２年を経過しない者であること。

② その事業者が特定国外事業者である場合

イ　消費税に関する税務代理人がないこと。

ロ　事業者が、納税管理人を定めていないこと。

ハ　現に国税の滞納があり、かつ、その滞納額の徴収が著しく困難であること。

ニ　事業者が、登録を取り消され、その取消しの日から１年を経過しない者であること。

ホ　事業者が、消費税法の規定に違反して罰金以上の刑に処せられ、その執行を終わり、または執行を受けることがなくなった日から２年を経過しない者であること。

(11) 登録が取り消される場合

税務署長は、適格請求書発行事業者が次に掲げる一定の事実に該当すると認めるときは、適格請求書発行事業者の登録を取り消すことができます（新消法57の２⑥、適格Ｑ＆Ａ問10)。

【登録の取消事由】

① その事業者が特定国外事業者以外の事業者の場合

イ　１年以上所在不明であること。

ロ　事業を廃止したと認められること。

ハ　合併により消滅したと認められること。

ニ　消費税法の規定に違反して罰金以上の刑に処せられたこと。

② その事業者が特定国外事業者の場合

イ　事業を廃止したと認められること。

ロ　合併により消滅したと認められること。

ハ　適格請求書発行事業者の申告書の提出期限までに、申告書に係る消費税に関する税務代理の権限を有することを証する書面が提出されていないこと。

ニ　納税管理人を定めていないこと。

ホ　消費税の期限内申告書の提出がなかった場合において、提出がなかったことについて正当な理由がないと認められること。

ヘ　現に国税の滞納があり、かつ、その滞納額の徴収が著しく困難であること。

ト　消費税法の規定に違反して罰金以上の刑に処せられたこと。

(12) 適格請求書発行事業者登録簿

適格請求書発行事業者登録簿の登載事項は、インターネットを通じて、国税庁のホームページにおいて公表されます（新消法57の２④⑪、新消令70の５②、適格Ｑ＆Ａ問13、問14）。

【適格請求書発行事業者登録簿の登載事項（新消令70の５①）】

① 氏名または名称及び登録番号
② 登録年月日
③ 法人（人格のない社団等を除きます。）にあっては、本店または主たる事務所の所在地
④ 特定国外事業者以外の国外事業者にあっては、国内において行う資産の譲渡等に係る事務所、事業所その他これらに準ずるものの所在地

また、適格請求書発行事業者の登録が取り消された場合または効力を失った場合、その年月日が国税庁のホームページにおいて公表されます（新消法57の２⑪、新消令70の５②、適格Ｑ＆Ａ問13）。

なお、個人事業者の場合、上記の事項以外に、「適格請求書発行事業者の公表事項の公表（変更）申出書」において主たる屋号や主たる事務所の所在地について公表の申し出のあったときには、これらの事項も公表されます（適格Ｑ＆Ａ問13）。

(13) 登録番号の形式

適格請求書発行事業者登録簿に登載する登録番号は、次の区分に応じて、それぞれ次によるものとされます（インボイス通達２－３）。

① 法人番号を有する課税事業者……法人番号及びその前に付されたローマ字の大文字Ｔにより構成されるもの
② ①以外の課税事業者……13桁の数字（法人番号と重複しないもの

とし、当該課税事業者の個人番号は利用しないものとします。）及びその前に付されたローマ字の大文字Ｔにより構成されるもの

【登録番号の形式（インボイス通達２－３、適格Ｑ＆Ａ問12)】

①　法人番号を有する課税事業者 「Ｔ」（ローマ字）＋法人番号（数字13桁） ②　①以外の課税事業者（個人事業者、人格のない社団等） 「Ｔ」＋数字13桁

登録番号の記載例としては、次のような記載方法が挙げられています。なお、請求書等への表記に当たり、半角・全角は問わないとされています。

・　T1234567890123
・　Ｔ－1234567890123

(14) 登録国外事業者であった場合の経過措置

電気通信利用役務の提供を行い、または行おうとする国外事業者（免税事業者を除きます。）は、国税庁長官の登録を受けることができます。この登録を受けた事業者を、登録国外事業者といいます（平成27年改正法附則39①）。登録国外事業者は、登録して既に登録国外事業者の登録番号が付与されています。

令和５(2023)年９月１日において登録国外事業者である者であって、「登録国外事業者の登録の取消しを求める旨の届出書」を提出していない者は、令和５(2023)年10月１日において適格請求書発行事業者の登録を受けたものとみなします。この場合において、その納税地の所轄税務署長は、適格請求書発行事業者登録簿に氏名または名称、適格請求書発行事業者の登録番号その他の一定の事項を登載します

(平成28年改正法附則45①)。

税務署長は、上記の登録国外事業者に対し、書面によりその旨を通知します。この場合において、税務署長は、適格請求書発行事業者登録簿に登載された事項を速やかに公表しなければなりません（平成28年改正法附則45②）。

３　適格請求書発行事業者の義務

（１）適格請求書等の交付義務

適格請求書発行事業者は、国内において取引を行った場合において、取引の相手方である課税事業者から「適格請求書」の交付を求められたときは、軽減税率対象品目の販売の有無にかかわらず、原則として、その取引に係る適格請求書を他の課税事業者に交付し、その写しを保存しなければなりません（新消法57の４①、適格Ｑ＆Ａ問15）。

また、あらかじめ取引相手の承諾を得て、「適格請求書の記載事項に係る電磁的記録」を提供することができます（新消法57の４⑤）。この場合も、「電磁的記録」を保存する必要があります（新消法57の４⑥）。

ただし、適格請求書発行事業者が行う事業の性質上、適格請求書を交付することが困難な場合は、交付義務が免除されます（新消法57の４①ただし書、新消令70の９②）。

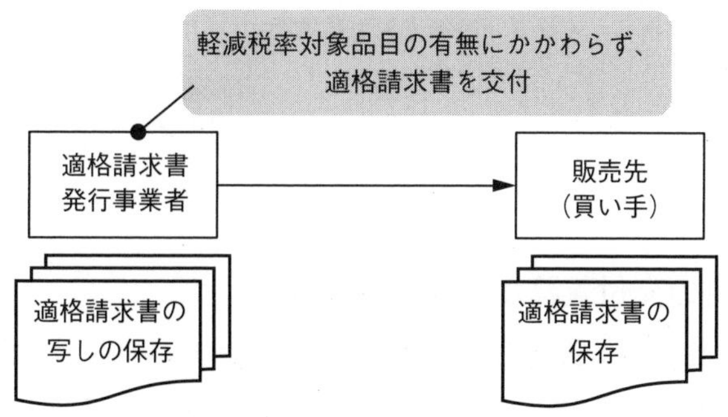

上記のほか、適格請求書発行事業者が国内において行った取引が小売業等一定の事業に係るものであるときは、適格請求書に代えて「適格簡易請求書」を交付することができます（「適格簡易請求書」については後掲6参照）。この場合も、その写しを保存しなければなりません（新消法57の4②⑥、適格Q＆A問16）。

（2）適格請求書に誤りがあった場合の取扱い

適格請求書、適格簡易請求書または適格返還請求書を交付した適格請求書発行事業者（売り手）は、これらの書類の記載事項に誤りがあった場合には、これらの書類を交付した他の事業者（買い手）に対して、修正した適格請求書、適格簡易請求書または適格返還請求書を交付しなければなりません（新消法57の4④）。なお、電磁的記録として提供した事項に誤りがあった場合も同様です（新消法57の4⑤）。

すなわち、記載事項に誤りがある適格請求書等の交付を受けた事業者（買い手）は、仕入税額控除を行うために、売り手である適格請求書発行事業者に対して修正した適格請求書の交付を求め、その交付を受ける必要があります。なお、買い手である事業者が自ら追記や修正を行うことはできません（適格Q＆A問21）。

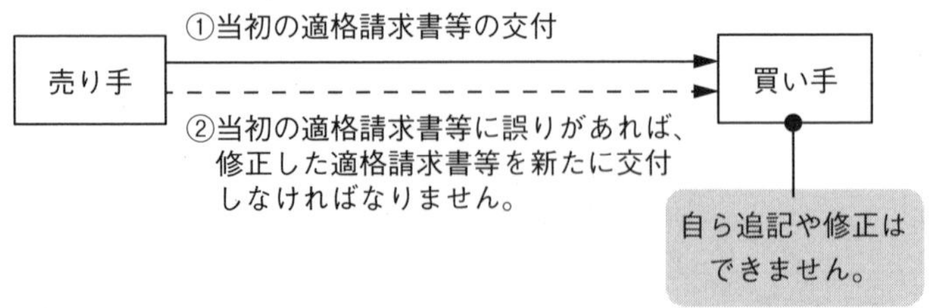

4　適格請求書の交付義務が免除される場合

原則として、適格請求書発行事業者は、相手方からの求めに応じて適格請求書を交付する義務があります（新消法57の4①）。しかし、例えば、自動販売機でペットボトルを販売する場合などは、相手方（購入者）の氏名を求めることは現実的ではありません。そこで、適格請求書の交付義務が免除される場合が規定されています。

（１）交付義務が免除される場合

次に掲げる取引については、当該適格請求書発行事業者が行う事業の性質上、適格請求書を交付することが困難な場合は、交付義務が免除されます（新消法57の４①ただし書、新消令70の９②、新消規26の６、適格Ｑ＆Ａ問23）。

【適格（簡易）請求書の交付義務が免除されるもの】

①　公共交通機関である船舶、バスまたは鉄道による旅客の運送として行われるもの（税込価額が３万円未満のものに限ります。）
②　媒介または取次ぎに係る業務を行う者（卸売市場、農業協同組合または漁業協同組合等）が委託を受けて行う農水産品の譲渡等
③　自動販売機及び自動サービス機により行われるもの（税込価額が３万円未満のものに限ります。）
④　郵便切手類のみを対価とする郵便物及び貨物に係るもの（郵便ポストに差し出された郵便物及び貨物に係るものに限ります。）

（２）税込価額３万円未満の判定

交付が免除される場合の「税込価額が３万円未満のもの」に該当するかどうかは、１回の取引の課税資産の譲渡等に係る税込価額が３万円未満であるかどうかで判定します。なお、その判定は、その商品やサービス一つごとの税込価額によって行うものではありません（インボイス通達３－９）。

(3) 自動販売機及び自動サービス機により行われる課税資産の譲渡等の範囲

「自動販売機及び自動サービス機」とは、商品の販売または役務の提供（課税資産の譲渡等に該当するものに限ります。以下「商品の販売等」といいます。）及び代金の収受が自動で行われる機械装置であって、その機械装置のみにより商品の販売等が完結するものをいいます。これには、飲食料品の自動販売機のほか、コインロッカーやコインランドリー等が該当します（インボイス通達３－11、適格Ｑ＆Ａ問29）。なお、小売店内に設置されたセルフレジなどのように、単に代金の精算のみを行うものは、これに該当しません（インボイス通達３－11(注)）。

(4) 留意事項

上記のように、適格請求書の交付義務が免除される場合であっても、また、標準税率の取引のみを行っている場合でも、取引の相手方（課税事業者に限ります。）から交付を求められたときは、適格請求書の交付義務があります（適格Ｑ＆Ａ問15）。

なお、免税取引、非課税取引及び不課税取引のみを行った場合については、適格請求書の交付義務は課されません（適格Ｑ＆Ａ問15）。

5 適格請求書の交付

(1) 適格請求書の記載事項

適格請求書とは、次に掲げる事項を記載した請求書、納品書その他これらに類する書類をいいます。それらの事項の記載があれば、その書類の名称は問いません（新消法57の４①、インボイス通達３－１、適格Ｑ＆Ａ問34）。

【適格請求書の記載事項】

①　適格請求書発行事業者の氏名または名称及び登録番号
②　課税資産の譲渡等を行った年月日
③　課税資産の譲渡等に係る資産または役務の内容（軽減対象資産の譲渡等には、※印を付すなど）
④　税抜価額または税込価額を税率の異なるごとに区分して合計した金額及び適用税率
⑤　消費税額等（消費税額及び地方消費税額の合計額）（※）
⑥　書類の交付を受ける事業者の氏名または名称
※　上記⑤の消費税額等は、次のイまたはロのいずれかによって算出した金額です。
イ　税抜価額を税率の異なるごとに区分して合計した金額に、標準税率は10%、軽減税率は８％を乗じて計算した金額（１円未満の端数は、税率の異なるごとに端数処理）
ロ　税込価額を税率の異なるごとに区分して合計した金額に、標準税率は10/110、軽減税率は8/108を乗じて計算した金額（１円未満の端数は、税率の異なるごとに端数処理）

また、適格請求書の交付に関して、一の書類によりそれらの事項を全て記載するのではなく、例えば、納品書と請求書等の二以上の書類であっても、これらの書類について相互の関連が明確であり、その交付を受ける事業者がそれらの事項を適正に認識できる場合には、これら複数の書類全体で適格請求書の記載事項を満たすものとなります（インボイス通達３－１）。

したがって、適格請求書は、必要な事項が記載されていれば、その様式についても定められてはいませんし、手書きの領収書等でも構いません（適格Ｑ＆Ａ問17、問18）。

【区分記載請求書等保存方式と適格請求書等保存方式の記載事項の比較】

	区分記載請求書等保存方式	適格請求書等保存方式
帳簿	①　課税仕入れの相手方の氏名または名称 ②　課税仕入れを行った年月日 ③　課税仕入れに係る資産または役務の内容（課税仕入れが他の者から受けた軽減対象資産の譲渡等に係るものである場合には、資産の内容及び軽減対象資産の譲渡等に係るものである旨） ④　課税仕入れに係る支払対価の額	同左
請求書等	①　書類の作成者の氏名または名称 ②　課税資産の譲渡等を行った年月日 ③　課税資産の譲渡等に係る資産または役務の内容（課税資産の譲渡等が軽減対象資産の譲渡等である場合には、資産の内容及び軽減対象資産の譲渡等である旨） ④　税率ごとに合計した課税資産の譲渡等の対価の額（税込価格） ⑤　書類の交付を受ける当該事業者の氏名または名称	①　適格請求書発行事業者の氏名または名称及び登録番号 ②　課税資産の譲渡等を行った年月日 ③　課税資産の譲渡等に係る資産または役務の内容（課税資産の譲渡等が軽減対象資産の譲渡等である場合には、資産の内容及び軽減対象資産の譲渡等である旨） ④　税率ごとに区分した課税資産の譲渡等の税抜価格、または税込価格の合計額及び適用税率 ⑤　税率ごとに区分した消費税額等 ⑥　書類の交付を受ける当該事業者の氏名または名称

※　下線部分が追加の記載事項です。

（出典：適格Q＆A問34、個別Q＆A問109）

【適格請求書として必要な記載事項を全て請求書に記載する場合の記載例】

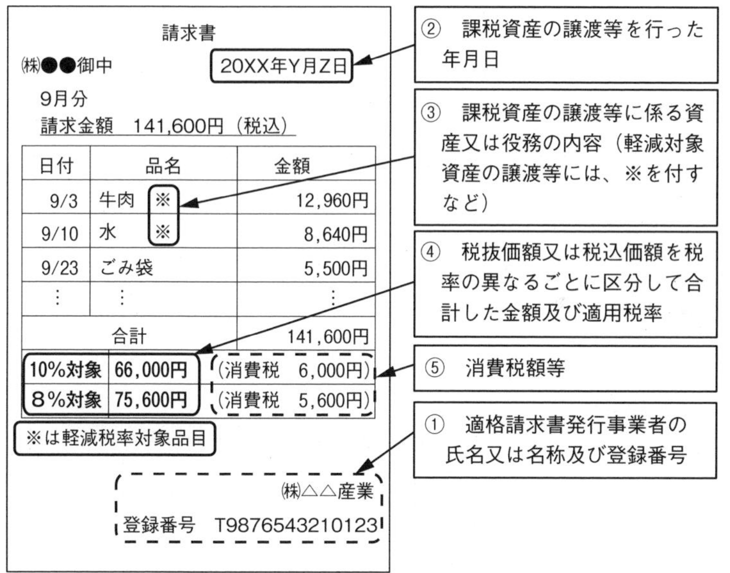

※　点線で囲っている箇所が、区分記載請求書の記載事項と異なるところです。

（出典：適格Q＆A問34）

【請求書に不足する適格請求書の記載事項を納品書で保管する場合の記載例】

請求書には、必要な記載事項に加えるとともに、日々の取引の内容については、納品書に記載することにより、２つの書類で適格請求書の記載事項を満たすともできます。なお、この場合、請求書と納品書を交付することにより、適格請求書の交付義務を果たすことになります。

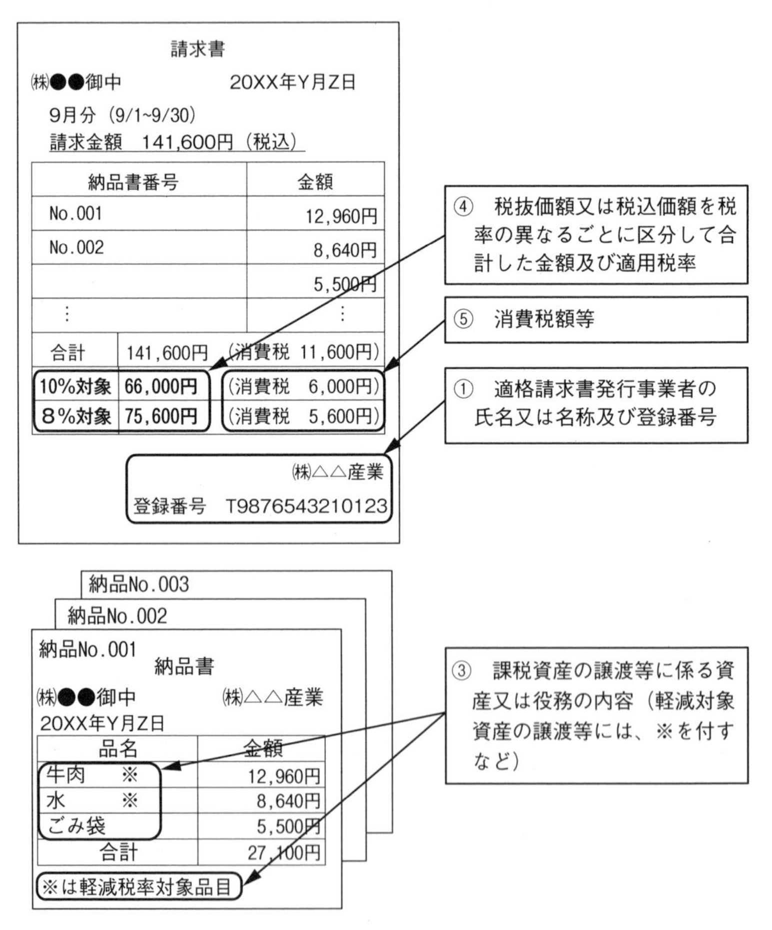

請求書

㈱●●御中　　20XX年Y月Z日

9月分（9/1~9/30）

請求金額　141,600円（税込）

納品書番号		金額
No.001		12,960円
No.002		8,640円
		5,500円
⋮		⋮
合計	141,600円	（消費税 11,600円）
10%対象	66,000円	（消費税 6,000円）
8%対象	75,600円	（消費税 5,600円）

㈱△△産業

登録番号　T9876543210123

④　税抜価額又は税込価額を税率の異なるごとに区分して合計した金額及び適用税率

⑤　消費税額等

①　適格請求書発行事業者の氏名又は名称及び登録番号

納品No.003

納品No.002

納品No.001

納品書

㈱●●御中　　㈱△△産業

20XX年Y月Z日

品名	金額
牛肉　※	12,960円
水　※	8,640円
ごみ袋	5,500円
合計	27,100円

※は軽減税率対象品目

③　課税資産の譲渡等に係る資産又は役務の内容（軽減対象資産の譲渡等には、※を付すなど）

（出典：適格Q＆A問44）

（2）電磁的記録の場合

①　電磁的記録の種類

適格請求書発行事業者が、適格請求書、適格簡易請求書または適格返還請求書の交付に代えて行う「電磁的記録」の提供には、光ディスク、磁気テープ等の記録用の媒体による提供のほか、次に掲げるようなものが該当します（新消法57の４⑤、電帳法２三、インボイス通達３－２）。

イ　いわゆるＥＤＩ取引を通じた提供

ロ　電子メールによる提供

ハ　インターネット上のサイトを通じた提供

適格請求書に係る記載事項につき、例えば、納品書データと請求書データなど複数の電磁的記録の提供による場合または納品書と請求書データなど書面の交付と電磁的記録の提供による場合のいずれにおいても、必要な要件を満たせば、それら複数の書類全体で適格請求書の記載事項を満たすものとされます（インボイス通達３－１、３－２）。

②　書面と電磁的記録による適格請求書の交付

適格請求書は、一の書類のみで全ての記載事項を満たす必要はなく、書類相互（書類と電磁的記録）の関連が明確であり、適格請求書の交付対象となる取引内容を正確に認識できる方法で交付されていれば、複数の書類や、書類と電磁的記録の全体により、適格請求書の記載事項を満たすことになります（インボイス通達３－２、適格Ｑ＆Ａ問47）。

したがって、例えば、課税資産の譲渡等の内容（軽減税率の対象である旨を含みます。）を含む請求明細に係る電磁的記録を提供した上で、それ以外の記載事項を記載している請求書等を交付することによって、これら全体により、適格請求書の記載事項を満たすことになります（適格Q＆A問47）。

なお、この場合でも請求明細に係る電磁的記録については、提供した適格請求書に係る電磁的記録と同様の措置等を行い、保存する必要があります（適格Q＆A問47）。

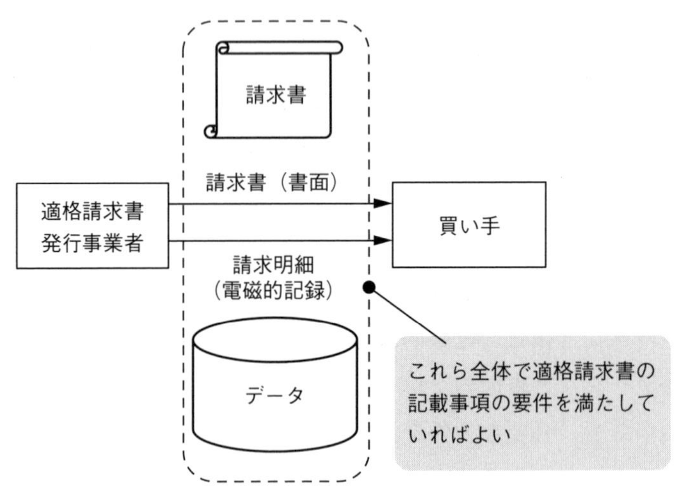

（3）軽減税率の適用対象となる商品がない場合

販売する商品が軽減税率の適用対象とならないもののみであれば、「軽減対象資産の譲渡等である旨」の記載は不要です。また、軽減税率制度導入前と同様に課税資産の譲渡等の対価の額（税込価額）の記載があれば、結果として「課税資産の譲渡等の税抜価額または税込価額を税率ごとに区分して合計した金額」の記載があるものとなります（適格Q＆A問48）。

なお、この場合でも適用税率（10％）や消費税額等の記載は必要です（適格Q＆A問48）。

【軽減税率の適用対象となる商品がない場合の記載例】

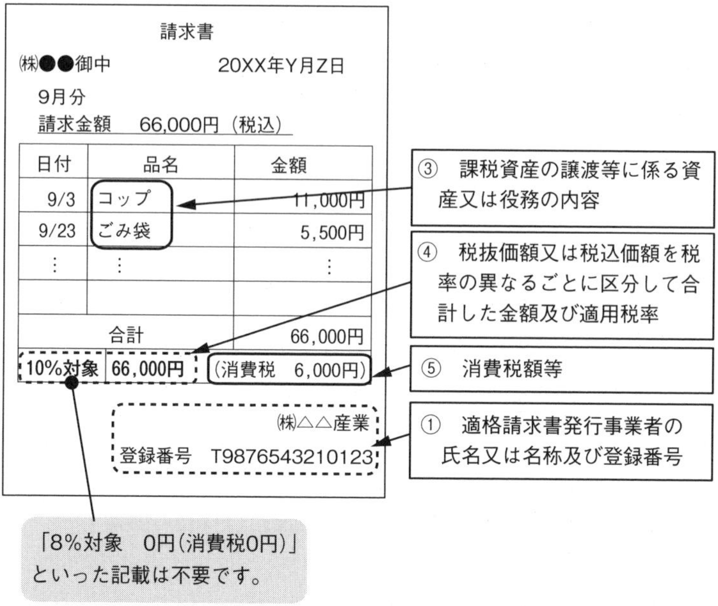

請求書

㈱●●御中　　20XX年Y月Z日

9月分

請求金額　66,000円（税込）

日付	品名	金額
9/3	コップ	11,000円
9/23	ごみ袋	5,500円
⋮	⋮	⋮
合計		66,000円
10%対象	66,000円	（消費税　6,000円）

㈱△△産業

登録番号　T9876543210123

③　課税資産の譲渡等に係る資産又は役務の内容

④　税抜価額又は税込価額を税率の異なるごとに区分して合計した金額及び適用税率

⑤　消費税額等

①　適格請求書発行事業者の氏名又は名称及び登録番号

「8%対象　0円（消費税0円）」といった記載は不要です。

（出典：適格Q＆A問48）

（４）記載事項の省略表記等

適格請求書等には、原則として、「適格請求書発行事業者の氏名または名称及び登録番号」の記載が必要です（新消法57の４）。

しかし、客観的に取引相手を確認できれば、正式名称ではない○○屋といった屋号や、T0001などのような取引コード等によって省略することも認められます（インボイス通達３－３）。

①　屋号等による記載

適格請求書に記載する名称については、電話番号を記載するなどし、適格請求書を交付する事業者が特定できれば、屋号や省略した名称などによって記載することも認められます（適格Q＆A問35）。

②　取引先コード等による記載

適格請求書等のうち、次に掲げる事項は、取引先コード、商品コード等の記号、番号等による表示をすることができます（インボイス通達３－３）。

【記号・番号等による表記が認められる事項】

①　適格請求書の場合
- イ　適格請求書発行事業者の氏名または名称及び登録番号
- ロ　課税資産の譲渡等に係る資産または役務の内容
- ハ　書類の交付を受ける事業者の氏名または名称

②　適格簡易請求書の場合
- イ　適格請求書発行事業者の氏名または名称及び登録番号
- ロ　課税資産の譲渡等に係る資産または役務の内容

ただし、表示される記号、番号等により、記載事項である「課税資産の譲渡等に係る資産または役務の内容」について、その資産の譲渡等が課税資産の譲渡等かどうか、また、その資産の譲渡等が課税資産の譲渡等である場合には、軽減対象課税資産の譲渡等かどうかの判別が明らかとなるものであって、適格請求書発行事業者とその取引の相手方との間で、表示される記号、番号等の内容が明らかであるものに限られます（インボイス通達３－３）。

すなわち、取引先コード等を用いる場合には、登録番号と紐付けて管理されている取引先コード表などを適格請求書発行事業者と相手先の間で共有しており、買い手においても取引先コードから登録番号が確認できる必要があります（適格Ｑ＆Ａ問36）。

なお、売り手が適格請求書発行事業者でなくなった場合は、買い手側は、速やかに取引先コード表を修正することや、事後的な確認を行うために、売り手が適格請求書発行事業者である期間を確認できるようにしておく必要があります（インボイス通達３－３(注)、適格Q＆A問36）。

（５）消費税額等の端数処理

適格請求書発行事業者が適格請求書に記載する消費税額等は、課税資産の譲渡等に係る税抜価額または税込価額を税率の異なるごとに区分して合計した金額を基礎として算出し、その算出した消費税額等について１円未満の端数を処理することとなります。

したがって、当該消費税額等の１円未満の端数処理は、一の適格請求書につき、税率の異なるごとにそれぞれ１回となります（新消令70の10、インボイス通達３－12)。

また、複数の商品を販売する際に、一の適格請求書を交付する場合において、個々の商品ごとに端数処理をした上でこれを合計して消費税額等として記載することはできません（インボイス通達３－12(注))。

なお、端数処理の方法については、切上げ、切捨て、四捨五入など、事業者の任意の方法とすることができます（適格Q＆A問37)。

日付	品名		金額
9/3	牛肉　※		12,960円
9/10	水　※		8,640円
9/23	ごみ袋		5,500円
⋮	⋮		⋮
合計			141,600円
10%対象	**66,000円**	(消費税　6,000円)	
８%対象	**75,600円**	(消費税　5,600円)	

この金額を計算するときに端数処理を行います。

以下に、端数処理について、認められる方法と認められない方法のそれぞれの具体例を挙げます。

【端数処理の方法】

認められる方法	認められない方法
一の適格請求書につき、税率の異なるごとに１回の端数処理を行う	個々の商品ごとに端数処理を行う
〔標準税率対象〕 Ａ品：3,200円 Ｂ品：1,700円 10％対象： (3,200円＋1,700円)×10/110≒445円	〔標準税率対象〕 Ａ品：3,200円×10/110≒290円 Ｂ品：1,700円×10/110≒154円 10％対象： 290円＋154円＝444円
〔軽減税率対象〕 Ｃ品：3,500円 Ｄ品：4,400円 ８％対象： (3,500円＋4,400円)×8/108≒585円	〔軽減税率対象〕 Ｃ品：3,500円×8/108≒259円 Ｄ品：4,400円×8/108≒325円 ８％対象： 259円＋325円＝584円
10％対象　(消費税額445円) ８％対象　(消費税額585円)	10％対象　(消費税額444円) ８％対象　(消費税額325円)

※　１円未満は切捨てで計算しています。

複数の納品書分をまとめて請求書に記載している場合の端数処理についても、納品書に「税率ごとに区分した消費税額等」を記載するため、納品書につき税率ごとに１回の端数処理を行うこととなります(適格Ｑ＆Ａ問45)。

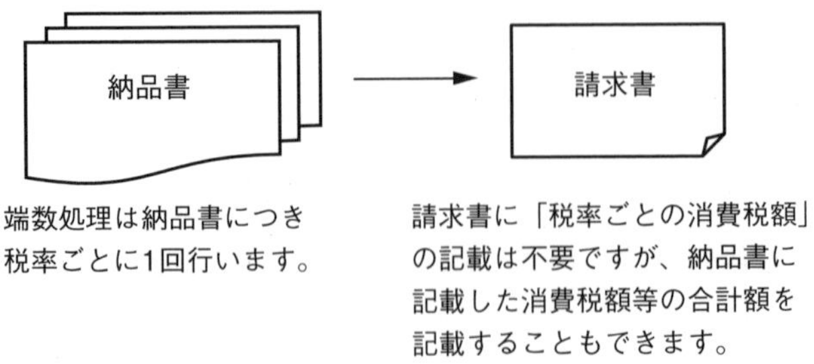

納品書
請求書
端数処理は納品書につき
税率ごとに1回行います。
請求書に「税率ごとの消費税額」
の記載は不要ですが、納品書に
記載した消費税額等の合計額を
記載することもできます。

（６）仕入明細書

仕入明細書等は、商品の仕入側が作成するものです。区分記載請求書等保存方式の下でも、一定の要件を満たせば仕入税額控除が認められましたが、適格請求書等保存方式の下においても、一定の要件を満たせば適格請求書として取り扱うことが可能です。

①　仕入明細書の記載事項

事業者がその行った課税仕入れ（適格請求書等の交付が困難な場合及び任意組合等の場合を除きます。）につき作成する仕入明細書、仕入計算書その他これらに類する書類で次の事項が記載されているもの（当該書類に記載されている事項につき、当該課税仕入れの相手方の確認を受けたものに限ります。）は、適格請求書等の範囲に含まれます（新消法30⑨三、新消令49④⑦）。

【仕入明細書の記載事項】（電磁的記録も同様）

①　書類の作成者の氏名または名称
②　課税仕入れの相手方の氏名または名称及び登録番号
③　課税仕入れを行った年月日（課税期間の範囲内で一定の期間内に行った課税仕入れにつきまとめて当該書類を作成する場合には、当該一定の期間）
④　課税仕入れに係る資産または役務の内容（当該課税仕入れが他の者から受けた軽減対象課税資産の譲渡等に係るものである場合には、資産の内容及び軽減対象課税資産の譲渡等に係るものである旨）
⑤　税率の異なるごとに区分して合計した課税仕入れに係る支払対価の額及び適用税率
⑥　消費税額等

なお、仕入明細書等の電磁的記録の保存方法は、提供を受けた適格請求書に係る電磁的記録の保存方法と同様となります（新消令50①、新消規15の５、適格Ｑ＆Ａ問58）。

【仕入明細書の記載例】

適格請求書等として扱われるためには、「課税仕入れの相手方の確認を受けたもの」である必要があります。

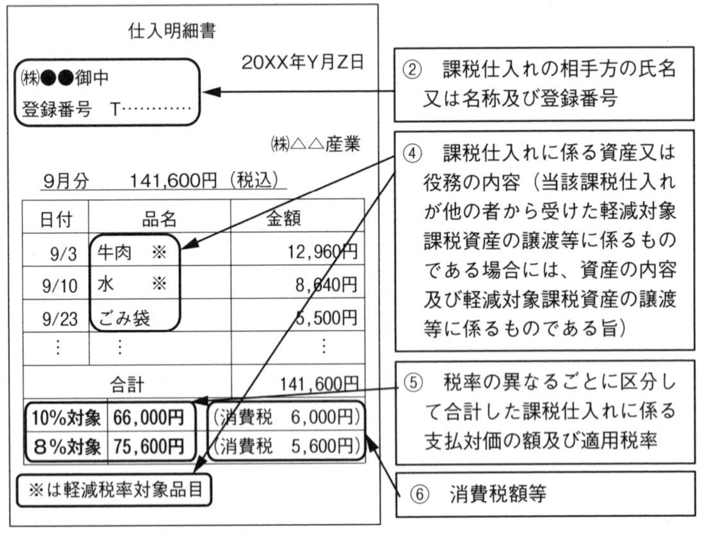

（出典：適格Ｑ＆Ａ問58）

② 仕入明細書の相手方への確認

イ 「課税仕入れの相手方の確認を受けたもの」の意義

前述のとおり、課税仕入れの相手方の確認を受けた仕入明細書だけが適格請求書等の範囲に含まれます。

そこで、「課税仕入れの相手方の確認を受けたもの」とは、保存する仕入明細書等に課税仕入れの相手方の確認の事実が明らかにされたもののほか、次のようなものが該当すると例示されています（インボイス通達４－６）。

(イ)　仕入明細書等への記載内容を通信回線等を通じて課税仕入れの相手方の端末機に出力し、確認の通信を受けた上で自己の端末機から出力したもの

(ロ)　仕入明細書等に記載すべき事項に係る電磁的記録につきインターネットや電子メールなどを通じて課税仕入れの相手方へ提供し、当該相手方からその確認をした旨の通知等を受けたもの

(ハ)　仕入明細書等の写しを相手方に交付し、または当該仕入明細書等に記載すべき事項に係る電磁的記録を相手方に提供し、一定期間内に誤りのある旨の連絡がない場合には記載内容のとおりに確認があったものとする基本契約等を締結した場合における当該一定期間を経たもの

ロ　一定期間を経て相手方の確認を受けたものとして取り扱われる場合

なお、上記(ハ)については、以下のように仕入明細書等の記載事項が相手方に示され、その内容が確認されている実態にあることが明らかであれば、相手方の確認を受けたものとして取り扱われます（適格Ｑ＆Ａ問57）。

・　仕入明細書等に「送付後一定期間内に誤りのある旨の連絡がない場合には記載内容のとおり確認があったものとする」旨の通知文書等を添付して相手方に送付し、または提供し、了承を得る。

・　仕入明細書等または仕入明細書等の記載内容に係る電磁的記録に「送付後一定期間内に誤りのある旨の連絡がない場合には記載内容のとおり確認があったものとする」といった文言を記載し、または記録し、相手方の了承を得る。

③　仕入明細書に記載する課税仕入れに係る支払対価の額

仕入明細書の記載事項のうち、「税率ごとに合計した課税仕入れに係る支払対価の額」については、税込金額となりますが、「税率ごとに区分した仕入金額の税抜きの合計額」及び「税率ごとに区分した消費税額等」を記載することで、その記載があるものとして取り扱われます（適格Q＆A問60）。

④　仕入明細書において対価の返還等について記載した場合

相手方が仕入税額控除のために作成・保存している支払通知書に、返品に関する適格返還請求書として必要な事項が記載されていれば、相手方の間で、売上げに係る対価の返還等の内容について確認されていますので、改めて適格返還請求書を交付する必要はありません（適格Q＆A問61）。

なお、支払通知書に適格返還請求書として必要な事項を合わせて記載する場合に、事業者ごとに継続して、課税仕入れに係る支払対価の額から、売上げに係る対価の返還等の金額を控除した金額及びその金額に基づき計算した消費税額等を税率ごとに支払通知書に記載することで、仕入明細書に記載すべき「税率ごとに合計した課税仕入れに係る支払対価の額」及び「税率ごとに区分した消費税額等」と、適格返還請求書に記載すべき「売上げに係る対価の返還等の税抜価額または税込価額を税率ごとに区分して合計した金額」及び「売上げに係る対価の返還等の金額に係る税率ごとに区分した消費税額等」の記載を満たすこともできます（適格Q＆A問61）。

【仕入明細書に適格返還請求書の記載事項を合わせて記載する場合の記載例】

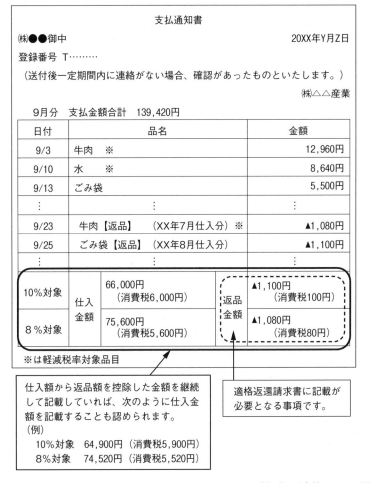

支払通知書

㈱●●御中　　　　20XX年Y月Z日

登録番号 T………

（送付後一定期間内に連絡がない場合、確認があったものといたします。）

㈱△△産業

9月分　支払金額合計　139,420円

日付	品名	金額
9/3	牛肉　※	12,960円
9/10	水　　※	8,640円
9/13	ごみ袋	5,500円
⋮	⋮	⋮
9/23	牛肉【返品】　（XX年7月仕入分）※	▲1,080円
9/25	ごみ袋【返品】（XX年8月仕入分）	▲1,100円
⋮	⋮	⋮

10％対象	仕入金額	66,000円（消費税6,000円）	返品金額	▲1,100円（消費税100円）
８％対象	仕入金額	75,600円（消費税5,600円）	返品金額	▲1,080円（消費税80円）

※は軽減税率対象品目

仕入額から返品額を控除した金額を継続して記載していれば、次のように仕入金額を記載することも認められます。
（例）
10％対象　64,900円（消費税5,900円）
8％対象　74,520円（消費税5,520円）

適格返還請求書に記載が必要となる事項です。

（出典：適格Q＆A問61）

⑤　適格請求書と仕入明細書を一の書類で交付する場合

例えば、仕入明細書に、仕入れた商品の配送について配送料として記載し、仕入金額から控除しているとともに、その配送料を自社の売上げとして計上している場合が考えられます。

その場合の配送（課税資産の譲渡等）の対価として収受する配送料については、別途、相手方の求めに応じて適格請求書を交付する義務があります（新消法57の４①）。

このため、次のような方法により対応する必要があります（適格Q＆A問62）。

イ　配送料に係る適格請求書を仕入明細書とは別に交付する

ロ　仕入明細書に合わせて配送料に係る適格請求書の記載事項を１枚の書類で交付する

【仕入明細書と適格請求書を一の書類で交付する場合の記載例】

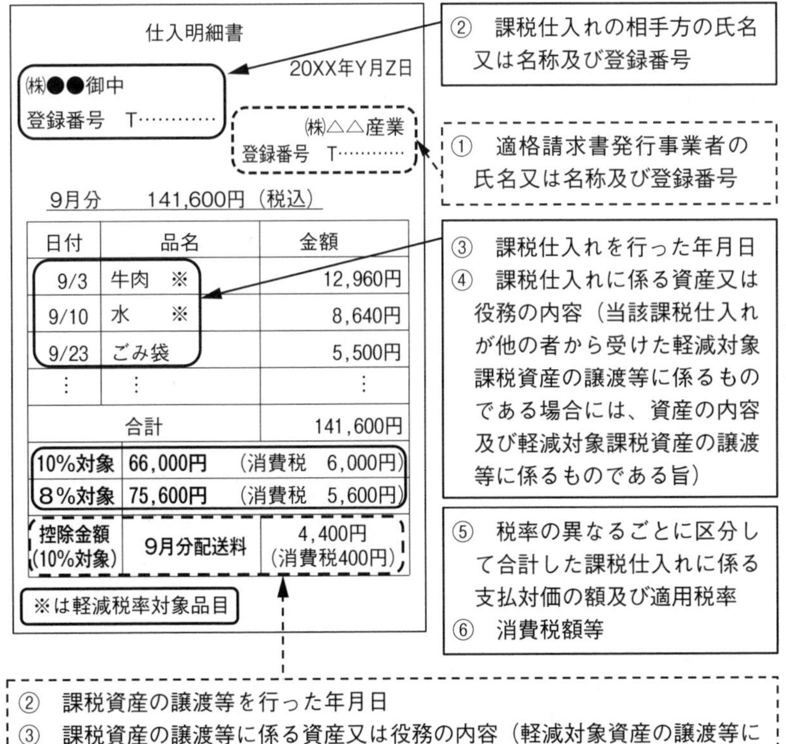

※　実線は仕入明細書の記載事項、点線は適格請求書の記載事項

（出典：適格Ｑ＆Ａ問62）

⑥　仕入明細書等の電磁的記録による保存

仕入税額控除の要件として保存が必要な請求書等には、上記①から⑤までの記載事項に係る電磁的記録も含まれます（新消令49⑦）。

したがって、上記①から⑤までの記載事項を記録した電磁的記録を保存することで、仕入税額控除のための請求書等の保存要件を満たします（適格Q＆A問58）。

なお、仕入明細書等の電磁的記録の保存方法は、提供を受けた適格請求書に係る電磁的記録の保存方法と同様となります（新消令50①、新消規15の５）。

（7）家事共用資産を譲渡した場合の取扱い

個人事業者である適格請求書発行事業者が、事業と家事の用途に共通して使用するものとして取得した資産を譲渡する場合には、その譲渡に係る金額を、事業としての部分と家事使用に係る部分とに合理的に区分し、適格請求書の「課税資産の譲渡等に係る税抜価額または税込価額を税率の異なるごとに区分して合計した金額」及び「消費税額等」は、どの事業としての部分に係る金額に基づき記載します（インボイス通達３－４）。

【家事共用資産を譲渡した場合の取扱いの図解】

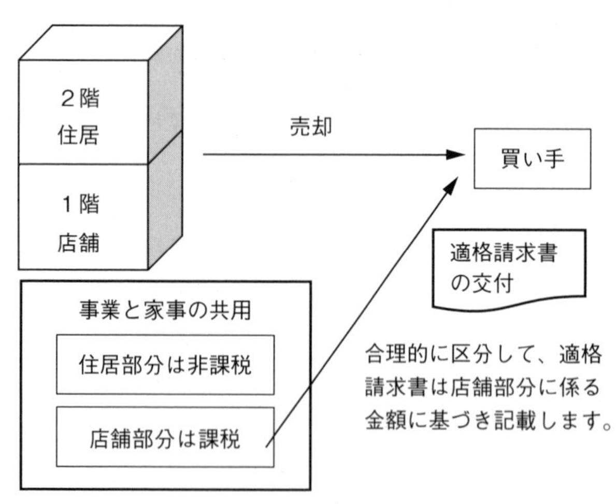

（8）共有している資産を譲渡した場合の適格請求書等の取扱い

適格請求書発行事業者が、適格請求書発行事業者以外の者である他の者と共同で所有する資産（以下「共有物」といいます。）の譲渡または貸付けを行う場合には、共有物に係る資産の譲渡等の金額を所有者ごとに合理的に区分し、適格請求書の「課税資産の譲渡等に係る税抜価額または税込価額を税率の異なるごとに区分して合計した金額」及び「消費税額等」は、適格請求書発行事業者の所有割合に応じて記載します（インボイス通達３－５、適格Ｑ＆Ａ問33）。

したがって、不動産等の共有財産の売却代金のうち、所有割合（例えば持分など）に対応する部分を基礎として、適格請求書を交付することとなります（適格Ｑ＆Ａ問33）。

【共有している資産を譲渡した場合の適格請求書等の取扱いの図解】

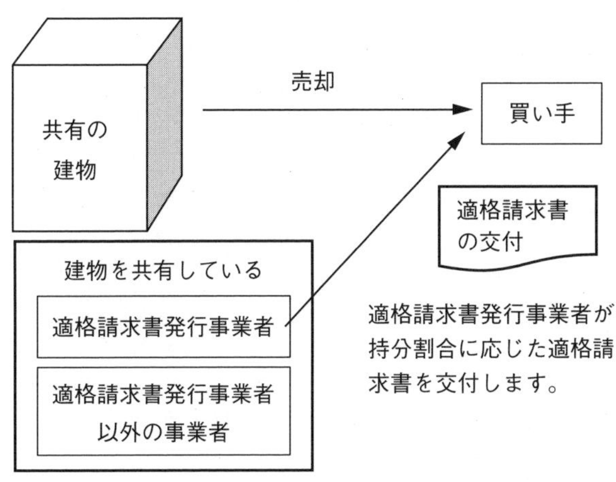

（9）媒介者交付特例による適格請求書等の交付の特例

①　媒介者等による適格請求書等の交付及び保存

適格請求書発行事業者が、適格請求書発行事業者である媒介または取次ぎに係る業務を行う者（「媒介者等」といいます。）を介して国内において取引を行う場合において、媒介者等がその取引の時までに事業者から登録を受けている旨の通知を受けているときは、媒介者等は、取引を受ける他の者に対し適格請求書の記載事項に代えて、媒介者等の氏名または名称及び登録番号を記載したその取引に係る適格請求書等または適格請求書等に記載すべき事項に係る電磁的記録を当該事業者に代わって交付し、または提供することができます。これを「媒介者交付特例」といいます。(新消令70の12①、適格Q＆A問30)。

この媒介者交付特例を適用する場合においては、媒介者等は、適格請求書等の写しまたは電磁的記録を保存しなければなりません(新消規26の７)。

【媒介者等による適格請求書等の交付の特例の図解】

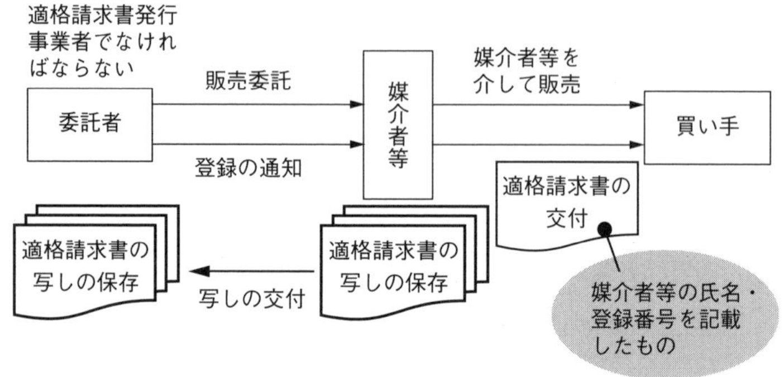

※　なお、委託者と媒介者（受託者）等の双方が適格請求書発行事業者でなければなりません。

【受託者が委託者に適格請求書の写しとして交付する書類（精算書）の記載例】

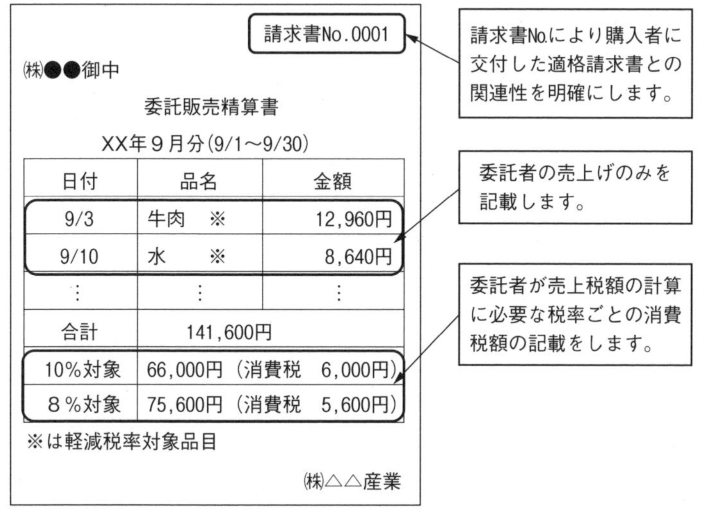

請求書No.0001

㈱●●御中

委託販売精算書

XX年９月分(9/1～9/30)

日付	品名	金額
9/3	牛肉　※	12,960円
9/10	水　　※	8,640円
⋮	⋮	⋮
合計	141,600円	
10%対象	66,000円（消費税　6,000円）	
８%対象	75,600円（消費税　5,600円）	

※は軽減税率対象品目

㈱△△産業

（出典：適格Q＆A問30）

※　媒介者交付特例により適格請求書の交付を行う受託者が、自らの課税資産の譲渡等に係る適格請求書の交付も併せて行う場合、自らの課税資産の譲渡等と委託を受けたものを一の適格請求書に記載することもできます（適格Q＆A問30）。

② 媒介者交付特例の適用要件

媒介者交付特例の適用を受けるためには、以下のイ及びロの要件を満たさなければなりません（新消令70の12①）。

イ　委託者及び受託者が適格請求書発行事業者であること

ロ　委託者が受託者に、自己（委託者）が適格請求書発行事業者の登録を受けている旨を取引前までに通知していること

なお、媒介者等に対する登録の通知の方法については、例えば、

当該事業者が個々の取引の都度、事前に登録番号を当該媒介者等へ書面等により通知する方法のほか、当該事業者と当該媒介者等との間の基本契約書等に当該事業者の登録番号を記載するといった方法があります（インボイス通達３－７、適格Ｑ＆Ａ問30）。

③　媒介者等（受託者）の交付・保存等の義務

媒介者等が、媒介者交付特例を適用して、事業者に代わって適格請求書等を交付し、または適格請求書等に記載すべき事項に係る電磁的記録を提供した場合には、当該適格請求書等の写しまたは当該電磁的記録を当該事業者に対して交付し、または提供しなければなりません（新消令70の12③）。

委託者に交付する適格請求書の写しについては、例えば、複数の委託者の商品を販売した場合や、多数の購入者に対して日々適格請求書を交付する場合などで、コピーが大量になるなど、適格請求書の写しそのものを交付することが困難な場合には、適格請求書の写しと相互の関連が明確な、精算書等の書類等を交付することで差し支えないとされています。なお、この場合には、当該媒介者等においても交付した当該精算書等の写しを保存しなければなりません（インボイス通達３－８、適格Ｑ＆Ａ問30）。

なお、精算書等の書類には、適格請求書の記載事項のうち、「課税資産の譲渡等の税抜価額または税込価額を税率ごとに区分して合計した金額及び適用税率」や「税率ごとに区分した消費税額等」など、委託者の売上税額の計算に必要な一定の事項を記載する必要があります（適格Ｑ＆Ａ問30）。

④　委託者の保存義務

委託者の課税資産の譲渡等について、媒介者等（受託者）が委託者に代わって適格請求書を交付していることから、委託者においても、媒介者等（受託者）から交付された適格請求書の写しを保存しなければなりません（適格Ｑ＆Ａ問30）。

⑤　事業者が適格請求書発行事業者でなくなった場合

通知を行った事業者が適格請求書発行事業者でなくなった場合には、当該事業者は、当該通知を受けた媒介者等に対し、速やかにその旨を通知しなければなりません（新消令70の12④）。

⑥　複数の委託者から委託を受けた場合の媒介者交付特例の適用

複数の委託者から委託を受けて委託販売を行っている媒介者等（受託者）の場合、一の売上先に対して、複数の委託者の商品を販売することがあります。この場合に、媒介者交付特例の適用要件を満たせば、１枚の適格請求書により交付を行うことができます（適格Ｑ＆Ａ問31）。

【複数の委託者から委託を受けた場合】

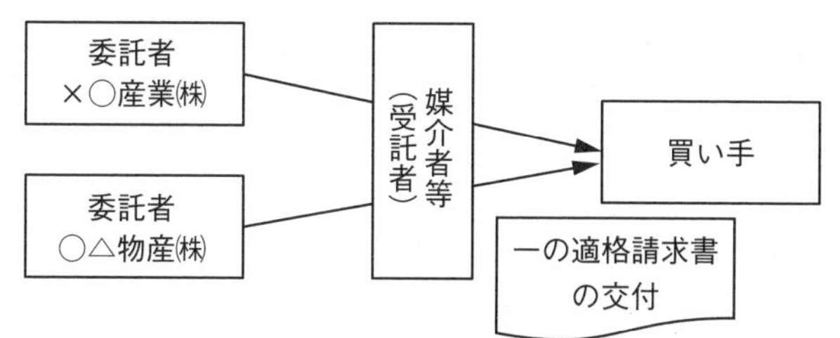

この場合、原則として、適格請求書の記載事項である課税資産の譲渡等の税抜価額または税込価額は、委託者ごとに記載し、消費税額等の端数処理についても委託者ごとに行うこととなります（適格Ｑ＆Ａ問31）。

ただし、受託者が交付する適格請求書単位で、複数の委託者の取引を一括して記載し、消費税額等の端数処理を行うことも認められます（適格Q＆A問31）。

【媒介者交付特例により各委託先の取引について1枚の適格請求書を交付する場合の記載例】

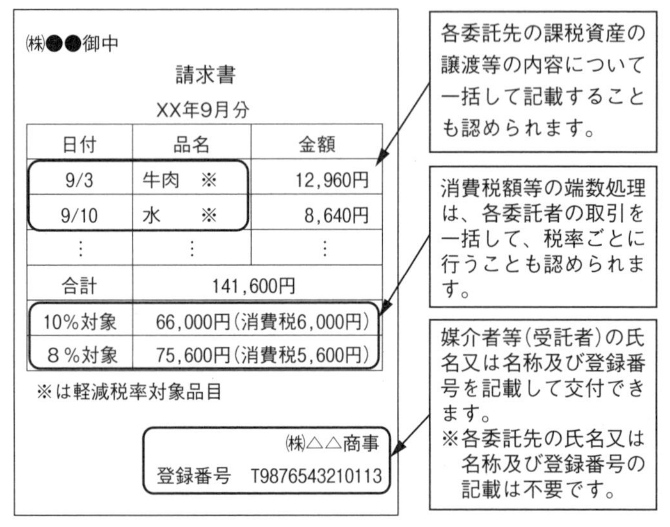
㈱●●御中

請求書

XX年9月分

日付	品名	金額
9/3	牛肉　※	12,960円
9/10	水　※	8,640円
：	：	：
合計	141,600円	
10％対象	66,000円（消費税6,000円）	
8％対象	75,600円（消費税5,600円）	

※は軽減税率対象品目

㈱△△商事
登録番号　T9876543210113

（出典：適格Q＆A問31）

⑦　複数の委託者の取引を一括して代理交付する場合

受託者（代理人）が複数の委託者（被代理人）の取引について代理して適格請求書を交付する場合は、各委託者の氏名または名称及び登録番号を記載する必要があります（適格Q＆A問31（参考））。

また、複数の委託者の取引を一括して請求書に記載して交付する場合、委託者ごとに課税資産の譲渡等の税抜価額または税込価額を記載し、消費税額等も委託者ごとに計算し、端数処理を行わなければなりません（適格Q＆A問31（参考））。

【代理交付により複数の委託者の取引を記載して交付する場合の記載例】

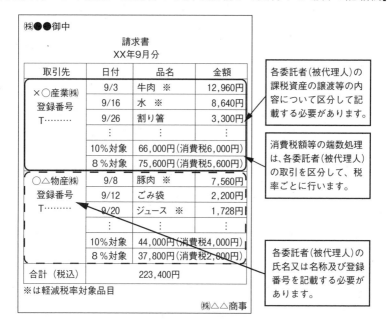

㈱●●御中

請求書
XX年9月分

取引先	日付	品名	金額
×○産業㈱ 登録番号 T………	9/3	牛肉　※	12,960円
	9/16	水　※	8,640円
	9/26	割り箸	3,300円
	⋮	⋮	⋮
	10%対象	66,000円(消費税6,000円)	
	８%対象	75,600円(消費税5,600円)	
○△物産㈱ 登録番号 T………	9/8	豚肉　※	7,560円
	9/12	ごみ袋	2,200円
	9/20	ジュース　※	1,728円
	⋮	⋮	⋮
	10%対象	44,000円(消費税4,000円)	
	８%対象	37,800円(消費税2,800円)	
合計（税込）	223,400円		

※は軽減税率対象品目

㈱△△商事

各委託者(被代理人)の課税資産の譲渡等の内容について区分して記載する必要があります。

消費税額等の端数処理は、各委託者(被代理人)の取引を区分して、税率ごとに行います。

各委託者(被代理人)の氏名又は名称及び登録番号を記載する必要があります。

（出典：適格Ｑ＆Ａ問31(参考)）

６　適格簡易請求書の交付

（１）適格簡易請求書を交付できる事業者

適格請求書発行事業者が、小売業、飲食店業、写真業、旅行業、タクシー業、駐車場業等の不特定かつ多数の者に課税資産の譲渡等を行う一定の事業を行う事業者が「適格請求書」に代えて「適格簡易請求書」を交付できます（新消法57の４②、新消令70の11、適格Ｑ＆Ａ問38)。

（２）適格簡易請求書の記載事項

適格簡易請求書は、「適格請求書」の記載事項のうち、一定の事項を省略した「適格簡易請求書」を交付することができます。

適格簡易請求書の記載事項は、適格請求書の記載事項よりも簡易なものとされており、適格請求書の記載事項と比べると、「書類の交付を受ける事業者の氏名または名称」の記載が不要である点、「税率ごとに区分した消費税額等」または「適用税率」のいずれか一方の記載で足りる点が異なります（適格Q＆A問38）。

【適格簡易請求書の記載事項】

① 適格請求書発行事業者の氏名または名称及び登録番号
② 課税資産の譲渡等を行った年月日
③ 課税資産の譲渡等に係る資産または役務の内容（課税資産の譲渡等が軽減対象資産の譲渡等である場合には、資産の内容及び軽減対象資産の譲渡等である旨）
④ 課税資産の譲渡等の税抜価額または税込価額を税率ごとに区分して合計した金額
⑤ 税率ごとに区分した消費税額等または適用税率（※）
※ 「税率ごとに区分した消費税額等」と「適用税率」を両方記載することも可能です。

【適格請求書と適格簡易請求書の記載事項の比較】

適格請求書の記載事項	適格簡易請求書の記載事項
① 適格請求書発行事業者の氏名または名称及び登録番号 ② 課税資産の譲渡等を行った年月日 ③ 課税資産の譲渡等に係る資産または役務の内容（軽減対象資産の譲渡等には、※印を付すなど）	同左
④ 税抜価額または税込価額を税率の異なるごとに区分して合計した金額及び適用税率 ⑤ 消費税額等	④ 税抜価額または税込価額を税率の異なるごとに区分して合計した金額 ⑤ 消費税額等<u>または適用税率</u>（※）
⑥ 書類の交付を受ける事業者の氏名または名称	<u>省略可能</u>

※ 消費税額等は適格請求書の場合と同じです。

（出典：適格Q＆A問38）

【適格簡易請求書の記載例（適用税率のみを記載する方法）】

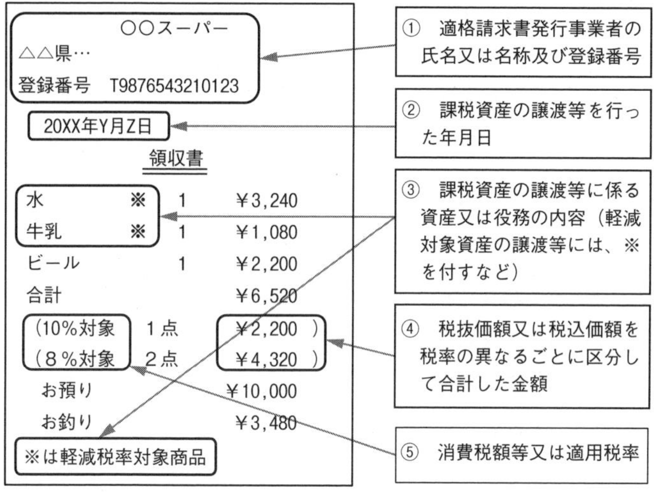

（出典：適格Q＆A問38）

【適格簡易請求書の記載例（税率ごとに区分した消費税額のみを記載する方法）】

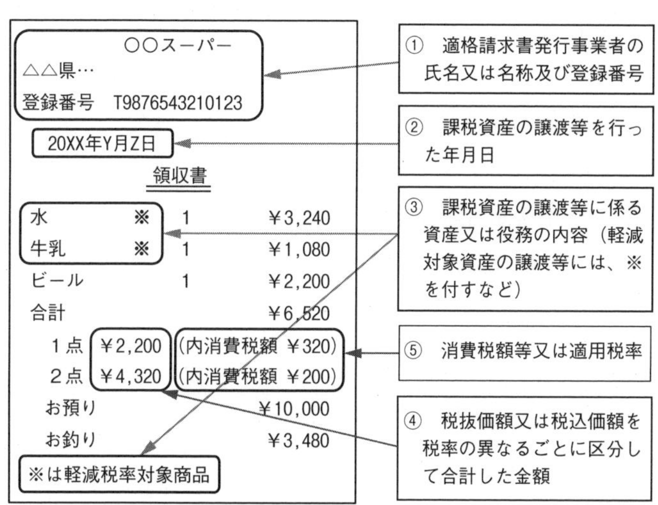

（出典：適格Q＆A問38）

なお、適格請求書等保存方式の導入前の令和元(2019)年10月１日から令和５(2023)年９月30日までの間については、上記の記載事項のうち、①の登録番号を記載しないで作成したレシートは、区分記載請求書等に該当します（適格Ｑ＆Ａ問38)。

（３）一括値引がある場合の適格簡易請求書の記載

飲食料品と飲食料品以外の資産を同時に譲渡し、割引券等の利用により、その合計額から一括して値引きを行う場合、税率ごとに区分した値引き後の課税資産の譲渡等の対価の額に対してそれぞれ消費税が課されることとなります。

そのため、適格簡易請求書であるレシート等における「課税資産の譲渡等の税抜価額または税込価額を税率ごとに区分して合計した金額」は、値引き後のものを明らかにする必要があります。

なお、税率ごとに区分された値引き前の課税資産の譲渡等の税抜価額または税込価額と税率ごとに区分された値引額がレシート等において明らかとなっている場合は、これらにより値引き後の課税資産の譲渡等の税抜価額または税込価額を税率ごとに区分して合計した金額が確認できるため、このような場合であっても、値引き後の「課税資産の譲渡等の税抜価額または税込価額を税率ごとに区分して合計した金額」が明らかにされているものとして取り扱われます。

また、レシート等に記載する「消費税額等」については、値引後の「課税資産の譲渡等の税抜価額または税込価額を税率ごとに区分して合計した金額」から計算することとなります（適格Ｑ＆Ａ問46)。

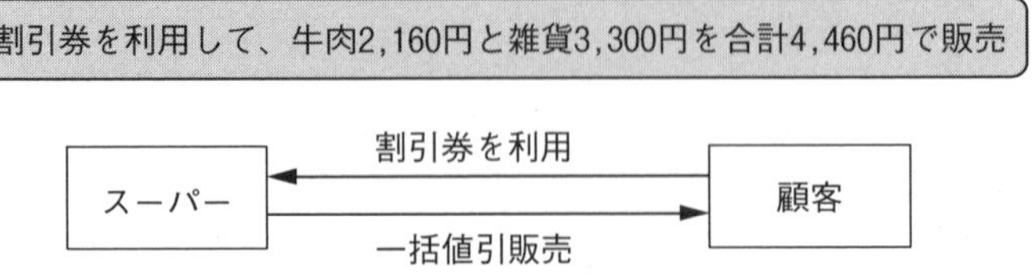

【値引き後の「税込価額を税率ごとに区分して合計した金額」を記載する方法】

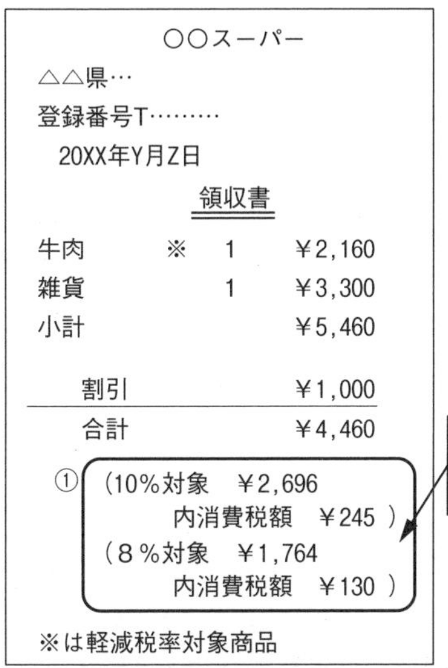
〇〇スーパー
△△県…
登録番号T………
20XX年Y月Z日
領収書

牛肉	※	1	￥2,160
雑貨		1	￥3,300
小計			￥5,460
割引			￥1,000
合計			￥4,460

①（10％対象　￥2,696
　　内消費税額　￥245 ）
（８％対象　￥1,764
　　内消費税額　￥130 ）

※は軽減税率対象商品

「消費税額等」は値引き後の税込価額から計算します。

①　値引き後の税込価額を税率ごとに区分して合計した金額
※　値引額は以下のとおり、資産の価額の比率であん分し、税率ごとに区分しています。
　　10％対象：1,000×3,300/5,460≒604
　　８％対象：1,000×2,160/5,460≒396
　また、値引き後の税込価額は次のとおり計算しています。
　　10％対象：3,300－604＝2,696
　　８％対象：2,160－396＝1,764

（出典：適格Ｑ＆Ａ問46）

【値引き前の「税抜価額または税込価額を税率ごとに区分して合計した金額」と税率ごとの値引額を記載する方法】

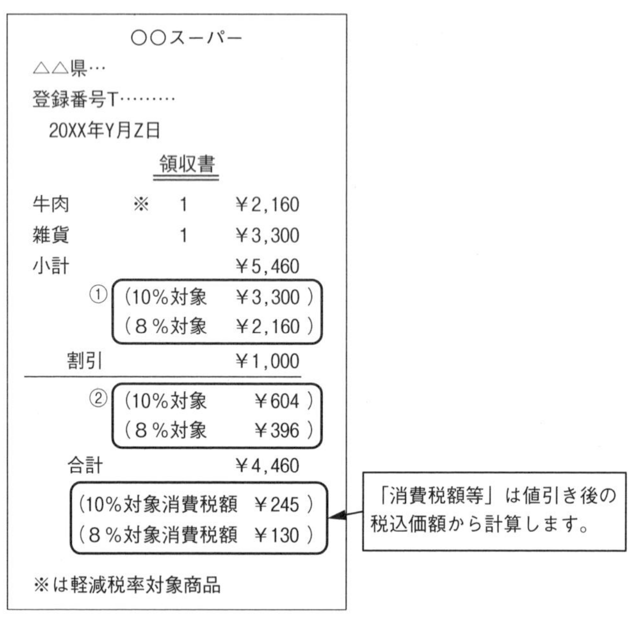

○○スーパー

△△県…

登録番号T………

20XX年Y月Z日

領収書

牛肉	※	1	¥2,160
雑貨		1	¥3,300
小計			¥5,460
①	（10%対象		¥3,300）
	（８%対象		¥2,160）
割引			¥1,000
②	（10%対象		¥604）
	（８%対象		¥396）
合計			¥4,460
	（10%対象消費税額		¥245）
	（８%対象消費税額		¥130）

※は軽減税率対象商品

①　値引き前の税込価額を税率ごとに区分して合計した金額
②　税率ごとの値引額
　※　値引額は以下のとおり、資産の価額の比率であん分し、税率ごとに区分しています。
　　10%対象：1,000×3,300/5,460≒604
　　８%対象：1,000×2,160/5,460≒396
　※　①及び②の記載がそれぞれある場合，値引き後の「税込価額を税率ごとに区分して合計した金額」の記載があるものとして取り扱われます。
　　10%対象：3,300－604＝2,696
　　８%対象：2,160－396＝1,764

（出典：適格Ｑ＆Ａ問46）

顧客が割引券等を利用したことにより、同時に行った資産の譲渡等を対象として一括して対価の額の値引きが行われており、その資産の譲渡等に係る適用税率ごとの値引額または値引き後の税抜・税込価額を税率ごとに区分して合計した金額が明らかでないときは、割引券等による値引額をその資産の譲渡等に係る価額の比率によりあん分し、適用税率ごとの値引額を区分し、値引き後の税抜・税込価額を税率ごとに区分して合計した金額を算出することとされています。

その資産の譲渡等に際して顧客へ交付する領収書等の書類により、適用税率ごとの値引額または値引き後の税抜・税込価額を税率ごとに区分して合計した金額が確認できるときは、その資産の譲渡等に係る値引額または値引き後の税抜・税込価額の合計額が、適用税率ごとに合理的に区分されているものに該当することとされています。

したがって、例えば、軽減税率の適用対象とならない課税資産の譲渡等の税抜価額または税込価額からのみ値引きしたとしても、値引額または値引き後の税抜・税込価額を税率ごとに区分して合計した金額が領収書等の書類により確認できるときは、適用税率ごとに合理的に区分されているものに該当します（適格Ｑ＆Ａ問46）。

7　適格返還請求書の交付

売上げに係る返品や値引き等があった場合には、適格請求書発行事業者は、売上げに係る対価の返還等を受ける他の事業者に対して、「適格返還請求書」を交付しなければなりません（新消法57の４③、適格Ｑ＆Ａ問39）。

【売上げに係る返品や値引き等があった場合の図解】

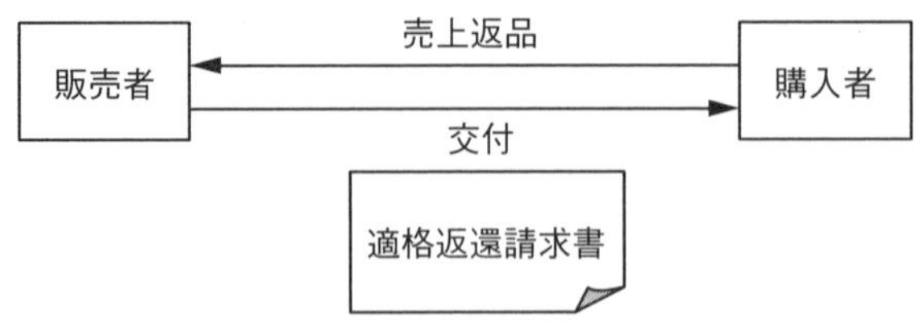

ただし、適格請求書発行事業者が行う事業の性質上、売上げに係る対価の返還等に際し適格返還請求書を交付することが困難な課税資産の譲渡等として一定のものを行う場合は、この限りではありません（新消法57の４③、新消令70の９、適格Ｑ＆Ａ問39）。

（１）適格返還請求書の記載事項

売上げに係る対価の返還等があった場合の「適格返還請求書」の記載事項は、次のとおりです（新消法57の４③）。

【適格返還請求書の記載事項】

① 適格請求書発行事業者の氏名または名称及び登録番号
② 売上げに係る対価の返還等を行う年月日及び売上げに係る対価の返還等に係る課税資産の譲渡等を行った年月日
③ 売上げに係る対価の返還等に係る課税資産の譲渡等に係る資産または役務の内容（売上げに係る対価の返還等に係る課税資産の譲渡等が軽減対象課税資産の譲渡等である場合には、資産の内容及び軽減対象課税資産の譲渡等である旨）
④ 売上げに係る対価の返還等に係る税抜価額または税込価額を税率の異なるごとに区分して合計した金額
⑤ 売上げに係る対価の返還等の金額に係る消費税額等または適用税率

【適格返還請求書の記載例】

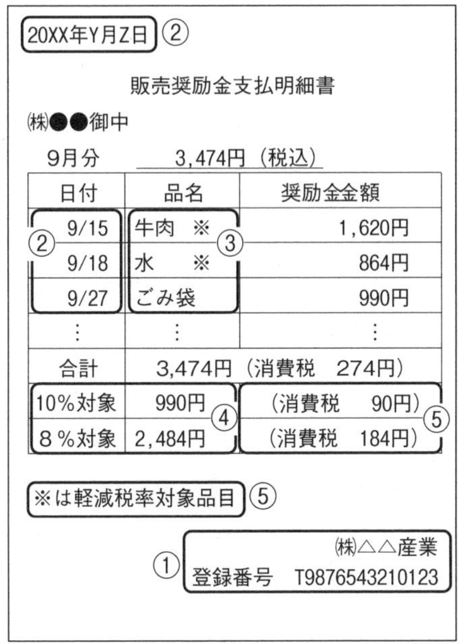

20XX年Y月Z日 ②

販売奨励金支払明細書

㈱●●御中

9月分　3,474円（税込）

日付	品名	奨励金金額
9/15	牛肉　※	1,620円
9/18	水　※	864円
9/27	ごみ袋	990円
⋮	⋮	⋮
合計	3,474円（消費税　274円）	
10%対象	990円	（消費税　90円）
８%対象	2,484円	（消費税　184円）

（日付欄に②、品名欄に③、金額欄に④、消費税欄に⑤）

※は軽減税率対象品目 ⑤

① ㈱△△産業
登録番号　T9876543210123

① 適格請求書発行事業者の氏名又は名称及び登録番号

② 売上げに係る対価の返還等を行う年月日及び当該売上げに係る対価の返還等に係る課税資産の譲渡等を行った年月日

③ 売上げに係る対価の返還等に係る課税資産の譲渡等に係る資産又は役務の内容（当該売上げに係る対価の返還等に係る課税資産の譲渡等が軽減対象課税資産の譲渡等である場合には、資産の内容及び軽減対象課税資産の譲渡等である旨）

④ 売上げに係る対価の返還等に係る税抜価額又は税込価額を税率の異なるごとに区分して合計した金額

⑤ 売上げに係る対価の返還等の金額に係る消費税額等又は適用税率

（出典：適格Ｑ＆Ａ問39）

（２）適格返還請求書における課税資産の譲渡等を行った年月日の記載

適格返還請求書の記載事項の②「売上げに係る対価の返還等を行う年月日及び売上げに係る対価の返還等に係る課税資産の譲渡等を行った年月日」は、課税期間の範囲内で一定の期間、例えば、月単位や「○月～△月分」といった記載方法も認められます（適格Ｑ＆Ａ問40）。

他方、返品等の処理を合理的な方法により継続して行っているのであれば、その返品等の処理に基づき合理的と認められる年月日を記載することも認められますので、「前月末日」や「最終販売年月日」で記載することも、そのような処理が合理的な方法として継続して行われているのであれば、認められることとなります（適格Q＆A問40）。

なお、その年月日が、適格請求書発行事業者の登録前の期間に属するものであるときは、適格返還請求書の交付義務はありません（インボイス通達３－14）。

（3）適格請求書と適格返還請求書を一の書類で交付する場合

一の事業者に対して、適格請求書及び適格返還請求書を交付する場合において、それぞれの記載事項を満たすものであれば、一の書類により交付することとすることができます（インボイス通達３－16、適格Q＆A問41）。

また、その場合の適格請求書に記載すべき「課税資産の譲渡等に係る税抜価額または税込価額を税率の異なるごとに区分して合計した金額」と適格返還請求書に記載すべき「売上げに係る対価の返還等に係る税抜価額または税込価額を税率の異なるごとに区分して合計した金額」については、継続適用を条件にこれらの金額の差額を記載することで、これらの記載があるものとして取り扱います。

この場合において、適格請求書に記載すべき消費税額等と適格返還請求書に記載すべき「売上げに係る対価の返還等の金額に係る消費税額等」についても、その差額に基づき計算した金額を記載することで、これらの記載があるものとされます（インボイス通達３－16）。

【課税資産の譲渡等の金額と対価の返還等の金額をそれぞれ記載する場合の記載例】

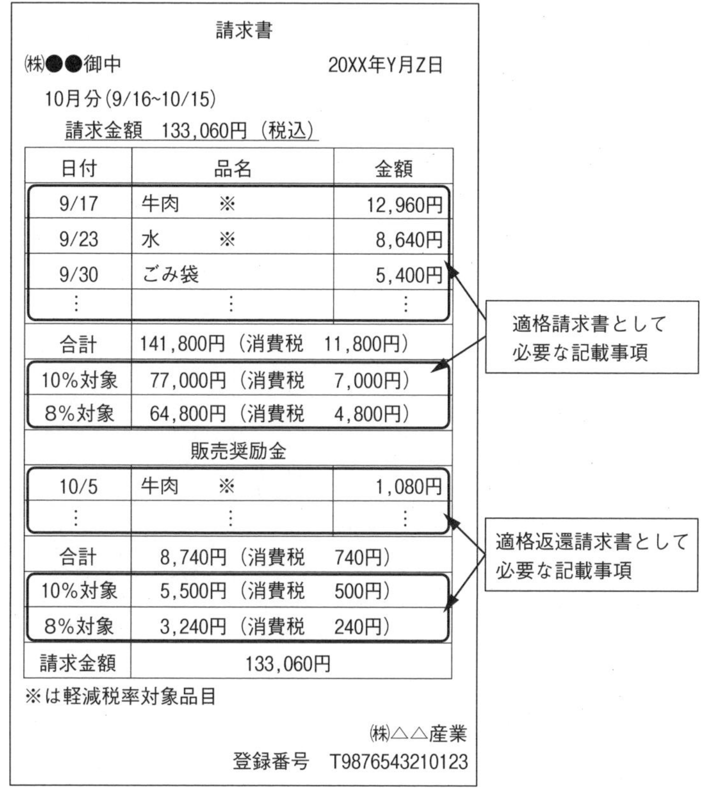

請求書

㈱●●御中　　20XX年Y月Z日

10月分(9/16~10/15)

請求金額　133,060円（税込）

日付	品名	金額
9/17	牛肉　※	12,960円
9/23	水　※	8,640円
9/30	ごみ袋	5,400円
⋮	⋮	⋮
合計	141,800円（消費税　11,800円）	
10%対象	77,000円（消費税　7,000円）	
8%対象	64,800円（消費税　4,800円）	
販売奨励金		
10/5	牛肉　※	1,080円
⋮	⋮	⋮
合計	8,740円（消費税　740円）	
10%対象	5,500円（消費税　500円）	
8%対象	3,240円（消費税　240円）	
請求金額	133,060円	

※は軽減税率対象品目

㈱△△産業

登録番号　T9876543210123

（出典：適格Ｑ＆Ａ問41）

【対価の返還等を控除した後の金額を記載する場合の記載例】

請求書

㈱●●御中　　20XX年Y月Z日

10月分（9/16～10/15）

請求金額　133,060円（税込）

日付	品名	金額
9/17	牛肉　※	12,960円
9/23	水　※	8,640円
9/30	ごみ袋	5,400円
⋮	⋮	⋮
合計	141,800円（消費税　11,800円）	
販売奨励金		
10/5	牛肉　※	1,080円
⋮	⋮	⋮
合計	8,740円（消費税　740円）	
請求金額	133,060円	
10％対象	71,500円（消費税　6,500円）	
８％対象	61,560円（消費税　4,560円）	

※は軽減税率対象品目

㈱△△産業

登録番号　T9876543210123

継続的に、
①　課税資産の譲渡等の対価の額から売上げに係る対価の返還等の金額を控除した金額
及び
②　その金額に基づき計算した消費税額等
を税率ごとに記載すれば、記載事項を満たします。

10％対象：売上げ77,000円－返還5,500円＝71,500円

８％対象：売上げ64,800円－返還3,240円＝61,560円

（出典：適格Ｑ＆Ａ問41）

（４）販売奨励金等の請求書の場合

販売促進の目的で、一定の商品を対象として、取引高に応じて、取引先に販売奨励金を支払う場合があります。

その販売奨励金の精算にあたって、取引先から交付される奨励金請求書に基づき支払い、消費税については、売上げに係る対価の返還等として処理している場合は、取引先が作成する書類である奨励金請求書に販売奨励金に関する適格返還請求書として必要な事項が記載されていれば、相手方との間で、売上げに係る対価の返還等の内容につい

て記載された書類が共有されていますので、改めて、適格返還請求書を交付する必要はありません（適格Ｑ＆Ａ問42）。

【適格返還請求書として必要な事項が記載された販売奨励金に係る請求書の記載例】

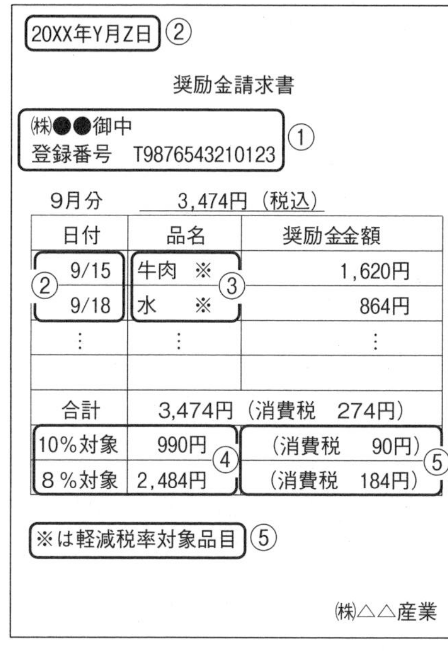

20XX年Y月Z日 ②

奨励金請求書

㈱●●御中
登録番号　T9876543210123 ①

9月分　3,474円（税込）

日付	品名	奨励金金額
9/15 ②	牛肉　※ ③	1,620円
9/18	水　※	864円
⋮	⋮	⋮
合計	3,474円（消費税　274円）	
10%対象	990円 ④	（消費税　90円）⑤
８%対象	2,484円	（消費税　184円）

※は軽減税率対象品目 ⑤

㈱△△産業

① 適格請求書発行事業者の氏名又は名称及び登録番号

② 売上げに係る対価の返還等を行う年月日及び当該売上げに係る対価の返還等に係る課税資産の譲渡等を行った年月日

③ 売上げに係る対価の返還等に係る課税資産の譲渡等に係る資産又は役務の内容（当該売上げに係る対価の返還等に係る課税資産の譲渡等が軽減対象課税資産の譲渡等である場合には、資産の内容及び軽減対象課税資産の譲渡等である旨）

④ 売上げに係る対価の返還等に係る税抜価額又は税込価額を税率の異なるごとに区分して合計した金額

⑤ 「税率ごとに区分した消費税額等」又は「適用税率」のどちらかを記載
＊両方記載することも可能

（出典：適格Ｑ＆Ａ問42）

（５）登録前に行った売上げに係る対価の返還等

適格請求書発行事業者が、適格請求書発行事業者の登録を受ける前に行った課税資産の譲渡等（事業者が免税事業者であった課税期間に行ったものを除きます。）について、登録を受けた日以後に売上げに係る対価の返還等を行う場合には、その対価の返還等についても売上げに係る対価の返還等をした場合の消費税額の控除の規定の適用はありますが、対価の返還等に関する適格返還請求書の交付義務の規定の適用はありません（新消法38①、57の4③、インボイス通達3－14）。

【登録前に行った売上げに係る対価の返還等の図解】

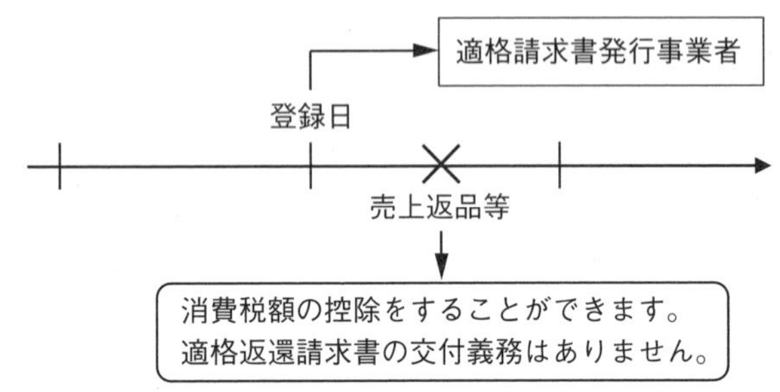

8　修正適格請求書の交付

適格請求書、適格簡易請求書または適格返還請求書を交付した適格請求書発行事業者は、これらの書類の記載事項に誤りがあった場合には、これらの書類を交付した他の事業者に対して、修正した適格請求書、適格簡易請求書または適格返還請求書を交付しなければなりません（新消法57の4④）。

なお、「修正した適格請求書、適格簡易請求書または適格返還請求書」には、当初に交付した適格請求書、適格簡易請求書または適格返還請求書との関連性を明らかにした上で、修正した事項を明示した書類等も含まれます（インボイス通達3－17）。

9　交付した適格請求書の写しの保存

適格請求書発行事業者は、その交付した適格請求書等の写し等を保存しなければなりません。ただし、この保存をしない場合の罰則等はありません。

（１）適格請求書等の写しの範囲

「交付した適格請求書の写し」とは、交付した書類そのものを複写したものに限らず、その適格請求書の記載事項が確認できる程度の記載がされているものもこれに含まれますので、例えば、適格簡易請求書に係るレジのジャーナル、複数の適格請求書の記載事項に係る一覧表や明細表などの保存があれば足りることとなります（適格Ｑ＆Ａ問51）。

（２）適格請求書の写しの保存

適格請求書、適格簡易請求書もしくは適格返還請求書を交付し、またはこれらの書類に記載すべき事項に係る電磁的記録を提供した適格請求書発行事業者は、これらの書類の写しまたは電磁的記録を保存しなければなりません（新消法57の４⑥）。

適格請求書等を交付した適格請求書発行事業者は、その適格請求書等の写しを整理し、その交付した日を経過した日から７年間、これを納税地またはその取引に係る事務所、事業所その他これらに準ずるものの所在地に保存しなければなりません（新消令70の13①、適格Ｑ＆Ａ問52）。

なお、課税期間の末日の翌日から２か月を経過した日から５年を経過した日以後は、帳簿を保存するのみで構いません（新消令70の13①）。

（３）電磁的記録によって保存する場合の要件

交付した適格請求書の写しの保存が義務付けられている書類で、自己が一貫して電子計算機を使用して作成したものについては、電子帳簿保存法に基づき、一定の要件を充たすことについて所轄税務署長の承認を受けたとき、電磁的記録による保存をもって書類の保存に代えることができます（電帳法４②）。

なお、作成したデータでの保存にあたっては、次の要件を満たす必要があります（適格Q＆A問53）。

① 適格請求書に係る電磁的記録の保存等に併せて、システム関係書類等（システム概要書、システム仕様書、操作説明書、事務処理マニュアル等）の備付けを行うこと（電帳規3①三、②）

② 適格請求書に係る電磁的記録の保存等をする場所に、その電磁的記録の電子計算機処理の用に供することができる電子計算機、プログラム、ディスプレイ及びプリンタ並びにこれらの操作説明書を備え付け、その電磁的記録をディスプレイの画面及び書面に、整然とした形式及び明瞭な状態で、速やかに出力できるようにしておくこと（電帳規3①四、②）

③ 適格請求書に係る電磁的記録について、次の要件を満たす検索機能を確保しておくこと（電帳規3①五、②）

・ 取引年月日、その他の日付を検索条件として設定できること

・ 日付に係る記録項目は、その範囲を指定して条件を設定することができること

（4）適格請求書に係る電磁的記録を提供した場合の保存方法

適格請求書発行事業者は、国内において課税資産の譲渡等を行った場合に、相手方（課税事業者に限ります。）から求められたときは適格請求書を交付しなければなりませんが、適格請求書の交付に代えて、適格請求書に係る電磁的記録を相手方に提供することができます（新消法57の4①⑤）。

その場合、適格請求書発行事業者は、提供した電磁的記録を、電磁的記録のまま又は紙に印刷して、その提供した日の属する課税期間の末日の翌日から2月を経過した日から7年間、納税地又はその取引に係る事務所、事業所その他これらに準ずるものの所在地に保存しなければなりません（新消法57の4⑥、新消令70の13①、新消規26の8、適格

Ｑ＆Ａ問54)。

また、その電磁的記録をそのまま保存しようとするときには、以下の措置を講じる必要があります（新消規26の８①、適格Ｑ＆Ａ問54)。

① 次のイ又はロのいずれかの措置を行うこと

イ 適格請求書に係る電磁的記録の提供後遅滞なくタイムスタンプを付すとともに、その電磁的記録の保存を行う者又はその者を直接監督する者に関する情報を確認することができるようにしておくこと（電帳規８①一)

ロ 電磁的記録の記録事項について正当な理由がない訂正及び削除の防止に関する事務処理の規程を定め、当該規程に沿った運用を行うこと（電帳規８①二)

② 適格請求書に係る電磁的記録の保存等に併せて、システム概要書の備付けを行うこと（電帳規３①三、８①)

③ 適格請求書に係る電磁的記録の保存等をする場所に、その電磁的記録の電子計算機処理の用に供することができる電子計算機、プログラム、ディスプレイ及びプリンタ並びにこれらの操作説明書を備え付け、その電磁的記録をディスプレイの画面及び書面に、整然とした形式及び明瞭な状態で、速やかに出力できるようにしておくこと（電帳規3①四、８①)

④ 適格請求書に係る電磁的記録について、次の要件を満たす検索機能を確保しておくこと（電帳規３①五、８①)

・ 取引年月日、その他の日付、取引金額その他の主要な項目（請求年月日、請求金額、取引先名称等）を検索条件として設定できること

・ 日付又は金額に係る記録項目については、その範囲を指定して条件を設定することができること

・ 二以上の任意の記録項目を組み合わせて条件を設定できること

他方、適格請求書に係る電磁的記録を紙に印刷して保存しようとするときには、整然とした形式及び明瞭な状態で出力する必要があります（新消規26の８②、適格Ｑ＆Ａ問54）。

10　適格請求書発行事業者でなくなった場合の取扱い

適格請求書発行事業者は、他の事業者から適格請求書の交付を求められたら適格請求書を交付しなければなりませんが、適格請求書発行事業者でなくなった場合は適格請求書が発行できなくなります。

そこで、適格請求書発行事業者でなくなった後については、次のように取り扱います。

（1）適格請求書発行事業者でなくなった場合の適格請求書等の交付

適格請求書発行事業者が適格請求書発行事業者でなくなった後は適格請求書を発行することはできませんが、適格請求書発行事業者であった課税期間において行った取引の相手方である他の事業者から当該取引に係る適格請求書の交付を求められたときは、当該他の事業者にこれを交付しなければなりません（インボイス通達３－６）。

（2）適格請求書発行事業者でなくなった場合の適格返還請求書等の交付

適格請求書発行事業者が、その登録をやめて適格請求書発行事業者でなくなった後に返品等があった場合、返還請求書等の交付が求められる場合があります。

そこで、適格請求書発行事業者が適格請求書発行事業者でなくなった後において、適格請求書発行事業者であった課税期間において行った課税資産の譲渡等につき、売上げに係る対価の返還等を行った場合には、適格返還請求書を交付しなければならないとされています（インボイス通達３－15）。

11　適格請求書類似書類等の交付の禁止

（1）適格請求書発行事業者

適格請求書発行事業者は、偽りの記載をした適格請求書または適格簡易請求書及び偽りの記載をした書類の記載事項に係る電磁的記録を、それぞれ他の者に対して交付し、または提供してはなりません（新消法57の５二、三）。

（2）適格請求書発行事業者以外の者

適格請求書発行事業者以外の者は、適格請求書発行事業者が作成した適格請求書または適格簡易請求書であると誤認されるおそれのある表示をした書類及びその書類の記載事項に係る電磁的記録を、他の者に対して交付し、または提供してはなりません（新消法57の５一、三）。

（3）罰則

上記の（1）または（2）に違反して適格請求書類似書類等を交付等した者は、１年以下の懲役または50万円以下の罰金に処されます（新消法65四）。

（4）質問検査権

国税庁等の当該職員は、消費税に関する調査について必要があるときは、適格請求書類似書類等の交付の禁止に掲げる書類を他の者に交付したと認められる者または電磁的記録を他の者に提供したと認められる者に質問し、その者の事業に関する帳簿書類その他の物件を検査し、または当該物件（その写しを含みます。）の提示もしくは提出を求めることができます（国税通則法74の２①三ロ）。

12　適格請求書等保存方式における税額計算

軽減税率制度の実施後は、軽減税率が適用されるものと標準税率が適用されるものと区分しなければなりません。そこで、売上げと仕入れを税率ごとに区分して税額計算を行う必要があります。

なお、売上税額から仕入税額を控除するという消費税額の計算構造は、適格請求書等保存方式においても基本的に現行と同様です。

具体的な売上税額と仕入税額の計算方法は、次のとおりとなります（適格Ｑ＆Ａ問76）。

（1）売上税額の計算

売上げに係る税額は、原則として、割戻し計算によって算出します。ただし、適格請求書発行事業者が交付した適格請求書又は適格簡易請求書の写しを保存している場合や電磁的記録を保存している場合には、積上げ計算によることができます（新消法45⑤、適格Ｑ＆Ａ問77）。

【売上げに係る税額の計算方法】

原則	割戻し計算	税率の異なるごとに区分した標準税率である金額の合計額にそれぞれ税率を乗じて計算する方法（新消法45）
特例	積上げ計算	交付・保存した適格請求書等に記載した消費税額等を積み上げて計算する方法（新消法45⑤、新消令62）

売上税額の計算は、取引先ごとに割戻し計算と積上げ計算を分けて適用するなど、併用することも認められますが、併用した場合であっても売上税額の計算については積上げ計算を適用した場合に当たりますので、仕入税額の計算方法に割戻し計算を適用することはできません（インボイス通達３－13、適格Ｑ＆Ａ問77）。

① 原則（割戻し計算）

税率ごとに区分した課税期間中の課税資産の譲渡等の税込価額の合計額に、軽減税率に係る課税売上げ（税込み）には100/108を、標準税率に係る課税売上げ（税込み）には100/110を掛けて税率ごとの課税標準額を算出し、軽減税率に係る課税標準額には6.24％を、標準税率に係る課税標準額には7.8％をそれぞれ掛けて売上税額を算出します（新消法45、適格Ｑ＆Ａ問76）。

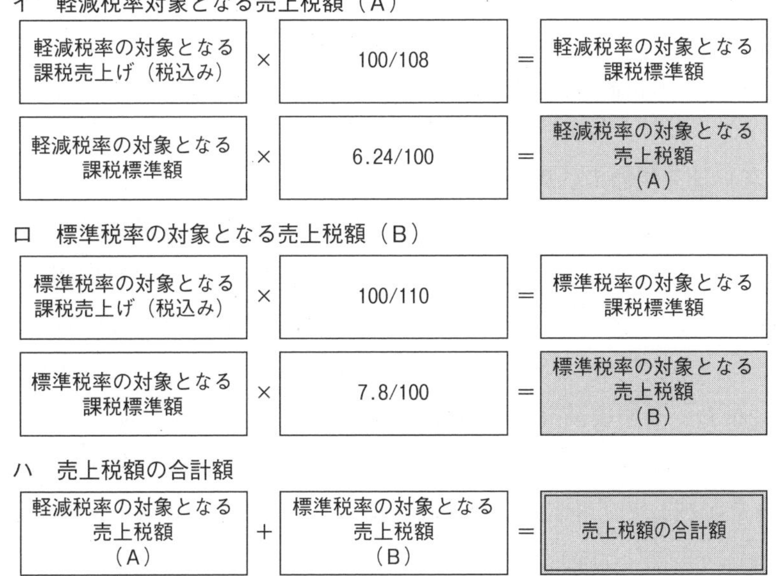

② 特例（積上げ計算）

相手方に交付した適格請求書等の写しを保存している場合（適格請求書等に係る電磁的記録を保存している場合を含みます。）には、これらの書類に記載した消費税額等の合計額に78/100を掛けて算出した金額を売上税額とすることができます（新消法45⑤、新消令62①、適格Ｑ＆Ａ問76）。

適格請求書等に記載した消費税額等の合計額	×	78/100	＝	売上税額の合計額

なお、売上税額を積上げ計算した場合、仕入税額も積上げ計算で行わなければなりません。

また、適格請求書等を交付しようとしたものの顧客が受け取らなかったため、物理的な「交付」ができなかったような場合や交付を求められたとき以外レシートを出力していない場合であっても、適格請求書発行事業者においては、当該適格請求書等の写しを保存しておけば、「交付した適格請求書等の写しの保存」があるものとして、売上税額の積上げ計算を行うことができます（適格Q＆A問78）。

（2）仕入税額の計算

課税仕入れに係る消費税額は、原則として、積上げ計算によって計算します（新消法30①）。ただし、売上げに係る税額の計算につき、「割戻し計算」で行っている場合には、課税仕入れに係る消費税額の計算についても「割戻し計算」で行うことができます（適格Q＆A問76）。

なお、適格簡易請求書の記載事項の要件は、「適用税率」または「税率ごとに区分した消費税額等」となっているため、「適用税率」のみを記載して交付する場合には、税率ごとの消費税額等の記載が適格簡易請求書にはないため、積上げ計算を行うことはできません（適格Q＆A問77）。

【仕入れに係る税額の計算方法】

原則	積上げ計算	適格請求書等に記載された消費税額等を積み上げて計算する方法（新消法30①、新消令46①）
特例	割戻し計算	税率の異なるごとに区分した課税仕入れに係る対価の額の合計額にそれぞれ税率を乗じて計算する方法（新消法30①、新消令46③）

仕入税額の計算に当たり、請求書等積上げ計算と帳簿積上げ計算を併用することも認められます（インボイス通達４－３、適格Ｑ＆Ａ問79）。

なお、これらの方法と割戻し計算を併用することは認められません（インボイス通達４－３、適格Ｑ＆Ａ問79）。

①　原則（積上げ計算）

相手方から交付を受けた適格請求書などの請求書等（提供を受けた電磁的記録を含みます。）に記載されている消費税額等のうち、その課税期間に係る課税仕入れについて、その課税仕入れの都度、課税仕入れに係る支払対価の額に10/110（その課税仕入れが他の者から受けた軽減対象課税資産の譲渡等に係るものである場合には、8/108）を乗じて算出した金額（１円未満の端数が生じたときは、端数を切捨てまたは四捨五入した後の金額）を帳簿に記載している場合には、その金額を合計した金額に78/100を乗じて算出した金額を、課税仕入れに係る消費税額とすることができます（新消法30①、新消令46①②、適格Ｑ＆Ａ問76）。

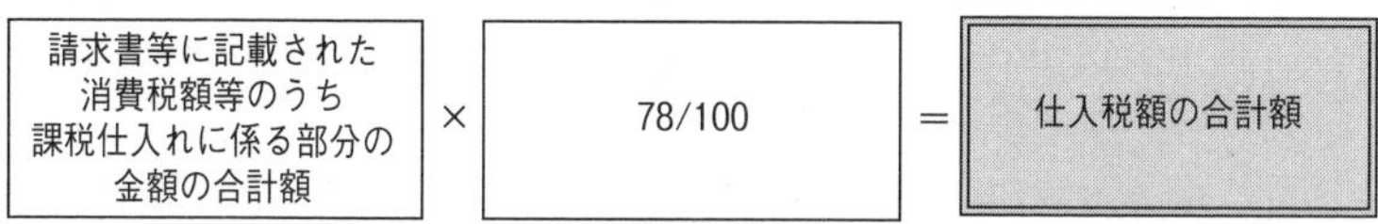

なお、「その課税仕入れの都度、……金額を帳簿に記載している場合」には、例えば、課税仕入れに係る適格請求書の交付を受けた際に、適格請求書を単位として帳簿に記載している場合のほか、課税期間の範囲内で一定の期間内に行った課税仕入れにつき、まとめて交付を受けた適格請求書を単位として帳簿に記載している場合がこれに含まれます（インボイス通達４－４、適格Ｑ＆Ａ問79）。

② 特例（割戻し計算）

税率ごとに区分した課税期間中の課税仕入れに係る支払対価の額の合計額に、軽減税率の対象となる課税仕入れ（税込み）には6.24/108を、標準税率の対象となる課税仕入れ（税込み）には7.8/110をそれぞれ掛けて算出した金額を仕入税額とすることができます（新消令46③、適格Q＆A問76）。

なお、割戻し計算により仕入税額を計算できるのは、売上税額を割戻し計算している場合に限られます。

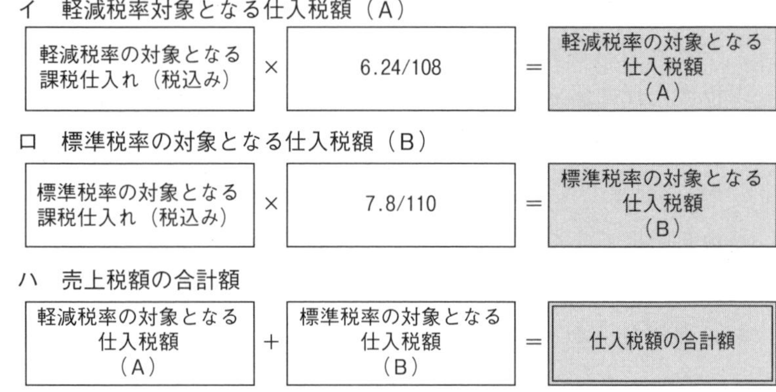

（3）適用可能な組み合わせ

売上税額の計算と仕入税額の計算方法で、それぞれ適用可能な組み合わせをまとめると、次のとおりです（適格Q＆A問76）。

売上げに係る税額	仕入れに係る税額	適用可否
原則：割戻し計算	原則：積上げ計算	○
原則：割戻し計算	特例：割戻し計算	○
特例：積上げ計算	原則：積上げ計算	○
特例：積上げ計算	特例：割戻し計算	×

（４）仕入税額の積上げ計算の具体例

適格請求書等に記載された消費税額等を基礎として、仕入税額を積み上げて計算する場合には、次の区分に応じた金額を基礎として仕入税額を計算します（新消令46①、適格Q＆A問80）。

① 交付を受けた適格請求書（※）に記載された消費税額等のうち課税仕入れに係る部分の金額

② 交付を受けた適格簡易請求書（※）に記載された消費税額等のうち課税仕入れに係る部分の金額（適格簡易請求書に適用税率のみの記載があり、消費税額等が記載されていない場合は、適格請求書に消費税額等を記載する際の計算方法と同様の方法により計算した金額のうち課税仕入れに係る部分の金額）

③ 仕入明細書（※）に記載された消費税額等のうち課税仕入れに係る部分の金額

④ 卸売市場において、委託を受けて卸売の業務として行われる生鮮食料品等の譲渡及び農業協同組合等が委託を受けて行う農林水産物の譲渡について、受託者から交付を受けた書類（※）に記載された消費税額等のうち課税仕入れに係る部分の金額

⑤ 公共交通機関の場合等、帳簿のみの保存で仕入税額控除が認められる場合については、課税仕入れに係る支払対価の額に10/110（軽減税率の対象となる場合は８/108）を掛けて算出した金額（１円未満の端数が生じたときは、端数を切捨てまたは四捨五入します。）

（※）電磁的記録により提供されたものも含みます。

（５）簡易課税制度を選択した場合

適格請求書等保存方式の下でも、基準期間における課税売上高が5,000万円以下の課税事業者である中小事業者については、簡易課税制度の適用があります（新消法37）。

なお、簡易課税制度の内容については、区分記載請求書等保存方式

の下でのものと同様となっています。

13　仕入税額控除の要件

適格請求書等保存方式の下においても、仕入税額控除の適用要件は、帳簿の記載及び適格請求書等の保存です（新消法30⑦、適格Ｑ＆Ａ問55）。

ただし、災害その他やむを得ない事情により、保存することができなかったことを事業者が証明した場合には、仕入税額控除が認められます（新消法30⑦ただし書）。

（1）帳簿の記載事項

適格請求書等保存方式における保存すべき帳簿の記載事項は次のとおりです（新消法30⑧）。なお、記載事項については、区分記載請求書等保存方式における帳簿の記載事項と同じです。

【帳簿の記載事項（新消法30⑧一）】

①　課税仕入れの相手方の氏名または名称
②　課税仕入れを行った年月日
③　課税仕入れに係る資産または役務の内容（課税仕入れが他の者から受けた軽減対象資産の譲渡等に係るものである場合には、資産の内容及び軽減対象資産の譲渡等に係るものである旨）
④　課税仕入れに係る支払対価の額

課税仕入れの相手方の氏名または名称には、適格請求書の場合の記載事項と異なり、登録番号の記載は不要です（新消法30⑧）。

また、課税仕入れが軽減対象資産に係るものである場合には、その旨を帳簿に記載しなければなりません（新消法30⑧）。この記載は、「軽減」と省略して記載することや事業者が定めた記号を付す方法によることもできます。

　したがって、帳簿における税区分を「軽減対象資産の譲渡等」としていれば、この要件を満たすことになります。

（２）保存すべき請求書等

　保存すべき適格請求書等とは、次に掲げる書類及び電磁的記録等のことをいいます（新消法30⑨、新消令70の12）。

【保存すべき請求書等の範囲】

① 適格請求書または適格簡易請求書
② 適格請求書または適格簡易請求書に代えて提供する電磁的記録
③ 仕入明細書、仕入計算書その他これらに類する書類で課税仕入れの相手方の氏名または名称その他一定の事項が記載されているもの（その書類に記載されている事項につき、課税仕入れの相手方の確認を受けたものに限る。）
④ 事業者がその行った課税仕入れ（卸売市場においてせり売または入札の方法により行われるものその他の媒介または取次ぎに係る業務を行う者を介して行われる課税仕入れとして一定のものに限る。）につきその媒介または取次ぎに係る業務を行う者から交付を受ける請求書、納品書その他これらに類する書類で一定の事項が記載されているもの
⑤ 課税貨物を保税地域から引き取る事業者が税関長から交付を受ける課税貨物の輸入の許可があったことを証する書類その他一定の書類で一定の事項が記載されているもの

（３）記載事項の省略表記等

　帳簿及び請求書等の保存への記載事項のうち、次のものは、取引先コード、商品コード等の記号、番号等による表示が認められます（インボイス通達４－５）。

ただし、表示される記号、番号等により、記載事項である「課税仕入れに係る資産または役務の内容」、「特定課税仕入れの内容」及び「課税資産の譲渡等に係る資産または役務の内容」について、その仕入れまたは資産の譲渡等が課税仕入れまたは課税資産の譲渡等かどうか、また、当該資産の譲渡等が課税資産の譲渡等である場合においては、軽減対象課税資産の譲渡等かどうかの判別が明らかとなるものであって、①に掲げる記載事項を除き、取引の相手方との間で、表示される記号、番号等の内容が明らかであるものに限られます（インボイス通達４－５）。

① 帳簿については、「課税仕入れの相手方の氏名または名称」、「特定課税仕入れの相手方の氏名または名称」、「課税仕入れに係る資産または役務の内容」及び「特定課税仕入れの内容」（新消法30⑧）

② 仕入明細書等については、「書類の作成者の氏名または名称」、「課税仕入れの相手方の氏名または名称及び登録番号」(※) 及び「課税仕入れに係る資産または役務の内容」（新消法30⑨三、新消令49④）

③ 卸売市場においてせり売または入札の方法により行われるものその他の媒介または取次ぎに係る業務を行う者については、「書類の作成者の氏名または名称及び登録番号」(※)、「課税資産の譲渡等に係る資産の内容」及び「書類の交付を受ける事業者の氏名または名称」（新消法30⑨四、新消令49⑥）

(※)「課税仕入れの相手方の氏名または名称及び登録番号」または「書類の作成者の氏名または名称及び登録番号」について、取引先コード等の記号、番号等で表示する場合においては、当該記号、番号等により、登録の効力の発生時期に関する変更等の履歴が明らかとなる措置を講じておく必要があります。

（４）立替金がある場合

課税仕入れに係る支払対価の額につき、例えば、複数の事業者が一の事務所を借り受け、複数の事業者が支払うべき賃料を一の事業者が立替払を行った場合のように、その課税仕入れに係る適格請求書（以下「立替払に係る適格請求書」といいます。）が一の事業者のみに交付され、一の事業者以外の各事業者がその課税仕入れに係る適格請求書の交付を受けることができない場合があります。

この場合には、一の事業者から立替払に係る適格請求書の写しの交付を受けるとともに、各事業者の課税仕入れに係る仕入税額控除に必要な事項が記載された明細書等（以下「明細書等」といいます。）の交付を受け、これらを併せて保存することにより、各事業者の課税仕入れに係る適格請求書の保存があるものとして取り扱います（インボイス通達４－２、適格Ｑ＆Ａ問64）。

【立替払の場合の具体例】

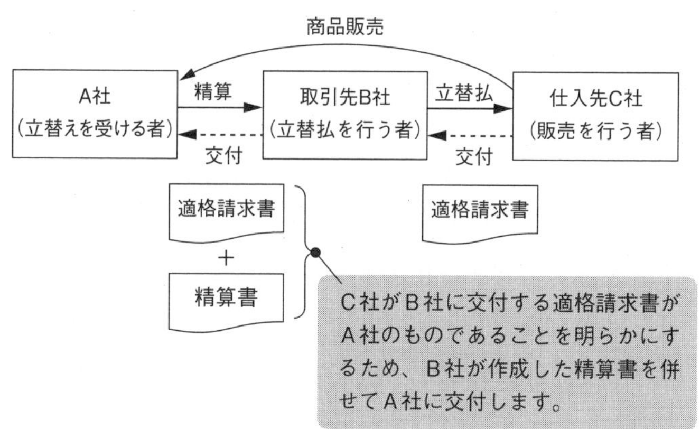

（出典：適格Ｑ＆Ａ問64）

なお、一の事業者が、多数の事業者の課税仕入れに係る支払対価の額につき一括して立替払を行ったことにより、一の事業者において立替払に係る適格請求書の写しの作成が大量となり、その写しを交付することが困難であることを理由に、一の事業者が立替払に係る適格請求書を保存し、かつ、一の事業者以外の各事業者の課税仕入れが適格請求書発行事業者から受けたものかどうかを各事業者が確認できるための措置を講じた上で、明細書等のみを交付した場合には、各事業者が交付を受けた明細書等を保存することにより、各事業者の課税仕入れに係る適格請求書の保存があるものとします（インボイス通達４－２、適格Ｑ＆Ａ問64）。

この場合において、各事業者の課税仕入れが適格請求書発行事業者から受けたものかどうかを当事者間で確認できるための措置としては、例えば、明細書等に各事業者の課税仕入れに係る相手方の氏名または名称及び登録番号を記載する方法のほか、これらの事項について各事業者へ別途書面等により通知する方法または立替払に関する基本契約書等で明らかにする方法があります（インボイス通達４－２（注）２、適格Ｑ＆Ａ問64）。

（５）口座振替により支払う場合の請求書等の保存

口座振替により継続的に家賃等を支払う場合、適格請求書の記載事項の一部が記載された契約書とともに、銀行が発行した振込金受取書を保存することにより、請求書等の保存があるものとして、仕入税額控除の要件を満たすこととなります（インボイス通達３－１、適格Ｑ＆Ａ問65）。

なお、このように取引の都度、請求書等が交付されない取引について、取引の中途で貸主が適格請求書発行事業者でなくなる場合も想定されます。そのため、適格請求書発行事業者でなくなった旨の連絡が借主にない場合には、借主はその事実を把握することは困難となります。そこで、国税庁のホームページで相手方が適格請求書発行事業者か否かを確認することができます（適格Ｑ＆Ａ問65）。

（６）見積額が記載された適格請求書の保存等

水道光熱費等のように，課税期間の末日までにその支払対価の額が確定せず、見積額で仕入税額控除を行う場合の取扱いについては、以下のとおりとなります（適格Ｑ＆Ａ問66)。

なお、以下①②のいずれの場合も、その後確定した対価の額が見積額と異なるときは、その差額を、その確定した日の属する課税期間における課税仕入れに係る支払対価の額に加算し、又は当該課税仕入れに係る支払対価の額から控除することとなります。

①　見積額が記載された適格請求書の交付を受ける場合

取引の相手方から見積額が記載された適格請求書の交付を受ける場合、これを保存することで見積額による仕入税額控除が認められます（※１）。

その後、確定額が見積額と異なる場合には、確定額が記載された適格請求書（対価の額を修正した適格請求書）の交付を受けた上で、これを保存する必要があります。

②　見積額が記載された適格請求書の交付を受けられない場合

見積額が記載された適格請求書の交付を受けられない場合であっても、電気・ガス・水道水の供給のような適格請求書発行事業者から継続して行われる取引（※２）については、見積額が記載された適格請求書や仕入明細書の保存がなくとも、その後、金額が確定したときに交付される適格請求書を保存することを条件として、課税仕入れを行う事業者が課税期間の末日の現況により適正に見積もった金額で、仕入税額控除を行うこととして差し支えありません。

（※１）見積額を記載した仕入明細書を自ら作成し、相手方の確認を受けた場合は、これを保存することで見積額による仕入税額控除が認められます。確定額が見積額と異なる場合の取扱いは、上記と同様です。

（※２）このほか、例えば、機械等の保守点検、弁護士の顧問契約のように契約等に基づき継続的に課税資産の譲渡等が行われ、金額が確定した際に適格請求書の交付を受ける蓋然性の高い取引がこれに該当します。

（７）帳簿のみの保存によって仕入税額控除が認められる場合

事業者が、請求書等の交付を受けることが困難である場合、特定課税仕入れに係るものである場合その他の一定の場合における課税仕入れ等の税額については、帳簿のみを保存すれば仕入税額控除が認められます（新消法30⑦）。

①　認められる場合

次に掲げる課税仕入れについては、適格請求書等の保存を不要とする取扱いが設けられています（新消法30⑦）。これらの取引については、請求書等の保存は必要なく、所定の事項が記載された帳簿のみの保存によって仕入税額控除が認められます（新消法30⑦、新消令49①、70の９②、適格Ｑ＆Ａ問68）。

【適格請求書等の保存を要しない取引】

①　公共交通機関による旅客の運送として行われるもの（３万円未満）
②　適格簡易請求書の要件を満たす入場券等が使用の際に回収されるもの
③　古物営業を営む者が適格請求書発行事業者でない者から買い受けるもの
④　質屋を営む者が適格請求書発行事業者でない者から買い受けるもの
⑤　宅地建物取引行を営む者が適格請求書発行事業者でない者から買い受けるもの

⑥　適格請求書発行事業者でない者から再生資源または再生部品を買い受けるもの
⑦　自動販売機からのもの（３万円未満）
⑧　その他適格請求書等の交付を受けることが困難な一定のもの

【適格請求書等の保存を要しない取引の具体的な取扱い】

	帳簿の保存のみで認められる具体例
公共交通機関の場合 （適格Ｑ＆Ａ問69）	公共交通機関である鉄道事業者から、取引年月日を除いた適格簡易請求書の記載事項を記載した乗車券の交付を受け、その乗車券が回収される場合（新消令49①一ロ）は、帳簿の保存のみで仕入税額控除が認められます。
古物商等の古物の買取り等の場合 （適格Ｑ＆Ａ問70）	古物商が、適格請求書発行事業者以外の者から古物（古物商が事業として販売する棚卸資産に該当するものに限ります。）を買い受けた場合、帳簿の保存のみで仕入税額控除が認められます（新消法30⑦、新消令49①一ハ、消規15の３、インボイス通達４－８）。例えば、消費者から中古車の仕入れを行った場合が該当します。 古物商が適格請求書発行事業者以外の者から古物を買い取る場合のほか、適格請求書発行事業者以外の者から仕入れを行う場合に、請求書等の交付を受けることが困難な場合も帳簿の保存のみで仕入税額控除が認められます（新消令49①一ハ⑵～⑷）。 ①　質屋が、適格請求書発行事業者以外の者から販売用の質物を取得する場合 ②　宅地建物取引業者が、適格請求書発行事業者以外の者から販売用の建物を購入する場合 ③　再生資源卸売業その他不特定かつ多数の者から再生資源及び再生部品を購入する事業を営む

	事業者が、適格請求書発行事業者以外の者から販売用の再生資源及び再生部品を購入する場合
出張旅費、宿泊費、日当等 （適格Q＆A問71）	社員に支給する出張旅費、宿泊費、日当等のうち、その旅行に通常必要であると認められる部分の金額については、帳簿の保存のみで仕入税額控除が認められます（消基通11－２－１、新消法30⑦、新消令49①一ニ、新消規15の４二、インボイス通達４－９）。 「その旅行に通常必要であると認められる部分」については、所基通９－３に基づき判定し、所得税が非課税となる範囲内です。
通勤手当 （適格Q＆A問72）	従業員等で通勤する者に支給する通勤手当のうち、通勤に通常必要と認められる部分の金額については、帳簿の保存のみで仕入税額控除が認められます（消基通11－２－２、新消法30⑦、新消令49①一ニ、新消規15の４三、インボイス通達４－10）。 「通勤者につき通常必要と認められる部分」については、通勤に通常必要と認められるものであればよく、所令20条の２において規定される非課税とされる通勤手当の金額を超えているかどうかは問いません。

②　帳簿への記載事項

請求書等の交付を受けることが困難であるなどの理由により、次の取引については、一定の事項を記載した帳簿の保存のみで仕入税額控除が認められます（新消法30⑦、新消令49①、新消規15の４、適格Q＆A問74）。

① 適格請求書の交付義務が免除される３万円未満の公共交通機関による旅客の運送
② 適格簡易請求書の記載事項（取引年月日を除きます。）が記載されている入場券等が使用の際に回収される取引
③ 古物営業を営む者の適格請求書発行事業者でない者からの古物の購入
④ 質屋を営む者の適格請求書発行事業者でない者からの質物の取得
⑤ 宅地建物取引業を営む者の適格請求書発行事業者でない者からの建物の購入
⑥ 適格請求書発行事業者でない者からの再生資源又は再生部品の購入
⑦ 適格請求書の交付義務が免除される３万円未満の自動販売機及び自動サービス機からの商品の購入等
⑧ 適格請求書の交付義務が免除される郵便切手類のみを対価とする郵便・貨物サービス（郵便ポストにより差し出されたものに限ります。）
⑨ 従業員等に支給する通常必要と認められる出張旅費等（出張旅費、宿泊費、日当及び通勤手当）

なお、帳簿のみの保存によって仕入税額控除が認められる場合の帳簿への記載事項は、通常必要な記載事項に加えて、次の事項の記載が必要になります（新消令49①一、適格Ｑ＆Ａ問74）。

イ　帳簿のみの保存で仕入税額控除が認められるいずれかの仕入れに該当する旨

ロ　仕入れの相手方の住所または所在地

ただし、次に掲げる者の場合には、帳簿に仕入れの相手方の住所または所在地の記載は不要とされています（インボイス通達４−7、適格Ｑ＆Ａ問74）。

(イ)　適格請求書の交付義務が免除される３万円未満の公共交通機

関（船舶、バスまたは鉄道）による旅客の運送について、その運送を行った者

(ロ) 適格請求書の交付義務が免除される郵便役務の提供について、その郵便役務の提供を行った者

(ハ) 課税仕入れに該当する出張旅費等（出張旅費、宿泊費、日当及び通勤手当）を支払った場合の出張旅費等を受領した使用人等

(ニ) 上記表の③から⑥に係る課税仕入れ（③から⑤までに掲げる資産に係る課税仕入れについては、古物営業法、質屋営業法または宅地建物取引業法により、これらの業務に関する帳簿等へ相手方の氏名及び住所を記載することとされているもの以外のものに限り、⑥に掲げる資産に係る課税仕入れについては、事業者以外の者から受けるものに限ります。）を行った場合の課税仕入れの相手方

（8）3万円未満の取引に係る規定の削除

区分記載請求書等保存方式の下でも、例外として、3万円未満の取引に係る仕入税額控除については認められていました（旧消法30⑦、旧消令49①一）が、適格請求書等保存方式の下では、3万円未満の取引に係る規定が削除され、仕入税額控除は認められなくなります（新消法30⑦、新消令49①一）。

（9）保存期間

適格請求書発行事業者には、交付した適格請求書の写し及び提供した適格請求書に係る電磁的記録の保存義務があります（新消法57の4⑥）。

この適格請求書の写しや電磁的記録については、交付した日または提供した日の属する課税期間の末日の翌日から2か月を経過した日か

ら７年間、納税地またはその取引に係る事務所、事業所その他これらに準ずるものの所在地に保存しなければなりません（新消令70の13①、適格Ｑ＆Ａ問52）。

なお、仕入税額控除の要件として保存すべき請求書等についても、同様です（新消令50①）。

(10) 電磁的記録による保存

適格請求書に係る電磁的記録による提供を受けた場合であっても、電磁的記録を整然とした形式及び明瞭な状態で出力した書面を保存することで、請求書等の保存要件を満たします（新消規15の５②）。

その場合、提供を受けた電磁的記録を、電子計算機を使用して作成する国税関係帳簿書類の保存方法等の特例に関する法律施行規則８条１項に規定する要件に準ずる要件に従って保存する必要はありません。

したがって、提供を受けた請求書データを整然とした形式及び明瞭な状態で出力することにより作成した書面を保存することで、仕入税額控除のための請求書等の保存要件を満たすことができます（適格Ｑ＆Ａ問56）。

(11) 仕入明細書に係る電磁的記録による保存

仕入税額控除の要件として保存が必要な請求書等には、適格請求書の記載事項に係る電磁的記録も含まれます（新消令49⑦）ので、適格請求書の記載事項を記録した電磁的記録を保存することで、仕入税額控除のための請求書等の保存要件を満たします。

なお、仕入明細書等の電磁的記録の保存方法は、提供を受けた適格請求書に係る電磁的記録の保存方法と同様となります（新消令50①、新消規15の５、適格Ｑ＆Ａ問58）。

14　免税事業者からの仕入れに係る取扱い

（1）原則的取扱い

原則として、仕入税額控除の規定は、事業者がその課税期間の課税仕入れ等の税額の控除に係る帳簿及び請求書等を保存しない場合には、その保存がない課税仕入れ、特定課税仕入れまたは課税貨物に係る課税仕入れ等の税額については、適用されません（新消法30⑦）。

なお、請求書等の交付を受けることが困難である場合、特定課税仕入れに係るものである場合その他の一定の場合におけるその課税仕入れ等の税額については、帳簿を保存しない場合には、仕入税額控除ができません（新消法30⑦かっこ書）。

すなわち、登録を受けていない課税事業者や免税事業者、消費者は、適格請求書発行事業者以外の者ですから、適格請求書等を発行することはできません。適格請求書等保存方式においては、仕入税額控除の要件は、適格請求書等の保存ですから、適格請求書発行事業者以外の者からの仕入れについては、原則として、仕入税額控除は認められないということです。

ただし、災害その他やむを得ない事情により、保存をすることができなかったことを事業者が証明した場合は、この限りではありません（新消法30⑦ただし書）。

【免税事業者等からの仕入れの取扱い】

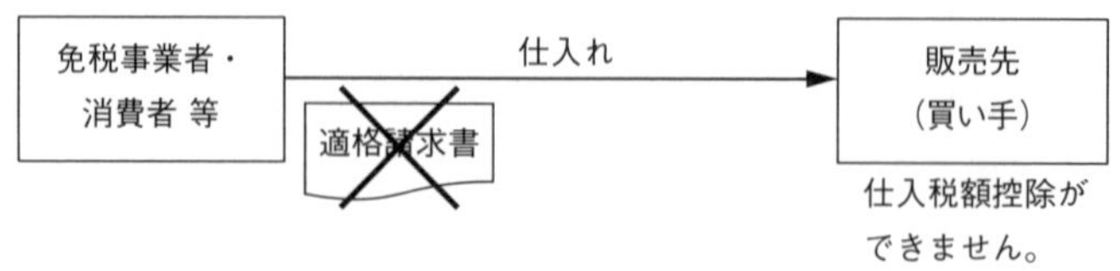

（2）経過措置

適格請求書等保存方式が実施された後も、次の期間については、免税事業者や消費者からの課税仕入れについて、区分記載請求書等と同様の事項が記載された請求書等及び帳簿を適格請求書等とみなし、それらを保存している場合には、以下のとおり仕入税額相当額の一定割合を仕入税額として控除できます（平成28年改正法附則52①②、53①②、適格Q＆A問75）。

期　間	割　合
令和５(2023)年10月１日 ～令和８(2026)年９月30日	仕入税額相当額×80％
令和５(2026)年10月１日 ～令和11(2029)年９月30日	仕入税額相当額×50％

この経過措置を適用するためには、区分記載請求書等保存方式の下での帳簿及び請求書に以下の事項を記載する必要があります（平成28年改正法附則52、53、適格Q＆A問75）。その記載に際しては、経過措置の適用を受ける課税仕入れと分かるように「80％控除対象」等とします（適格Q＆A問75）。

なお、交付を受けた事業者が、その書類に係る取引の事実に基づき「その記載事項のうち、課税資産の譲渡等が軽減対象課税資産の譲渡等である旨」または税率ごとに合計した課税資産の譲渡等の対価の額（税込価額）に掲げる記載事項に係る追記をした書類を含みます（平成28年改正法附則52③、53③）。

【区分記載請求書等保存方式と経過措置を受ける場合の比較】

	区分記載請求書等保存方式	経過措置を受ける場合の記載
帳簿	①　課税仕入れの相手方の氏名または名称 ②　課税仕入れを行った年月日 ③　課税仕入れに係る資産または役務の内容（課税仕入れが他の者から受けた軽減対象資産の譲渡等に係るものである場合には、資産の内容及び軽減対象資産の譲渡等に係るものである旨） ④　課税仕入れに係る支払対価の額	①　課税仕入れの相手方の氏名または名称 ②　課税仕入れを行った年月日 ③　課税仕入れに係る資産または役務の内容（課税仕入れが他の者から受けた軽減対象資産の譲渡等に係るものである場合には、資産の内容及び軽減対象資産の譲渡等に係るものである旨）及び<u>経過措置の適用を受ける課税仕入れである旨</u> ④　課税仕入れに係る支払対価の額
請求書等	①　書類の作成者の氏名または名称 ②　課税資産の譲渡等を行った年月日 ③　課税資産の譲渡等に係る資産または役務の内容（課税資産の譲渡等が軽減対象資産の譲渡等である場合には、資産の内容及び軽減対象資産の譲渡等である旨） ④　税率ごとに合計した課税資産の譲渡等の対価の額（税込価額） ⑤　書類の交付を受ける事業者の氏名または名称	同左

※　経過措置を受けるためには、下線の箇所を記載する必要があります。

（参考：適格Q＆A問75）

15　任意組合等に係る取扱い

任意組合等とは、民法667条1項（組合契約）に規定する組合契約によって成立する組合、投資事業有限責任組合もしくは有限責任事業組合または外国の法令に基づいて設立された団体であってこれらの組合に類似するものをいいます（新消法57の6①）。

（1）任意組合等の組合員による適格請求書等の交付の禁止

任意組合等の組合員である適格請求書発行事業者は、適格請求書発行事業者に係る規定にかかわらず、その任意組合等の事業として国内において行った課税資産の譲渡等につき適格請求書もしくは適格簡易請求書を交付し、またはこれらの書類に記載すべき事項に係る電磁的記録を提供することはできません（新消法57の6①）。

ただし、当該任意組合等の組合員の全てが適格請求書発行事業者である場合において、その旨を記載した届出書をその任意組合等の業務を執行する一定の者（「業務執行組合員」といいます。）が、業務執行組合員による適格請求書等の交付の届出書を、業務執行組合員の納税地の所轄税務署長に提出したときは、提出があった日以後に行う当該課税資産の譲渡等については、適格請求書等を交付することができます（新消法57の6①ただし書、新消令70の14、新消規26の9、適格Q＆A問49）。

また、届出書を提出した任意組合等が次に掲げる場合に該当することとなったときは、該当することとなった日以後に行う課税資産の譲渡等については、適格請求書等の交付ができなくなります。この場合において、任意組合等の業務執行組合員は、該当することとなった旨を記載した届出書を、速やかに、その納税地の所轄税務署長に提出しなければなりません（新消法57の6②）。

①　適格請求書発行事業者以外の事業者を新たに組合員として加入さ

せた場合

② 当該任意組合等の組合員のいずれかが適格請求書発行事業者でなくなった場合

（2）任意組合が交付する適格請求書の記載事項

業務執行組合員による適格請求書等を交付する場合の適格請求書の記載事項については、原則として、組合員全員の「適格請求書発行事業者の氏名または名称及び登録番号」を記載することとなります。

ただし、次の事項の両方を記載することも認められます（新消令70の14⑤、適格Q＆A問49）。

① その任意組合等の、いずれかの組合員の「氏名または名称及び登録番号」（1人または複数の組合員の「氏名または名称及び登録番号」でも認められます。）

② その任意組合等の名称

第７部●

キャッシュレス決済制度・ポイント還元制度への対応

1　キャッシュレス決済制度

（1）概要

消費税率引き上げ後の消費喚起と中小・小規模事業者のキャッシュレス化を推進する目的から、中小・小規模事業者に対する決済手数料の補助など、キャッシュレス化を幅広く支援する制度です。

対象となる中小・小規模店舗は、キャッシュレス化するに当たり、①決済手数料補助、②端末補助などの支援が受けられます。また、③キャッシュレスで支払った消費者へのポイント還元の原資も国が負担するものです。

（2）対象となる中小・小規模店舗

事業分類	資本金の額又は出資の総額		常時使用する従業員の数
製造業その他	3億円以下	又は	300人以下
卸売業	1億円以下	又は	100人以下
小売業	5,000万円以下	又は	50人以下
サービス業	5,000万円以下	又は	100人以下

〔注意〕

① 上記を満たしていても、確定している（申告済みの）直近過去3年分の各年または各事業年度の課税所得の年平均額が15億円を超える中小・小規模事業者は補助の対象外となります。

② 旅館業は資本金5,000万円以下または従業員200人以下、ソフトウェア業・情報処理サービス業は資本金3億円以下または従業員300人以下が対象となります。

③ 資本金または出資金が5億円以上の法人に直接または間接に100％の株式を保有される事業者は本事業の登録の対象外となります。

④ 事業実施期間に限って、資本金の減資や従業員数の削減を行い、事業実施期間終了後に、再度、資本金の増資や従業員数の増員を行うなど、専ら本事業の対象事業者となることのみを目的として、資本金、

従業員数、株式保有割合等を変更していると認められた場合は、申請時点にさかのぼって本事業の登録の対象外となります。

⑤　事業協同組合、商工組合等の中小企業団体、農業協同組合、消費生活協同組合等の各種組合は補助の対象となります。

⑥　一般社団法人・財団法人、公益社団法人・財団法人、特定非営利活動法人は、その主たる業種に記載の中小・小規模事業者と同一の従業員規模以下である場合、補助の対象となります。

２　キャッシュレス決済に対するポイント還元制度

（１）概要

令和元(2019)年10月から令和２(2020)年６月までの９か月間に限って、消費者が、対象店舗でクレジットカード・デビットカード・電子マネー・スマートフォン等（いわゆる「キャッシュレス決済」）を使って代金を支払うと、ポイント還元が受けられるという制度です。

（出典：経済産業省「キャッシュレス・ポイント還元事業（キャッシュレス・消費者還元事業）消費者向け説明資料」より）

(2）対象店舗

以下のマークのある店舗がポイント還元の対象店舗となります。

対象店舗は、店頭のポスターに加え、地図アプリ（９月中～下旬公表）やホームページからも検索できます。お店の還元率（５％か２％）や、対象決済手段も確認できます。

(3）還元率

小売・飲食・サービスなどの一般の中小店舗	５％
フランチャイズチェーンやガソリンスタンド	２％

原則として、税込価額にポイント還元されますので、例えば、還元率５％の店舗で10,000円（本体価格、税率10％）の商品を購入した場合、税込価額は、本体価格10,000円＋消費税1,000円＝11,000円（税込み）となりますので、その５％である550円がポイント還元されます。

ECサイトも対象

（例）

amazon

YAHOO! JAPAN ショッピング

Rakuten

等

（出典：経済産業省「キャッシュレス・ポイント還元事業（キャッシュレス・消費者還元事業）消費者向け説明資料」より）

（４）キャッシュレス決済に伴うポイント還元に係る課税上の取扱い

①　法人税

消費者に還元されるポイントは、中小・小規模事業者とは別のクレジットカード会社や電子マネーの会社等の決済事業者が付与します。そのため、中小・小規模事業者にとって、決済事業者のポイントの利用に伴う売上げについては、後日、そのポイント分を決済事業者に請求します。したがって、このポイントに係る法人税の課税関係は従前どおりの取扱いです。

決済事業者からのポイントは、ポイントを付与された時点でポイントを円に換金したとすればポイントを認識し、雑収入に計上することになります。

②　消費税

消費税の課否判定としては、雑収入が非課税取引または不課税取引に該当することになります。また、商品券やポイントを利用して商品等を購入した場合、その商品代金全額に対して課税売上げまたは課税仕入れとなると思われます。したがって、商品等の本体価格に対して仮受消費税又は仮払消費税を計上します。なお、クレジット手数料は、非課税取引となります（消令10③八、消費税質疑応答事例「クレジット手数料」参照)。

③　会計処理

決済事業者が５％のポイントを消費者に還元し、そのポイントを顧客が利用した場合の会計処理について仕訳例を考えてみます。なお、ここでの決済事業者はクレジットカード会社を想定しています。また、顧客側については、一般的には少額であることが想定されますので、ここでは省略します。

イ　商品販売時

顧客に商品等100,000円（本体価格、税率10％）を販売し、キャッシュレス決済した。

売掛金	110,000	売上（課税売上）	100,000
		仮受消費税	10,000

※　110,000円（税込み）×５％＝5,500ポイントが顧客に付与されます。

ロ　カード代金回収時

売掛金の回収を行った。その際、決済手数料として3,000円を決済事業者に支払った。

現金預金 売掛金譲渡損（非課税仕入）	107,000 3,000	売掛金	110,000

※　信販会社が加盟店から譲り受ける債権の額と加盟店への支払額との差額（売掛金譲渡損）は、非課税取引となります。

ハ　金券等で商品を販売した時（ポイントを金券に変換した場合）

商品等50,000円（本体価格）を販売し、キャッシュレス決済した。その際、決済事業者が顧客に付与した商品券5,500円が利用された。

売掛金 他店商品券	49,500 5,500	売上（課税売上） 仮受消費税	50,000 5,000

ニ　商品券の代金を決済事業者から回収

決済事業者から商品券5,500円を回収した。

現金預金	5,500	他店商品券	5,500

ホ　ポイントで商品を販売した時（ハで変換しない場合）

顧客に商品等50,000円（本体価格）を販売し、キャッシュレス決済した。その際、決済事業者が顧客に付与したポイント5,500円が利用された。

売掛金 ポイント資産	49,500 5,500	売上（課税売上） 仮受消費税	50,000 5,000

※　この場合のポイントは，後日，決済事業者に請求するものですから，売掛金に含めて処理することも考えられます。

ヘ　ポイント分を決済事業者から回収

決済事業者からポイント5,500円を回収した。

現金預金	5,500	ポイント資産	5,500

3　決済手数料補助制度

決済手数料補助制度は、中小・小規模事業者がキャッシュレス決済を行う際に決済事業者に支払う加盟店手数料（3.25%以下）の1/3を、国が期間中補助する制度です。

なお、端末補助制度は、中小・小規模事業者がキャッシュレス決済を導入する際に、必要な端末等導入費用の1/3を決済事業者が負担することを前提に、残りの2/3を国が補助する制度です。

決済手数料補助の要件等については、一般社団法人キャッシュレス推進協議会「加盟店手数料補助公募要領（2019年８月版）」（以下「公募要領」といいます。）等を参照してください。

公募要領によれば、消費税・法人税の処理及び仕訳例について以下のように説明しています。

（１）消費税の取扱い

決済事業者が加盟店に支払う加盟店手数料の1/3相当額は、公的な国庫補助金を財源とした補塡金であり、加盟店から決済事業者に対する何らかの資産の譲渡等の対価として支払うものではないことから、消費税は不課税となります。

また、この補塡金は、「手数料の値引き」ではなく「手数料の補塡金」となるため、決済事業者から加盟店への補塡金に係る請求書もしくは通知書等において、補塡金は公的な国庫補助金を財源とした経費の補塡金であり消費税の不課税取引となることを明示するまたは通知する等の方法により、決済事業者側及び加盟店側の会計処理及び消費税の処理において、加盟店手数料の値引処理を行わないようにしなければなりません。

これらの取扱いは、決済事業者が加盟店から受領する加盟店手数料を消費税法上の課税取引または非課税取引のいずれとして取り扱っているか、またいずれの補助方法によっているかにかかわらず、同じとなります。

なお、決済事業者が執行団体から受領する補助金は、補助金適正化法上の間接補助金等に該当し、本事業における国から執行団体への補助金の交付の目的に沿って、執行団体が決済事業者から何らかの反対給付を受けないで交付するものであり、資産の譲渡等の対価に該当しません（不課税となります。）。

また、加盟店から決済事業者に支払われる加盟店手数料に係る消費税の取扱いは、本補助事業により変わるものではないため、各事業者の従来から行っている消費税の取扱いに基づき行うことになります。

（２）法人税の取扱い

決済事業者が加盟店に支払う加盟店手数料の1/3相当額の補塡金は、公募要領に基づく責務により決済事業者から加盟店に支払われるものですから、決済事業者においては法人税法上の寄附金以外の損金、加盟店においては益金となります。

一方、決済事業者が執行団体から受領する補助金は、加盟店手数料を補塡するために、交付要綱・公募要領に基づき交付を受ける補助金であることから、交付される補助金額が確定していない場合であっても、その金額を見積もり法人税法上は加盟店に支払う補塡金の損金算入時期と補助金収入の益金算入時期を対応させる必要があります。

加盟店における1/3相当額の経費補塡金に係る益金算入時期は、原則として決済事業者に支払う加盟店手数料の損金算入時期と同一となりますが、加盟店において経費補塡金の対象となる加盟店手数料の管理が行えないことなどの理由により、その補塡金額が計算できない場合には、その補塡金の支払通知のあった時（入金時）の益金算入も認められます。

（3）加盟店手数料が消費税法上の非課税取引の場合の会計処理例

（例：クレジットカード等）

【設例】

カード決済額110,000円（内、消費税10,000円） 加盟店手数料率3.0％（3,300円）

① 全額の加盟店手数料を徴収した後に当該加盟店手数料の1/3を支払う場合

イ 会員のクレジットカード等による決済時

<決済事業者側仕訳>

営業債権（会員）	110,000	買掛金（加盟店） 手数料売上（非課税売上）	106,700 3,300

〔加盟店側仕訳〕 ※売掛金入金時に手数料を計上する場合

売掛金	110,000	売上（課税売上） 仮受消費税	100,000 10,000

ロ 決済事業者から加盟店への支払い時

<決済事業者側仕訳>

買掛金（加盟店）	106,700	普通預金	106,700

〔加盟店側仕訳〕※売掛金入金時に手数料を計上する場合

普通預金 支払手数料（非課税仕入）	106,700 3,300	売掛金	110,000

ハ 執行団体から決済事業者への補助金の入金時

加盟店が負担した手数料3,300円×1/3＝1,100円の補助

<決済事業者側仕訳>

普通預金	1,100	雑収入（不課税売上）	1,100

ニ　決済事業者から加盟店への経費補助金の入金時

＜決済事業者側仕訳＞

雑損失（不課税仕入）	1,100	普通預金	1,100

（注）経費補助金は「不課税仕入」のため、手数料収入（非課税収入）の値引きとしないように留意が必要。

〔加盟店側仕訳〕

普通預金	1,100	雑収入（不課税売上）	1,100

（注）経費補助金は「不課税売上」のため、支払手数料（非課税仕入）の値引きとしないように留意が必要。

② 予め補填金1/3を清算する方法

イ　会員のクレジットカードによる決済時

＜決済事業者側仕訳＞

営業債権（会員）	110,000	買掛金（加盟店）	107,800
雑損失（不課税仕入）	1,100	手数料売上（非課税売上）	3,300
未収入金	1,100	雑収入（不課税売上）	1,100

（注）経費補助金は「不課税仕入」のため、手数料収入（非課税収入）の値引きとしないように留意が必要。

〔加盟店側仕訳〕※売掛金入金時に手数料を計上する場合

売掛金	110,000	売上（課税売上）	100,000
		仮受消費税	10,000

ロ　決済事業者から加盟店への支払い時（売掛金入金時の相殺）

従来の手数料3,300円を請求（売掛金入金）で補助予定額1,100円を差し引く。

<決済事業者側仕訳>

買掛金（加盟店）	107,800	普通預金	107,800

〔加盟店側仕訳〕※売掛金入金時に手数料を計上する場合

普通預金 支払手数料（非課税仕入）	107,800 3,300	売掛金 雑収入（不課税売上）	110,000 1,100

（注）経費補助金は「不課税売上」のため、支払手数料（非課税仕入）の値引きとしないように留意が必要。

ハ　執行団体から決済事業者への補助金の入金時

加盟店が負担した手数料3,300円×1/3＝1,100円の補助

<決済事業者側仕訳>

普通預金	1,100	未収入金	1,100

③　期末において、経費補塡金（雑損失）累計額と執行団体からの補助金（雑収入）累計額が一致しない場合

イ　経費補塡金（雑損失）累計額が、執行団体からの補助金（雑収入）累計額より大きい場合

決済事業者が計上した経費補塡金（雑損失）累計額が100,000円、執行団体からの補助金（雑収入）累計額が90,000円の場合（差額は10,000円）

<決済事業者側仕訳>

未収入金	10,000	雑収入（不課税売上）	10,000

（注）期末において、経費補塡金（雑損失）の累計額が、執行団体からの補助金（雑収入）累計額より大きい場合には、交付される補助金額が確定していない場合であっても、その金額を見積もり加盟店に支払う補塡金の損金算入額と補助金（雑収入）の益金算入額を一致させる。

ロ　経費補填金（雑損失）累計額が、執行団体からの補助金（雑収入）累計額より小さい場合

仕訳は不要です。

（4）加盟店手数料が消費税法上の課税取引の場合の会計処理例（例：電子マネー等）

【設例】

カード決済額110,000円（内、消費税10,000円）
加盟店手数料率2.0％（税別）（2,200円）

①　全額の加盟店手数料を徴収した後に当該加盟店手数料の1/3を支払う場合

イ　電子マネー等での決済時

＜決済事業者側仕訳＞

電子マネー前受金等	110,000	買掛金（加盟店）	107,580
		手数料売上（課税売上）	2,200
		仮受消費税	220

〔加盟店側仕訳〕※売掛金入金時に手数料を計上する場合

売掛金	110,000	売上（課税売上）	100,000
		仮受消費税	10,000

ロ　決済事業者から加盟店への支払い時

＜決済事業者側仕訳＞

買掛金（加盟店）	107,580	普通預金	107,580

〔加盟店側仕訳〕※売掛金入金時に手数料を計上する場合

普通預金 支払手数料（課税仕入） 仮払消費税	107,580 2,200 220	売掛金	110,000

ハ　執行団体から決済事業者への補助金の入金時

加盟店が負担した手数料2,420円×1/3＝806.66円⇒小数点切り捨て⇒806円の補助

＜決済事業者側仕訳＞

普通預金	806	雑収入（不課税売上）	806

ニ　決済事業者から加盟店への経費補助金の入金時

＜決済事業者側仕訳＞

雑損失（不課税仕入）	806	普通預金	806

（注）経費補助金は「不課税仕入」のため、手数料売上（課税売上）の値引きとしないように留意が必要。

〔加盟店側仕訳〕

普通預金	806	雑収入（不課税売上）	806

（注）経費補助金は「不課税売上」のため、支払手数料（課税仕入）の値引きとしないように留意が必要。

②　予め補填金1/3を清算する方法

イ　電子マネー等での決済時

＜決済事業者側仕訳＞

電子マネー前受金等 雑損失（不課税仕入）	110,000 806	買掛金（加盟店） 手数料売上（課税売上） 仮受消費税	108,386 2,200 220
未収入金	806	雑収入（不課税売上）	806

（注）経費補塡金は「不課税仕入」のため、手数料売上（課税売上）の

値引きとしないように留意が必要。

決済事業者と加盟店とで手数料売上と経費補填金は相殺後の金額で現金の授受が行われるが、両者の消費税の取扱いが異なるため、手数料売上（課税売上）2,200円と雑損失（経費補填金：不課税仕入）806円は相殺せず総額にて会計処理を行う。

同時に決済事業者が後で執行団体から補助を受ける806円を未収入金／雑収入で計上。

〔加盟店側仕訳〕※売掛金入金時に手数料を計上する場合

売掛金	110,000	売上（課税売上） 仮受消費税	100,000 10,000

ロ　決済事業者から加盟店への支払い時（売掛金入金時の相殺）

<決済事業者側仕訳>

買掛金（加盟店）	108,386	普通預金	108,386

〔加盟店側仕訳〕※売掛金入金時に手数料を計上する場合

決済事業者と加盟店とで手数料売上と経費補填金は相殺後の金額で現金の授受が行われるが、両者の消費税の取扱いが異なるため、支払手数料（課税仕入）2,200円と雑収入（経費補填金：不課税売上）806円は相殺せず総額にて会計処理を行う。

普通預金 支払手数料（課税仕入） 仮払消費税	108,386 2,200 220	売掛金 雑収入（不課税売上）	110,000 806

ハ　執行団体から決済事業者への補助金の入金時

<決済事業者側仕訳>

普通預金	806	未収入金	806

第８部●

業種別対応

ここでは、業種ごとの軽減税率制度導入後の対応について、特に注意すべき事項について確認しておきます。それぞれの詳細については、本書の該当項目を参照してください。

1　小売業の場合

軽減税率が適用される商品を扱う小売業を営む事業者、例えば、スーパーやコンビニなどの対応について考えます。小売業の場合、不特定多数の消費者が顧客となりますので、それに応じた対応が必要となります。

（1）軽減税率制度への対応

軽減税率制度が導入されますので、軽減税率が適用される商品と、標準税率が適用される商品を区分しなければなりません。また、不特定多数の消費者が顧客ですから、価格表示についても注意が必要です。

特にイートインスペースがある場合には、外食に該当するか否かを判断する必要がありますので、軽減税率が適用される商品を販売する際には、持ち帰るのかイートインスペースで食事するのかの意思確認が必要となります。

※　軽減税率制度に対応したレジの導入

複数税率対応レジの導入に対して、軽減税率対策補助金（http://www.kzt-hojo.jp/）が用意されています。

（2）区分記載請求書等保存方式への対応

①　区分記載請求書等への対応

不特定多数の消費者が取引相手となりますので、レシートの記載内容について、注意が必要です。

② 税額計算

税率の異なるごとに区分することが困難な中小事業者については、売上税額と仕入税額の計算の特例があります。小売業者の場合、売上税額については、「小売等軽減仕入割合」「軽減売上割合」「50/100」のいずれかを適用することができます。仕入税額については、「小売等軽減売上割合」「簡易課税制度」の適用があります。どの組み合わせができるのか、状況に合わせて確認してください。

（3）適格請求書等保存方式への対応

原則として適格請求書を交付しなければなりませんが、小売業については、適格簡易請求書の交付も認められています。

2　外食事業者の場合

外食事業者の場合、基本的に標準税率が適用される「外食」ですが、仕入れは飲食料品を仕入れますので軽減税率が適用されます。

（1）減税率制度への対応

「外食」は、原則として、標準税率が適用されます。ただし、「テイクアウト」等は軽減税率が適用されます。そのため、店内飲食とテイクアウトの両方を提供している外食事業者の場合には、食事の注文時に、店内飲食かテイクアウトかの意思確認をする必要があります。

また、不特定多数の消費者が顧客ですから、価格表示についても注意が必要です。

※　軽減税率制度に対応したレジの導入

複数税率対応レジの導入に対して軽減税率対策補助金（http://www.kzt-hojo.jp/）が用意されています。

（2）区分記載請求書等保存方式への対応

①　区分記載請求書等への対応

不特定多数の消費者が取引相手となりますので、レシートの記載内容について、注意が必要です。

②　税額計算

税率の異なるごとに区分することが困難な中小事業者について、売上税額と仕入税額の計算の特例があります。飲食業者の場合、売上税額については、「軽減売上割合」「50/100」のいずれかを適用することができます。仕入税額については、「簡易課税制度」の適用があります。どの組み合わせができるのか、状況に合わせて確認してください。

（3）適格請求書等保存方式への対応

原則として適格請求書を交付しなければなりませんが、飲食業については、適格簡易請求書の交付も認められます。

3　卸売業の場合

卸売業を営む事業者の場合、通常、事業者間取引が前提となっていますので、その点が小売業者と異なる取扱いとなります。

（1）軽減税率制度への対応

軽減税率制度が導入されますので、軽減税率が適用される商品と標準税率が適用される商品を区分しなければなりません。ただし、専ら他の事業者に販売しますので、価格表示については、税抜価格を表示することも認められています。

（２）区分記載請求書等保存方式への対応

①　区分記載請求書等への対応

仕入税額控除の要件を満たす区分記載請求書の交付が必要です。

②　税額計算

税率の異なるごとに区分することが困難な中小事業者について、売上税額と仕入税額の計算の特例があります。卸売業者の場合、売上税額については、「小売等軽減仕入割合」「軽減売上割合」「50/100」のいずれかを適用することができます。仕入税額については、「小売等軽減売上割合」「簡易課税制度」の適用があります。どの組み合わせができるのか、状況に合わせて確認してください。

（３）適格請求書等保存方式への対応

適格請求書の交付が必要となります。

４　飲食料品の加工を伴う製造業の場合

飲食料品の加工を行う製造業の場合、飲食料品の販売については軽減税率が適用されます。ただ、取引の相手方は通常事業者ですので、主として事業者向けの対応が必要となります。

（１）軽減税率制度への対応

外食等の標準税率が適用される取引を行っていない場合、製造した飲食料品について、その全てに軽減税率が適用されます。飲食料品以外の製品も製造している場合には、その製品には標準税率が適用されます。

（2）区分記載請求書等保存方式への対応

①　区分記載請求書等への対応

取引の相手方に対して区分記載請求書を交付します。

②　税額計算

税率の異なるごとに区分することが困難な中小事業者について、売上税額と仕入税額の計算の特例があります。製造業を営む事業者の場合、売上税額については、「軽減売上割合」「50/100」のいずれかを適用することができます。仕入税額については、「簡易課税制度」の適用があります。どの組み合わせができるのか、状況に合わせて確認してください。

（3）適格請求書等保存方式への対応

適格請求書の交付が必要となります。

5　飲食料品の加工を伴わない製造業の場合

一般的な機械メーカー等の場合、販売する製品については標準税率が適用されます。軽減税率が適用される取引は、例えば、会議で使用する弁当やお茶の購入等が考えられます。この場合には仕入税額控除の計算に影響があります。

（1）軽減税率制度への対応

主に、課税仕入れに関して、軽減税率が適用されるのか、標準税率が適用されるのかの判断が必要になります。

（2）区分記載請求書等保存方式への対応

①　区分記載請求書等への対応

取引の相手方に対して区分記載請求書を交付します。

②　税額計算

税率の異なるごとに区分することが困難な中小事業者について、売上税額と仕入税額の計算の特例があります。製造業を営む事業者の場合、売上税額については、「軽減売上割合」「50/100」のいずれかを適用することができます。また、仕入税額については、「簡易課税制度」の適用があります。どの組み合わせができるのか、状況に合わせて確認してください。

（３）適格請求書等保存方式への対応

適格請求書の交付が必要となります。

６　ホテル・旅館等の場合

ホテルや旅館等の場合は、宿泊に係るサービス、朝夕食や宴会等の食事の提供、ルームサービスや客室の冷蔵庫の利用、自動販売機での販売、お土産コーナーでの土産品の販売等が考えられます。また、新聞等への対応が必要となります。

（１）軽減税率制度への対応

ホテルや旅館等でのサービスが、軽減税率が適用されるのか、標準税率が適用されるのかの判断を行わなければなりません。なお、軽減税率が適用される令和元(2019)年10月１日をまたいで宿泊等する場合の対応が必要になります。

（２）区分記載請求書等保存方式への対応

①　区分記載請求書等への対応

取引の相手方に対して区分記載請求書を交付します。

② 税額計算

税率の異なるごとに区分することが困難な中小事業者について、売上税額と仕入税額の計算の特例があります。ホテル・旅館等を営む事業者の場合、売上税額については、「軽減売上割合」「50/100」のいずれかを適用することができます。また、仕入税額については、「簡易課税制度」の適用があります。どの組み合わせができるのか、状況に合わせて確認してください。

(3) 適格請求書等保存方式への対応

適格請求書の交付が必要となります。なお、自動販売機については、税込価格が3万円未満のものは、適格請求書の交付が免除されます。

7 不動産賃貸業の場合

不動産賃貸業の場合、賃料収入や管理料等については標準税率が適用されます。なお、課税仕入れについて飲食品に該当するものがあれば、軽減税率が適用されます。

(1) 軽減税率制度への対応

基本的に、ほとんどの取引について標準税率が適用されますが、一般的に、賃貸契約は1年を超えますから、令和元(2019)年10月1日をまたいでいる場合、8%から10%に引き上げられますので、その対応が必要になります。

(2) 区分記載請求書等保存方式への対応

① 区分記載請求書等への対応

取引の相手方に対して区分記載請求書を交付します。

② 税額計算

税率の異なるごとに区分することが困難な中小事業者について、売上税額と仕入税額の計算の特例があります。不動産賃貸業等を営む事業者の場合、売上税額については、「軽減売上割合」「50/100」のいずれかを適用することができます。また、仕入税額については、「簡易課税制度」の適用があります。どの組み合わせができるのか、状況に合わせて確認してください。

(３) 適格請求書等保存方式への対応

適格請求書の交付が必要となります。なお、借主が口座振替により継続的に家賃等を支払う場合、仕入税額控除をする際に注意が必要です。

８　免税事業者の場合

免税事業者の場合、消費税の申告はありませんが、軽減税率制度等への対応が必要となります。

(１) 軽減税率制度への対応

課税事業者に対して飲食料品等を販売する場合には、請求書等に「軽減対象資産の譲渡等である旨」や「税率ごとに区分して合計した課税資産の譲渡等の対価の額」の記載をした区分記載請求書等への対応が必要になる場合があります。なお、免税事業者は、消費税額相当額を受け取るということはありませんので、請求書等に「消費税額」等を表示することはできません。

(２) 区分記載請求書等保存方式への対応

取引の相手方が仕入税額控除を行うために、区分記載請求書等を発行しなければならない場合があります。なお、免税事業者は消費税の申告はありません。

(3) 適格請求書等保存方式への対応

令和5(2023)年10月1日以降については、経過措置が設けられているものの、免税事業者からの仕入れは、原則として、仕入税額控除ができなくなります。したがって、日常的に課税事業者と取引を行う免税事業者は、適格請求書発行事業者の登録を行うか否かの判断を、免税事業者が置かれている状況等に応じて行う必要があります。

参考資料

参考資料　目次

令和元年7月
国　税　庁

軽減税率制度に対応した申告書の作成手順１（一般用）
〔課税売上高が５億円以下、かつ、課税売上割合が95％以上の場合〕

【課税期間】平成31年１月１日～令和元年12月31日　（単位：円）

	税率6.3%適用分	税率6.24%適用分	税率7.8%適用分	合計金額
課税売上高（税込み）	302,500,000	67,960,000	45,100,000	415,560,000
免税売上高	—	—	—	11,000,000
非課税売上高	—	—	—	7,000,000
売上対価の返還等の金額（税込み）	10,684,000	1,507,040	1,578,500	13,769,540
課税仕入れの金額（税込み）	201,680,000	40,076,000	31,570,000	273,326,000
仕入対価の返還等の金額（課税仕入れに係るもの（税込み））	—	7,850,000	5,900,000	13,750,000
貸倒処理した金額（税込み）	1,430,000	—	—	1,430,000

（参考）１　中間納付消費税額　6,300,000円
２　中間納付地方消費税額　1,700,000円
３　基準期間の課税売上高　350,000,000円（税抜き）

Ⅰ　付表１－１・１－２の作成（その１）

この項においては、主に、税率の異なるごとに区分した課税標準である金額の合計額から消費税額を計算します。

なお、設例においては、税率引上げ前（令和元年10月）の税率の適用があるため、全項において付表１－２・２－２の作成が必要となります。

１　付表１－２の①～②欄の記載

税率引上げ前の税率適用分について計算します。

(1)「課税資産の譲渡等の対価の額①－１」欄

税率6.3%適用分Ｃ、旧税率分小計Ｘ

302,500,000 × 100/108 ＝ 280,092,592

（注）売上金額から売上対価の返還等の金額を直接減額する方法で経理している場合は、減額した後の金額を基に課税資産の譲渡等の対価の額及び課税標準額を計算します。付表１－１の同欄も同様です。

⑵　「課税標準額①」欄

税率 6.3%適用分Ｃ、旧税率分小計Ｘ

302, 500, 000 × 100/108 ＝ 280, 092, 000（千円未満切捨て）

⑶　「消費税額②」欄

税率 6.3%適用分Ｃ、旧税率分小計Ｘ

280, 092, 000 × 6.3% ＝ 17, 645, 796

2　付表１－１の①～②欄の記載

設例の場合は付表１－２の①～②欄の旧税率分小計Ｘを付表１－１に転記した上で、税率引上げ後の税率適用分について計算します。

⑴　「課税資産の譲渡等の対価の額①－１」欄

税率 6.24%適用分Ｄ

67, 960, 000 × 100/108 ＝ 62, 925, 925

税率 7.8%適用分Ｅ

45, 100, 000 × 100/110 ＝ 41, 000, 000

合計Ｆ

280, 092, 592 ＋ 62, 925, 925 ＋ 41, 000, 000 ＝ 384, 018, 517

⑵　「課税標準額①」欄

税率 6.24%適用分Ｄ

67, 960, 000 × 100/108 ＝ 62, 925, 000（千円未満切捨て）

税率 7.8%適用分Ｅ

45, 100, 000 × 100/110 ＝ 41, 000, 000（千円未満切捨て）

合計Ｆ

280, 092, 000 ＋ 62, 925, 000 ＋ 41, 000, 000 ＝ 384, 017, 000

⑶　「消費税額②」欄

税率 6.24%適用分Ｄ

62, 925, 000 × 6.24% ＝ 3, 926, 520

税率 7.8%適用分Ｅ

41, 000, 000 × 7.8% ＝ 3, 198, 000

合計Ｆ

17, 645, 796 ＋ 3, 926, 520 ＋ 3, 198, 000 ＝ 24, 770, 316

Ⅱ 付表２－１・２－２の作成

この項においては、主に、課税売上割合・控除対象仕入税額を計算します。

１ 付表２－２の①欄の記載

税率引上げ前の税率適用分の課税売上額を計算します。

「課税売上額（税抜き）①」欄

税率 6.3%適用分Ｃ、旧税率分小計Ｘ

302,500,000 × 100/108 － 10,684,000 × 100/108 ＝ 270,200,000

（注） 売上金額から売上対価の返還等の金額を直接減額する方法で経理している場合は、減額した後の金額に$\frac{100}{108}$を乗じた金額が①Ｃ及びＸ欄の金額となります。

２ 付表２－１の①～⑧欄の記載

付表２－２の①欄の旧税率分小計Ｘを付表２－１に転記した上で、課税売上割合を計算します。

⑴ 「課税売上額（税抜き）①」欄

税率 6.24%適用分Ｄ

67,960,000 × 100/108 － 1,507,040 × 100/108 ＝ 61,530,518

税率 7.8%適用分Ｅ

45,100,000 × 100/110 － 1,578,500 × 100/110 ＝ 39,565,000

合計Ｆ

270,200,000 ＋ 61,530,518 ＋ 39,565,000 ＝ 371,295,518

（注） 売上金額から売上対価の返還等の金額を直接減額する方法で経理している場合は、減額した後の金額に$\frac{100}{108}$又は$\frac{100}{110}$を乗じた金額が①Ｄ又はＥ欄の金額となります。

⑵ 「免税売上額②」欄

11,000,000

⑶ 「課税資産の譲渡等の対価の額④Ｆ」欄

371,295,518 ＋ 11,000,000 ＝ 382,295,518

⑷ 「課税資産の譲渡等の対価の額⑤Ｆ」欄

④Ｆ欄から転記

⑸ 「非課税売上額⑥」欄

7,000,000

⑹ 「資産の譲渡等の対価の額⑦Ｆ」欄

382,295,518 ＋ 7,000,000 ＝ 389,295,518

⑺ 「課税売上割合⑧Ｆ」欄

382,295,518 / 389,295,518 ＝ 98.201…% → 98%

（98.201…%≧95% ⇒ 全額控除可）

3　付表２－２の④～㉓欄の記載

付表２－１の④、⑦及び⑧欄の合計Ｆを付表２－２の旧税率分小計Ｘに転記した上で、税率引上げ前の税率適用分の控除対象仕入税額を計算します。

⑴　「課税仕入れに係る支払対価の額（税込み）⑨」欄

税率 6.3%適用分Ｃ、旧税率分小計Ｘ

201,680,000

⑵　「課税仕入れに係る消費税額⑩」欄

税率 6.3%適用分Ｃ、旧税率分小計Ｘ

201,680,000 × 6.3/108 ＝ 11,764,666

⑶　「課税仕入れ等の税額の合計額⑮」欄

設例の場合は⑩Ｃ及びＸ欄と同じ

⑷　「課税売上高が５億円以下、かつ、課税売上割合が 95%以上の場合⑯」欄

設例の場合は課税売上高が５億円以下、かつ、課税売上割合が 95%以上（Ⅱ２⑺参照）のため⑮Ｃ及びＸ欄と同じ

⑸　「控除対象仕入税額㉓」欄

設例の場合は⑯Ｃ及びＸ欄と同じ

4　付表２－１の⑨～㉓欄の記載

設例の場合は付表２－２の⑨～㉓欄の旧税率分小計Ｘを付表２－１に転記した上で、税率引上げ後の税率適用分について計算します。

⑴　「課税仕入れに係る支払対価の額（税込み）⑨」欄

税率 6.24%適用分Ｄ

40,076,000 － 7,850,000 ＝ 32,226,000

税率 7.8%適用分Ｅ

31,570,000 － 5,900,000 ＝ 25,670,000

合計Ｆ

201,680,000 ＋ 32,226,000 ＋ 25,670,000 ＝ 259,576,000

（注）　課税仕入れに係る対価の返還等の金額を直接仕入金額から減額する方法で経理している場合は、減額後の金額（税込み）を記載します。

⑵　「課税仕入れに係る消費税額⑩」欄

税率 6.24%適用分Ｄ

40,076,000 × 6.24/108 － 7,850,000 × 6.24/108 ＝ 1,861,947

税率 7.8%適用分Ｅ

31,570,000 × 7.8/110 － 5,900,000 × 7.8/110 ＝ 1,820,236

合計Ｆ

11,764,666 ＋ 1,861,947 ＋ 1,820,236 ＝ 15,446,849

⑶　「課税仕入れ等の税額の合計額⑮」欄

税率 6.24%適用分Ｄ、税率 7.8%適用分Ｅ

設例の場合は⑩Ｄ及びＥ欄と同じ

合計Ｆ

11,764,666 ＋ 1,861,947 ＋ 1,820,236 ＝ 15,446,849

⑷　「課税売上高が５億円以下、かつ、課税売上割合が 95%以上の場合⑯」欄

税率 6.24%適用分Ｄ、税率 7.8%適用分Ｅ

設例の場合は課税売上高が５億円以下、かつ、課税売上割合が 95%以上（Ⅱ２⑺参照）のため⑮Ｄ及びＥ欄と同じ

合計Ｆ

11,764,666 ＋ 1,861,947 ＋ 1,820,236 ＝ 15,446,849

⑸　「控除対象仕入税額㉓」欄

税率 6.24%適用分Ｄ、税率 7.8%適用分Ｅ

設例の場合は⑯Ｄ及びＥ欄と同じ

合計Ｆ

11,764,666 ＋ 1,861,947 ＋ 1,820,236 ＝ 15,446,849

Ⅲ　付表１－１・１－２の作成（その２）

この項においては、上記Ⅰ・Ⅱの計算結果から消費税額及び地方消費税額を計算します。

１　付表１－２の④～⑮欄の記載

税率引上げ前の税率適用分について計算します。

⑴　「控除対象仕入税額④」欄

税率 6.3%適用分Ｃ

付表２－２の㉓Ｃ欄から転記

旧税率分小計Ｘ

11,764,666

⑵　「売上げの返還等対価に係る税額⑤－１」欄

税率 6.3%適用分Ｃ、旧税率分小計Ｘ

10,684,000 × 6.3/108 ＝ 623,233

（注）　売上金額から売上対価の返還等の金額を直接減額する方法で経理している場合は、⑤－１及び⑤欄に記載する必要はありません。付表１－１の同欄も同様です。

⑶　「返還等対価に係る税額⑤」欄

設例の場合は⑤－１Ｃ及びＸ欄と同じ

⑷　「貸倒れに係る税額⑥」欄

税率 6.3%適用分Ｃ、旧税率分小計Ｘ

1,430,000 × 6.3/108 ＝ 83,416

(5)　「控除税額小計⑦」欄

税率6.3%適用分C、旧税率分小計X

11,764,666 ＋ 623,233 ＋ 83,416 ＝ 12,471,315

(6)　「差引税額⑨」欄

税率6.3%適用分C、旧税率分小計X

17,645,796 － 12,471,315 ＝ 5,174,481

(7)　「地方消費税の課税標準となる消費税額・差引税額⑫」欄

税率6.3%適用分C

⑨C欄から転記

旧税率分小計X

5,174,481

(8)　「合計差引地方消費税の課税標準となる消費税額⑬」欄

設例の場合は⑫C及びX欄と同じ

(9)　「譲渡割額・納税額⑮」欄

税率6.3%適用分C、旧税率分小計X

5,174,481 × 17/63 ＝ 1,396,288

2　付表1－1の④～⑯欄の記載

設例の場合は付表1－2の④～⑮欄の旧税率分小計Xを付表1－1に転記した上で、税率引上げ後の税率適用分について計算します。

(1)　「控除対象仕入税額④」欄

税率6.24%適用分D、税率7.8%適用分E

付表2－1の㉓D及びE欄から転記

合計F

11,764,666 ＋ 1,861,947 ＋1,820,236 ＝ 15,446,849

(2)　「売上げの返還等対価に係る税額⑤－1」欄

税率6.24%適用分D

1,507,040 × 6.24/108 ＝ 87,073

税率7.8%適用分E

1,578,500 × 7.8/110 ＝ 111,929

合計F

623,233 ＋ 87,073 ＋ 111,929 ＝ 822,235

⑶　「返還等対価に係る税額⑤」欄

税率 6.24%適用分Ｄ、税率 7.8%適用分Ｅ

設例の場合は⑤－１Ｄ及びＥ欄と同じ

合計Ｆ

623,233 ＋ 87,073 ＋ 111,929 ＝ 822,235

⑷　「貸倒れに係る税額⑥」欄

合計Ｆ

83,416 ＋ 0 ＋ 0 ＝ 83,416

⑸　「控除税額小計⑦」欄

税率 6.24%適用分Ｄ

1,861,947 ＋ 87,073 ＝ 1,949,020

税率 7.8%適用分Ｅ

1,820,236 ＋ 111,929 ＝ 1,932,165

合計Ｆ

12,471,315 ＋ 1,949,020 ＋ 1,932,165 ＝ 16,352,500

⑹　「差引税額⑨」欄

税率 6.24%適用分Ｄ

3,926,520 － 1,949,020 ＝ 1,977,500

税率 7.8%適用分Ｅ

3,198,000 － 1,932,165 ＝ 1,265,835

合計Ｆ

5,174,481 ＋ 1,977,500 ＋ 1,265,835 ＝ 8,417,816

⑺　「合計差引税額⑩」欄

8,417,816 － 0 ＝ 8,417,816

⑻　「地方消費税の課税標準となる消費税額・差引税額⑫」欄

税率 7.8%適用分Ｅ

1,977,500 ＋ 1,265,835 ＝ 3,243,335

合計Ｆ

5,174,481 ＋ 3,243,335 ＝ 8,417,816

⑼　「合計差引地方消費税の課税標準となる消費税額⑬」欄

税率 7.8%適用分Ｅ

設例の場合は⑫Ｅ欄と同じ

合計Ｆ

5,174,481 ＋ 3,243,335 ＝ 8,417,816

⑽　「譲渡割額・納税額⑮」欄

税率7.8%適用分E

3,243,335 × 22/78 ＝ 914,786

合計F

1,396,288 ＋ 914,786 ＝ 2,311,074

⑾　「合計差引譲渡割額⑯」欄

2,311,074 － 0 ＝ 2,311,074

Ⅳ　申告書第一表・第二表の記載

次のとおり転記及び計算します。

第一表	転記元等
①	申告書 第二表 ①
②	申告書 第二表 ⑪
③	付 表 1－1 ③F
④	付 表 1－1 ④F
⑤	申告書 第二表 ⑰
⑥	付 表 1－1 ⑥F
⑦	付 表 1－1 ⑦F
⑧	付 表 1－1 ⑩F（マイナスの場合に記載）
⑨	付 表 1－1 ⑩F（プラスの場合に記載）
⑩	中間納付税額
⑪	申告書 第一表 ⑨－⑩（⑨＞⑩の場合に記載）
⑫	申告書 第一表 ⑩－⑨（⑩＞⑨の場合に記載）
⑬	修正申告の場合に記載
⑭	
⑮	付 表 2－1 ④F
⑯	付 表 2－1 ⑦F
⑰	付 表 1－1 ⑬F（マイナスの場合に記載）
⑱	付 表 1－1 ⑬F（プラスの場合に記載）
⑲	付 表 1－1 ⑯F（マイナスの場合に記載）
⑳	付 表 1－1 ⑯F（プラスの場合に記載）
㉑	中間納付譲渡割額
㉒	申告書 第一表 ⑳－㉑（⑳＞㉑の場合に記載）
㉓	申告書 第一表 ㉑－⑳（㉑＞⑳の場合に記載）
㉔	修正申告の場合に記載
㉕	
㉖	申告書 第一表 （⑪＋㉒）－（⑧＋⑫＋⑲＋㉓）

第二表	転記元等
①	付 表1－1 ①F
②	付 表1－2 ①－1A
③	付 表1－2 ①－1B
④	付 表1－2 ①－1C
⑤	付 表1－1 ①－1D
⑥	付 表1－1 ①－1E
⑦	付 表1－1 ①－1F
⑧	付 表1－2 ①－2C
⑨	付 表1－1 ①－2E
⑩	付 表1－1 ①－2F
⑪	付 表1－1 ②F
⑫	付 表1－2 ②A
⑬	付 表1－2 ②B
⑭	付 表1－2 ②C
⑮	付 表1－1 ②D
⑯	付 表1－1 ②E
⑰	付 表1－1 ⑤F
⑱	付 表1－1 ⑤－1F
⑲	付 表1－1 ⑤－2F
⑳	付 表1－1 ⑬F
㉑	付 表1－2 ⑬B
㉒	付 表1－2 ⑬C
㉓	付 表1－1 ⑬E

第３－(1)号様式

第一表　令和元年十月一日以後終了課税期間分（一般用）

令和　年　月　日	税務署長殿
納税地	（電話番号　－　－　）
（フリガナ）名称又は屋号	
個人番号又は法人番号	↓個人番号の記載に当たっては、左端を空欄とし、ここから記載してください。
（フリガナ）代表者氏名又は氏名	印

※税務署処理欄：一連番号／翌年以降送付不要／所管／要否／整理番号／申告年月日　令和　年　月　日／申告区分／指導等／庁指定／局指定／通信日付印　年　月　日／確認印／確認書類　個人番号カード　通知カード・運転免許証　その他（　）／身元確認／指導年月日　令和／相談／区分1／区分2／区分3

自　平成令和 31 年 1 月 1 日
至　令和 1 年 12 月 31 日

課税期間分の消費税及び地方消費税の（　確定　）申告書

中間申告の場合の対象期間　自　平成令和　年　月　日　至　令和　年　月　日

この申告書による消費税の税額の計算

項目		金額（円）
課税標準額	①	384017000
消費税額	②	24770316
控除過大調整税額	③	
控除税額：控除対象仕入税額	④	15446849
控除税額：返還等対価に係る税額	⑤	822235
控除税額：貸倒れに係る税額	⑥	83416
控除税額：控除税額小計（④＋⑤＋⑥）	⑦	16352500
控除不足還付税額（⑦－②－③）	⑧	
差引税額（②＋③－⑦）	⑨	8417800
中間納付税額	⑩	6300000
納付税額（⑨－⑩）	⑪	2117800
中間納付還付税額（⑩－⑨）	⑫	00
この申告書が修正申告である場合：既確定税額	⑬	
この申告書が修正申告である場合：差引納付税額	⑭	00
課税売上割合：課税資産の譲渡等の対価の額	⑮	382295518
課税売上割合：資産の譲渡等の対価の額	⑯	389295518

この申告書による地方消費税の税額の計算

項目		金額（円）
地方消費税の課税標準となる消費税額：控除不足還付税額	⑰	
地方消費税の課税標準となる消費税額：差引税額	⑱	8417800
譲渡割額：還付額	⑲	
譲渡割額：納税額	⑳	2311000
中間納付譲渡割額	㉑	1700000
納付譲渡割額（⑳－㉑）	㉒	611000
中間納付還付譲渡割額（㉑－⑳）	㉓	00
この申告書が修正申告である場合：既確定譲渡割額	㉔	
この申告書が修正申告である場合：差引納付譲渡割額	㉕	00
消費税及び地方消費税の合計（納付又は還付）税額	㉖	2728800

㉖＝（⑪＋㉒）－（⑧＋⑫＋⑲＋㉓）・修正申告の場合㉖＝⑭＋㉕
㉖が還付税額となる場合はマイナス「－」を付してください。

付記事項	有	無
割賦基準の適用		○
延払基準等の適用		○
工事進行基準の適用		○
現金主義会計の適用		○
課税標準額に対する消費税額の計算の特例の適用		○

参考事項		
控除税額の計算方法：課税売上高5億円超又は課税売上割合95％未満		個別対応方式／一括比例配分方式
控除税額の計算方法：上記以外	○	全額控除
基準期間の課税売上高		350,000 千円

還付を受けようとする金融機関等：銀行・金庫・組合・農協・漁協　本店・支店　出張所　本所・支所／預金　口座番号／ゆうちょ銀行の貯金記号番号　－／郵便局名等

※税務署整理欄

税理士署名押印　印　（電話番号　－　－　）

○ 税理士法第30条の書面提出有
○ 税理士法第33条の2の書面提出有

第３－(2)号様式

整理番号	

課税標準額等の内訳書

納税地	(電話番号　　-　　-　　)
(フリガナ) 名称 又は屋号	
(フリガナ) 代表者氏名 又は氏名	

改正法附則による税額の特例計算			
軽減売上割合（10営業日）	○	附則38①	51
小売等軽減仕入割合	○	附則38②	52
小売等軽減売上割合	○	附則39①	53

第二表　令和元年十月一日以後終了課税期間分

自 平成/令和 31年 1月 1日
至 令和 1年 12月 31日

課税期間分の消費税及び地方消費税の（　確定　）申告書

中間申告の場合の対象期間　自 平成/令和　年　月　日　至 令和　年　月　日

			十兆千百十億千百十万千百十一円	
課税標準額 ※申告書（第一表）の①欄へ		①	384017000	01
課税資産の譲渡等の対価の額の合計額	3％適用分	②		02
	4％適用分	③		03
	6.3％適用分	④	280092592	04
	6.24％適用分	⑤	62925925	05
	7.8％適用分	⑥	41000000	06
		⑦	384018517	07
特定課税仕入れに係る支払対価の額の合計額(注1)	6.3％適用分	⑧		11
	7.8％適用分	⑨		12
		⑩		13

消費税額 ※申告書（第一表）の②欄へ		⑪	24770316	21
⑪の内訳	3％適用分	⑫		22
	4％適用分	⑬		23
	6.3％適用分	⑭	17645796	24
	6.24％適用分	⑮	3926520	25
	7.8％適用分	⑯	3198000	26

返還等対価に係る税額 ※申告書（第一表）の⑤欄へ		⑰	822235	31
⑰の内訳	売上げの返還等対価に係る税額	⑱	822235	32
	特定課税仕入れの返還等対価に係る税額（注1）	⑲		33

地方消費税の課税標準となる消費税額(注2)		⑳	8417816	41
	4％適用分	㉑		42
	6.3％適用分	㉒	5174481	43
	6.24％及び7.8％適用分	㉓	3243335	44

(注1)　⑧～⑩及び⑲欄は、一般課税により申告する場合で、課税売上割合が95％未満、かつ、特定課税仕入れがある事業者のみ記載します。
(注2)　⑳～㉓欄が還付税額となる場合はマイナス「－」を付してください。

第4-(1)号様式

付表1－1　税率別消費税額計算表 兼 地方消費税の課税標準となる消費税額計算表

一 般

課税期間	平成31・1・1～令和元・12・31	氏名又は名称	

区分		旧税率分小計 X	税率6.24％適用分 D	税率7.8％適用分 E	合計 F (X+D+E)
課税標準額	①	(付表1-2の①X欄の金額) 円 280,092 000	円 62,925 000	円 41,000 000	※第二表の①欄へ 円 384,017 000
①の内訳 課税資産の譲渡等の対価の額	①-1	(付表1-2の①-1X欄の金額) 280,092,592	※第二表の⑤欄へ 62,925,925	※第二表の⑥欄へ 41,000,000	※第二表の⑦欄へ 384,018,517
①の内訳 特定課税仕入れに係る支払対価の額	①-2	(付表1-2の①-2X欄の金額)	※①-2欄は、課税売上割合が95%未満、かつ、特定課税仕入れがある事業者のみ記載する。	※第二表の⑨欄へ	※第二表の⑩欄へ
消費税額	②	(付表1-2の②X欄の金額) 17,645,796	※第二表の⑮欄へ 3,926,520	※第二表の⑯欄へ 3,198,000	※第二表の⑪欄へ 24,770,316
控除過大調整税額	③	(付表1-2の③X欄の金額)	(付表2-1の㉔・㉕D欄の合計金額)	(付表2-1の㉔・㉕E欄の合計金額)	※第一表の③欄へ
控除税額 控除対象仕入税額	④	(付表1-2の④X欄の金額) 11,764,666	(付表2-1の㉓D欄の金額) 1,861,947	(付表2-1の㉓E欄の金額) 1,820,236	※第一表の④欄へ 15,446,849
控除税額 返還等対価に係る税額	⑤	(付表1-2の⑤X欄の金額) 623,233	87,073	111,929	※第二表の⑰欄へ 822,235
⑤の内訳 売上げの返還等対価に係る税額	⑤-1	(付表1-2の⑤-1X欄の金額) 623,233	87,073	111,929	※第二表の⑱欄へ 822,235
⑤の内訳 特定課税仕入れの返還等対価に係る税額	⑤-2	(付表1-2の⑤-2X欄の金額)	※⑤-2欄は、課税売上割合が95%未満、かつ、特定課税仕入れがある事業者のみ記載する。		※第二表の⑲欄へ
控除税額 貸倒れに係る税額	⑥	(付表1-2の⑥X欄の金額) 83,416			※第一表の⑥欄へ 83,416
控除税額 控除税額小計 (④+⑤+⑥)	⑦	(付表1-2の⑦X欄の金額) 12,471,315	1,949,020	1,932,165	※第一表の⑦欄へ 16,352,500
控除不足還付税額 (⑦－②－③)	⑧	(付表1-2の⑧X欄の金額)	※⑪E欄へ	※⑪E欄へ	
差引税額 (②+③－⑦)	⑨	(付表1-2の⑨X欄の金額) 5,174,481	※⑫E欄へ 1,977,500	※⑫E欄へ 1,265,835	8,417,816
合計差引税額 (⑨－⑧)	⑩				※マイナスの場合は第一表の⑧欄へ ※プラスの場合は第一表の⑨欄へ 8,417,816
地方消費税の課税標準となる消費税額 控除不足還付税額	⑪	(付表1-2の⑪X欄の金額)		(⑧D欄と⑧E欄の合計金額)	
地方消費税の課税標準となる消費税額 差引税額	⑫	(付表1-2の⑫X欄の金額) 5,174,481		(⑨D欄と⑨E欄の合計金額) 3,243,335	8,417,816
合計差引地方消費税の課税標準となる消費税額 (⑫－⑪)	⑬	(付表1-2の⑬X欄の金額) 5,174,481		※第二表の㉓欄へ 3,243,335	※マイナスの場合は第一表の⑰欄へ ※プラスの場合は第一表の⑱欄へ ※第二表の㉓欄へ 8,417,816
譲渡割額 還付額	⑭	(付表1-2の⑭X欄の金額)		(⑪E欄×22/78)	
譲渡割額 納税額	⑮	(付表1-2の⑮X欄の金額) 1,396,288		(⑫E欄×22/78) 914,786	2,311,074
合計差引譲渡割額 (⑮－⑭)	⑯				※マイナスの場合は第一表の⑲欄へ ※プラスの場合は第一表の⑳欄へ 2,311,074

注意 1　金額の計算においては、1円未満の端数を切り捨てる。
　　 2　旧税率が適用された取引がある場合は、付表1-2を作成してから当該付表を作成する。

第4-(5)号様式

付表1－2　税率別消費税額計算表　兼　地方消費税の課税標準となる消費税額計算表〔経過措置対象課税資産の譲渡等を含む課税期間用〕

一 般

課税期間	平成31・1・1～令和元・12・31	氏名又は名称	

区分		税率3％適用分 A	税率4％適用分 B	税率6.3％適用分 C	旧税率分小計 X (A+B+C)
課税標準額	①	円 000	円 000	円 280,092 000	※付表1-1の①X欄へ 円 280,092 000
①の内訳 課税資産の譲渡等の対価の額	①-1	※第二表の②欄へ	※第二表の③欄へ	※第二表の④欄へ 280,092,592	※付表1-1の①-1X欄へ 280,092,592
①の内訳 特定課税仕入れに係る支払対価の額	①-2	※①-2欄は、課税売上割合が95%未満、かつ、特定課税仕入れがある事業者のみ記載する。		※第二表の⑧欄へ	※付表1-1の①-2X欄へ
消費税額	②	※第二表の⑫欄へ	※第二表の⑬欄へ	※第二表の⑭欄へ 17,645,796	※付表1-1の②X欄へ 17,645,796
控除過大調整税額	③	(付表2-2の㉔・㉕A欄の合計金額)	(付表2-2の㉔・㉕B欄の合計金額)	(付表2-2の㉔・㉕C欄の合計金額)	※付表1-1の③X欄へ
控除税額 控除対象仕入税額	④	(付表2-2の㉓A欄の金額)	(付表2-2の㉓B欄の金額)	(付表2-2の㉓C欄の金額) 11,764,666	※付表1-1の④X欄へ 11,764,666
控除税額 返還等対価に係る税額	⑤			623,233	※付表1-1の⑤X欄へ 623,233
⑤の内訳 売上げの返還等対価に係る税額	⑤-1			623,233	※付表1-1の⑤-1X欄へ 623,233
⑤の内訳 特定課税仕入れの返還等対価に係る税額	⑤-2	※⑤-2欄は、課税売上割合が95%未満、かつ、特定課税仕入れがある事業者のみ記載する。			※付表1-1の⑤-2X欄へ
控除税額 貸倒れに係る税額	⑥			83,416	※付表1-1の⑥X欄へ 83,416
控除税額 控除税額小計 (④+⑤+⑥)	⑦			12,471,315	※付表1-1の⑦X欄へ 12,471,315
控除不足還付税額 (⑦－②－③)	⑧		※⑪B欄へ	※⑪C欄へ	※付表1-1の⑧X欄へ
差引税額 (②+③－⑦)	⑨		※⑫B欄へ	※⑫C欄へ 5,174,481	※付表1-1の⑨X欄へ 5,174,481
合計差引税額 (⑨－⑧)	⑩				
地方消費税の課税標準となる消費税額 控除不足還付税額	⑪		(⑧B欄の金額)	(⑧C欄の金額)	※付表1-1の⑪X欄へ
地方消費税の課税標準となる消費税額 差引税額	⑫		(⑨B欄の金額)	(⑨C欄の金額) 5,174,481	※付表1-1の⑫X欄へ 5,174,481
合計差引地方消費税の課税標準となる消費税額 (⑫－⑪)	⑬		※第二表の㉑欄へ	※第二表の㉒欄へ 5,174,481	※付表1-1の⑬X欄へ 5,174,481
譲渡割額 還付額	⑭		(⑪B欄×25/100)	(⑪C欄×17/63)	※付表1-1の⑭X欄へ
譲渡割額 納税額	⑮		(⑫B欄×25/100)	(⑫C欄×17/63) 1,396,288	※付表1-1の⑮X欄へ 1,396,288
合計差引譲渡割額 (⑮－⑭)	⑯				

注意 1　金額の計算においては、1円未満の端数を切り捨てる。
2　旧税率が適用された取引がある場合は、当該付表を作成してから付表1-1を作成する。

第4-(2)号様式

付表2－1　課税売上割合・控除対象仕入税額等の計算表

一　般

課税期間	平成31・1・1～令和元・12・31	氏名又は名称	

項目		旧税率分小計 X	税率6.24％適用分 D	税率7.8％適用分 E	合計 F (X+D+E)
課税売上額（税抜き）	①	(付表2-2の①X欄の金額) 円 270,200,000	円 61,530,518	円 39,565,000	円 371,295,518
免税売上額	②				11,000,000
非課税資産の輸出等の金額、海外支店等へ移送した資産の価額	③				
課税資産の譲渡等の対価の額（①＋②＋③）	④				※第一表の⑮欄へ ※付表2-2の④X欄へ 382,295,518
課税資産の譲渡等の対価の額（④の金額）	⑤				382,295,518
非課税売上額	⑥				7,000,000
資産の譲渡等の対価の額（⑤＋⑥）	⑦				※第一表の⑯欄へ ※付表2-2の⑦X欄へ 389,295,518
課税売上割合（④／⑦）	⑧				※付表2-2の⑧X欄へ ［98％］ ※端数切捨て
課税仕入れに係る支払対価の額（税込み）	⑨	(付表2-2の⑨X欄の金額) 201,680,000	32,226,000	25,670,000	259,576,000
課税仕入れに係る消費税額	⑩	(付表2-2の⑩X欄の金額) 11,764,666	(⑨D欄×6.24/108) 1,861,947	(⑨E欄×7.8/110) 1,820,236	15,446,849
特定課税仕入れに係る支払対価の額	⑪	(付表2-2の⑪X欄の金額)	※⑪及び⑫欄は、課税売上割合が95%未満、かつ、特定課税仕入れがある事業者のみ記載する。		
特定課税仕入れに係る消費税額	⑫	(付表2-2の⑫X欄の金額)		(⑪E欄×7.8/100)	
課税貨物に係る消費税額	⑬	(付表2-2の⑬X欄の金額)			
納税義務の免除を受けない（受ける）こととなった場合における消費税額の調整（加算又は減算）額	⑭	(付表2-2の⑭X欄の金額)			
課税仕入れ等の税額の合計額（⑩＋⑫＋⑬±⑭）	⑮	(付表2-2の⑮X欄の金額) 11,764,666	1,861,947	1,820,236	15,446,849
課税売上高が5億円以下、かつ、課税売上割合が95％以上の場合（⑮の金額）	⑯	(付表2-2の⑯X欄の金額) 11,764,666	1,861,947	1,820,236	15,446,849
課税売上高が5億円超又は課税売上割合が95％未満の場合 個別対応方式 ⑮のうち、課税売上げにのみ要するもの	⑰	(付表2-2の⑰X欄の金額)			
課税売上高が5億円超又は課税売上割合が95％未満の場合 個別対応方式 ⑮のうち、課税売上げと非課税売上げに共通して要するもの	⑱	(付表2-2の⑱X欄の金額)			
課税売上高が5億円超又は課税売上割合が95％未満の場合 個別対応方式 個別対応方式により控除する課税仕入れ等の税額〔⑰＋(⑱×④／⑦)〕	⑲	(付表2-2の⑲X欄の金額)			
課税売上高が5億円超又は課税売上割合が95％未満の場合 一括比例配分方式により控除する課税仕入れ等の税額（⑮×④／⑦）	⑳	(付表2-2の⑳X欄の金額)			
控除税額の調整 課税売上割合変動時の調整対象固定資産に係る消費税額の調整（加算又は減算）額	㉑	(付表2-2の㉑X欄の金額)			
控除税額の調整 調整対象固定資産を課税業務用（非課税業務用）に転用した場合の調整（加算又は減算）額	㉒	(付表2-2の㉒X欄の金額)			
差引 控除対象仕入税額〔(⑯、⑲又は⑳の金額)±㉑±㉒〕がプラスの時	㉓	(付表2-2の㉓X欄の金額) 11,764,666	※付表1-1の④D欄へ 1,861,947	※付表1-1の④E欄へ 1,820,236	15,446,849
差引 控除過大調整税額〔(⑯、⑲又は⑳の金額)±㉑±㉒〕がマイナスの時	㉔	(付表2-2の㉔X欄の金額)	※付表1-1の③D欄へ	※付表1-1の③E欄へ	
貸倒回収に係る消費税額	㉕	(付表2-2の㉕X欄の金額)	※付表1-1の③D欄へ	※付表1-1の③E欄へ	

注意 1　金額の計算においては、1円未満の端数を切り捨てる。
2　旧税率が適用された取引がある場合は、付表2-2を作成してから当該付表を作成する。
3　⑨及び⑪欄には、値引き、割戻し、割引きなど仕入対価の返還等の金額がある場合（仕入対価の返還等の金額を仕入金額から直接減額している場合を除く。）には、その金額を控除した後の金額を記載する。

第4-(6)号様式

付表2－2　課税売上割合・控除対象仕入税額等の計算表
〔経過措置対象課税資産の譲渡等を含む課税期間用〕

一　般

課税期間	平成31・1・1～令和元・12・31	氏名又は名称	

項目		税率3％適用分 A	税率4％適用分 B	税率6.3％適用分 C	旧税率分小計X (A+B+C)
課税売上額（税抜き）	①	円	円	円 270,200,000	※付表2-1の①X欄へ 円 270,200,000
免税売上額	②				
非課税資産の輸出等の金額、海外支店等へ移送した資産の価額	③				
課税資産の譲渡等の対価の額（①＋②＋③）	④				(付表2-1の④F欄の金額) 382,295,518
課税資産の譲渡等の対価の額（④の金額）	⑤				
非課税売上額	⑥				
資産の譲渡等の対価の額（⑤＋⑥）	⑦				(付表2-1の⑦F欄の金額) 389,295,518
課税売上割合（④／⑦）	⑧				(付表2-1の⑧F欄の割合) ［98 %］ ※端数切捨て
課税仕入れに係る支払対価の額（税込み）	⑨			201,680,000	※付表2-1の⑨X欄へ 201,680,000
課税仕入れに係る消費税額	⑩	(⑨A欄×3/103)	(⑨B欄×4/105)	(⑨C欄×6.3/108) 11,764,666	※付表2-1の⑩X欄へ 11,764,666
特定課税仕入れに係る支払対価の額	⑪	※⑪及び⑫欄は、課税売上割合が95%未満、かつ、特定課税仕入れがある事業者のみ記載する。			※付表2-1の⑪X欄へ
特定課税仕入れに係る消費税額	⑫			(⑪C欄×6.3/100)	※付表2-1の⑫X欄へ
課税貨物に係る消費税額	⑬				※付表2-1の⑬X欄へ
納税義務の免除を受けない（受ける）こととなった場合における消費税額の調整（加算又は減算）額	⑭				※付表2-1の⑭X欄へ
課税仕入れ等の税額の合計額（⑩＋⑫＋⑬±⑭）	⑮			11,764,666	※付表2-1の⑮X欄へ 11,764,666
課税売上高が5億円以下、かつ、課税売上割合が95％以上の場合（⑮の金額）	⑯			11,764,666	※付表2-1の⑯X欄へ 11,764,666
課税売上高が5億円超又は課税売上割合が95％未満の場合　個別対応方式　⑮のうち、課税売上げにのみ要するもの	⑰				※付表2-1の⑰X欄へ
個別対応方式　⑮のうち、課税売上げと非課税売上げに共通して要するもの	⑱				※付表2-1の⑱X欄へ
個別対応方式　個別対応方式により控除する課税仕入れ等の税額〔⑰＋(⑱×④／⑦)〕	⑲				※付表2-1の⑲X欄へ
一括比例配分方式により控除する課税仕入れ等の税額（⑮×④／⑦）	⑳				※付表2-1の⑳X欄へ
控除税額の調整　課税売上割合変動時の調整対象固定資産に係る消費税額の調整（加算又は減算）額	㉑				※付表2-1の㉑X欄へ
調整対象固定資産を課税業務用（非課税業務用）に転用した場合の調整（加算又は減算）額	㉒				※付表2-1の㉒X欄へ
差引　控除対象仕入税額〔(⑯、⑲又は⑳の金額)±㉑±㉒〕がプラスの時	㉓	※付表1-2の④A欄へ	※付表1-2の④B欄へ	※付表1-2の④C欄へ 11,764,666	※付表2-1の㉓X欄へ 11,764,666
控除過大調整税額〔(⑯、⑲又は⑳の金額)±㉑±㉒〕がマイナスの時	㉔	※付表1-2の③A欄へ	※付表1-2の③B欄へ	※付表1-2の③C欄へ	※付表2-1の㉔X欄へ
貸倒回収に係る消費税額	㉕	※付表1-2の③A欄へ	※付表1-2の③B欄へ	※付表1-2の③C欄へ	※付表2-1の㉕X欄へ

注意
1　金額の計算においては、1円未満の端数を切り捨てる。
2　旧税率が適用された取引がある場合は、当該付表を作成してから付表2-1を作成する。
3　④、⑦及び⑧のX欄は、付表2-1のF欄を計算した後に記載する。
4　⑨及び⑪欄には、値引き、割戻し、割引きなど仕入対価の返還等の金額がある場合（仕入対価の返還等の金額を仕入金額から直接減額している場合を除く。）には、その金額を控除した後の金額を記載する。

令和元年7月
国　税　庁

軽減税率制度に対応した申告書の作成手順２（簡易課税用）〔みなし仕入率の特例を適用する場合〕

【課税期間】平成 31 年１月１日～令和元年 12 月 31 日　（単位：円）

	税率 6.3%適用分	税率 6.24%適用分	税率 7.8%適用分	合計金額
課税売上高（税込み）	23,033,000	4,798,000	2,879,000	30,710,000
うち第二種事業	18,033,000	4,798,000	1,928,000	24,759,000
うち第四種事業	5,000,000	0	951,000	5,951,000
免税売上高	－	－	－	1,100,000
売上対価の返還等の金額（税込み）	1,514,000	315,000	189,000	2,018,000
うち第二種事業	909,000	315,000	114,000	1,338,000
うち第四種事業	605,000	0	75,000	680,000
貸倒処理した金額（税込み）	560,000	―	―	560,000

（参考）　基準期間の課税売上高　30,000,000 円（税抜き）

Ⅰ　付表４－１・４－２の作成（その１）

この項においては、主に、税率の異なるごとに区分した課税標準である金額の合計額から消費税額を計算します。

なお、設例においては、税率引上げ前（令和元年 10 月）の税率の適用があるため、全項において付表４－２・５－２の作成が必要となります。

１　付表４－２の①～②及び⑤欄の記載

税率引上げ前の税率適用分について計算します。

⑴　「課税資産の譲渡等の対価の額①－１」欄

税率 6.3%適用分Ｃ、旧税率分小計Ｘ

23,033,000 × 100/108 ＝ 21,326,851

（注）　売上金額から売上対価の返還等の金額を直接減額する方法により経理している場合は、減額した後の金額を基に課税資産の譲渡等の対価の額及び課税標準額を計算します。付表４－１の同欄も同様です。

⑵　「課税標準額①」欄

税率 6.3%適用分Ｃ、旧税率分小計Ｘ

23,033,000 × 100/108 ＝ 21,326,000（千円未満切捨て）

⑶　「消費税額②」欄

税率 6.3%適用分Ｃ、旧税率分小計Ｘ

21,326,000 × 6.3% ＝ 1,343,538

⑷　「返還等対価に係る税額⑤」欄

税率 6.3%適用分Ｃ、旧税率分小計Ｘ

1,514,000 × 6.3/108 ＝ 88,316

（注）　売上金額から売上対価の返還等の金額を直接減額する方法により経理している場合は、⑤欄に記載する必要はありません。付表４－１の同欄も同様です。

2　付表４－１の①～②及び⑤欄の記載

設例の場合は付表４－２の①～②及び⑤欄の旧税率分小計Ｘを付表４－１に転記した上で、税率引上げ後の税率適用分について計算します。

⑴　「課税資産の譲渡等の対価の額①－１」欄

税率 6.24%適用分Ｄ

4,798,000 × 100/108 ＝ 4,442,592

税率 7.8%適用分Ｅ

2,879,000 × 100/110 ＝ 2,617,272

合計Ｆ

21,326,851 ＋ 4,442,592 ＋ 2,617,272 ＝ 28,386,715

⑵　「課税標準額①」欄

税率 6.24%適用分Ｄ

4,798,000 × 100/108 ＝ 4,442,000（千円未満切捨て）

税率 7.8%適用分Ｅ

2,879,000 × 100/110 ＝ 2,617,000（千円未満切捨て）

合計Ｆ

21,326,000 ＋ 4,442,000 ＋ 2,617,000 ＝ 28,385,000

⑶　「消費税額②」欄

税率 6.24%適用分Ｄ

4,442,000 × 6.24% ＝ 277,180

税率 7.8%適用分Ｅ

2,617,000 × 7.8% ＝ 204,126

合計Ｆ

1,343,538 ＋ 277,180 ＋ 204,126 ＝ 1,824,844

⑷　「返還等対価に係る税額⑤」欄

税率 6.24%適用分Ｄ

315,000 × 6.24/108 ＝ 18,199

税率 7.8%適用分Ｅ

189,000 × 7.8/110 ＝ 13,401

合計Ｆ

88,316 ＋ 18,199 ＋ 13,401 ＝ 119,916

Ⅱ　付表５－１・５－２の作成

この項においては、控除対象仕入税額を計算します。

１　付表５－２の①～⑲欄の記載

税率引上げ前の税率適用分の控除対象仕入税額の計算の基礎となる消費税額、事業区分別の課税売上高及び消費税額を計算します。

⑴　「Ⅰ　控除対象仕入税額の計算の基礎となる消費税額」欄

イ　「課税標準額に対する消費税額①」欄

税率 6.3%適用分Ｃ

付表４－２の②Ｃ欄から転記

旧税率分小計Ｘ

1,343,538

ロ　「売上対価の返還等に係る消費税額③」欄

税率 6.3%適用分Ｃ

付表４－２の⑤Ｃ欄から転記

旧税率分小計Ｘ

88,316

ハ　「控除対象仕入税額の計算の基礎となる消費税額④」欄

税率 6.3%適用分Ｃ、旧税率分小計Ｘ

1,343,538 － 88,316 ＝ 1,255,222

⑵　「Ⅱ　１種類の事業の専業者の場合の控除対象仕入税額」欄

事業区分が１種類のみである場合には、「控除対象仕入税額の計算の基礎となる消費税額④」欄の金額に、該当するみなし仕入率を掛けて計算します。

設例の場合は２種類の事業を営んでいるためこの欄の記載の対象外となります。付表５－１の同欄も同様です。

⑶　「Ⅲ　２種類以上の事業を営む事業者の場合の控除対象仕入税額」欄

イ　「⑴　事業区分別の課税売上高（税抜き）の明細」欄

(ｲ)　「事業区分別の合計額⑥」欄

税率 6.3%適用分Ｃ、旧税率分小計Ｘ

23,033,000 × 100/108 － 1,514,000 × 100/108 ＝ 19,925,000

(ﾛ)　「第二種事業⑧」欄

税率 6.3%適用分Ｃ、旧税率分小計Ｘ

18,033,000 × 100/108 － 909,000 × 100/108 ＝ 15,855,556

(ﾊ)　「第四種事業⑩」欄

税率 6.3%適用分Ｃ、旧税率分小計Ｘ

5,000,000 × 100/108 － 605,000 × 100/108 ＝ 4,069,444

ロ　「⑵　⑴の事業区分別の課税売上高に係る消費税額の明細」欄

(ｲ)　「第二種事業⑮」欄

税率 6.3%適用分Ｃ、旧税率分小計Ｘ

18,033,000 × 6.3/108 － 909,000 × 6.3/108 ＝ 998,900

(ﾛ)　「第四種事業⑰」欄

税率 6.3%適用分Ｃ、旧税率分小計Ｘ

5,000,000 × 6.3/108 － 605,000 × 6.3/108 ＝ 256,375

(ﾊ)　「事業区分別の合計額⑬」欄

税率 6.3%適用分Ｃ、旧税率分小計Ｘ

998,900 ＋ 256,375 ＝ 1,255,275

２　付表５－１の①～⑲欄の記載

設例の場合は付表５－２の①～⑲欄の旧税率分小計Ｘを付表５－１に転記した上で、税率引上げ後の税率適用分について計算します。

⑴　「Ⅰ　控除対象仕入税額の計算の基礎となる消費税額」欄

イ　「課税標準額に対する消費税額①」欄

付表４－１②Ｄ、Ｅ及びＦ欄から転記

ロ　「売上対価の返還等に係る消費税額③」欄

付表４－１⑤Ｄ、Ｅ及びＦ欄から転記

ハ　「控除対象仕入税額の計算の基礎となる消費税額④」欄

税率 6.24%適用分Ｄ

277,180 － 18,199 ＝ 258,981

税率 7.8%適用分Ｅ

204,126 － 13,401 ＝ 190,725

合計Ｆ

1,255,222 ＋ 258,981 ＋ 190,725 ＝ 1,704,928

(2) 「Ⅲ　２種類以上の事業を営む事業者の場合の控除対象仕入税額」欄

イ　「(1)　事業区分別の課税売上高（税抜き）の明細」欄

(イ)　「事業区分別の合計額⑥」欄

税率 6.24%適用分Ｄ

4,798,000 × 100/108 － 315,000 × 100/108 ＝ 4,150,926

税率 7.8%適用分Ｅ

2,879,000 × 100/110 － 189,000 × 100/110 ＝ 2,445,454

合計Ｆ

19,925,000 ＋ 4,150,926 ＋ 2,445,454 ＝ 26,521,380

(ロ)　「第二種事業⑧」欄

税率 6.24%適用分Ｄ

4,798,000 × 100/108 － 315,000 × 100/108 ＝ 4,150,926

税率 7.8%適用分Ｅ

1,928,000 × 100/110 － 114,000 × 100/110 ＝ 1,649,091

合計Ｆ

15,855,556 ＋ 4,150,926 ＋ 1,649,091 ＝ 21,655,573

売上割合

21,655,573 / 26,521,380 ＝ 81.653…% → 81.6%

(81.653…%≧75%　⇒　特例計算適用可)

(ハ)　「第四種事業⑩」欄

税率 6.24%適用分Ｄ

0

税率 7.8%適用分Ｅ

951,000 × 100/110 － 75,000 × 100/110 ＝ 796,364

合計Ｆ

4,069,444 ＋ 0 ＋ 796,364 ＝ 4,865,808

売上割合

4,865,808 / 26,521,380 ＝ 18.346…% → 18.3%

(18.346…%＜75%　⇒　特例計算適用不可)

ロ　「(2)　(1)の事業区分別の課税売上高に係る消費税額の明細」欄

(イ)　「第二種事業⑮」欄

税率 6.24%適用分Ｄ

4,798,000 × 6.24/108 － 315,000 × 6.24/108 ＝ 259,018

税率 7.8%適用分Ｅ

1,928,000 × 7.8/110 － 114,000 × 7.8/110 ＝ 128,629

合計F

998,900 ＋ 259,018 ＋ 128,629 ＝ 1,386,547

(ロ)　「第四種事業⑰」欄

税率6.24%適用分D

0

税率7.8%適用分E

951,000 × 7.8/110 － 75,000 × 7.8/110 ＝ 62,116

合計F

256,375 ＋ 0 ＋ 62,116 ＝ 318,491

(ハ)　「事業区分別の合計額⑬」欄

税率6.24%適用分D

259,018 ＋ 0 ＝ 259,018

税率7.8%適用分E

128,629 ＋ 62,116 ＝ 190,745

合計F

1,255,275 ＋ 259,018 ＋ 190,745 ＝ 1,705,038

3　付表５－２の⑳～㊱欄の記載

税率引上げ前の税率適用分の控除対象仕入税額を計算し付表５－２の「(3)　控除対象仕入税額の計算式区分の明細」欄に記載します。

(1)　「イ　原則計算を適用する場合⑳」欄

税率6.3%適用分C、旧税率分小計X

$$\frac{\overset{\text{第二種事業}}{998,900 \times 80\%} + \overset{\text{第四種事業}}{256,375 \times 60\%}}{1,255,275} = \frac{952,945}{1,255,275}$$

$$\text{控除対象仕入税額} = 1,255,222 \times \frac{952,945}{1,255,275} = 952,904$$

(2)　「ロ　特例計算を適用する場合」欄

イ　「(イ)　１種類の事業で75%以上㉑」欄

設例の場合は第二種事業の課税売上高が全体の課税売上高の75%以上を占めることから、控除対象仕入税額の計算の基礎となる消費税額の全体について、第二種事業に係るみなし仕入率（80%）を適用することができます。付表５－１の同欄も同様です。

税率6.3%適用分C、旧税率分小計X

1,255,222 × 80% ＝ 1,004,177

ロ　「(ロ)　２種類の事業で 75%以上・第二種事業及び第四種事業㉘」欄

設例の場合は第二種事業及び第四種事業の課税売上高が全体の課税売上高の 75%以上を占めることから、控除対象仕入税額の計算については、次のとおりとなります。付表５－１の同欄も同様です。

税率 6.3%適用分Ｃ、旧税率分小計Ｘ

$$\frac{\overset{\text{第二種事業}}{998,900 \times 80\%} + \overset{\text{第四種事業}}{(1,255,275 - 998,900) \times 60\%}}{1,255,275} = \frac{952,945}{1,255,275}$$

$$\text{控除対象仕入税額} = 1,255,222 \times \frac{952,945}{1,255,275} = \underline{\underline{952,904}}$$

4　付表５－１の⑳～㊱欄の記載

設例の場合は付表５－２の⑳～㊱欄の旧税率分小計Ｘを付表５－１の「⑶　控除対象仕入税額の計算式区分の明細」欄に転記した上で、税率引上げ後の税率適用分について計算します。

⑴　「イ　原則計算を適用する場合⑳」欄

税率 6.24%適用分Ｄ

$$\frac{\overset{\text{第二種事業}}{259,018 \times 80\%} + \overset{\text{第四種事業}}{0 \times 60\%}}{259,018} = \frac{207,214}{259,018}$$

$$\text{控除対象仕入税額} = 258,981 \times \frac{207,214}{259,018} = \underline{\underline{207,184}}$$

税率 7.8%適用分Ｅ

$$\frac{\overset{\text{第二種事業}}{128,629 \times 80\%} + \overset{\text{第四種事業}}{62,116 \times 60\%}}{190,745} = \frac{140,172}{190,745}$$

$$\text{控除対象仕入税額} = 190,725 \times \frac{140,172}{190,745} = \underline{\underline{140,157}}$$

合計Ｆ

$952,904 + 207,184 + 140,157 = \underline{\underline{1,300,245}}$

⑵　「ロ　特例計算を適用する場合」欄

イ　「(イ)　１種類の事業で 75%以上㉑」欄

税率 6.24%適用分Ｄ

$258,981 \times 80\% = \underline{\underline{207,184}}$

税率 7.8%適用分Ｅ

$190,725 \times 80\% = \underline{\underline{152,580}}$

合計Ｆ

$1,004,177 + 207,184 + 152,580 = \underline{\underline{1,363,941}}$

ロ　「(ロ)　２種類の事業で 75%以上・第二種事業及び第四種事業㉘」欄

税率 6.24%適用分D

$$\frac{\overset{\text{第二種事業}}{259{,}018 \times 80\%} + (\overset{\text{第四種事業}}{259{,}018 - 259{,}018}) \times 60\%}{259{,}018} = \frac{207{,}214}{259{,}018}$$

$$\text{控除対象仕入税額} = 258{,}981 \times \frac{207{,}214}{259{,}018} = \underline{\underline{207{,}184}}$$

税率 7.8%適用分E

$$\frac{\overset{\text{第二種事業}}{128{,}629 \times 80\%} + (\overset{\text{第四種事業}}{190{,}745 - 128{,}629}) \times 60\%}{190{,}745} = \frac{140{,}172}{190{,}745}$$

$$\text{控除対象仕入税額} = 190{,}725 \times \frac{140{,}172}{190{,}745} = \underline{\underline{140{,}157}}$$

合計F

$952{,}904 + 207{,}184 + 140{,}157 = \underline{\underline{1{,}300{,}245}}$

5　付表５－２の㊲欄の記載

上記４(1)、４(2)イ又はロのいずれかの計算方法から選択した金額を記載します。

設例の場合は上記４(2)イを選択します。

「ハ　上記の計算式区分から選択した控除対象仕入税額㊲」欄

税率 6.3%適用分C、旧税率分小計X　⇒　1,004,177

6　付表５－１の㊲欄の記載

付表５－２の㊲欄の旧税率分小計Ｘを付表５－１に転記した上で、上記５で選択した計算方法（上記４(2)イ）に基づく控除対象仕入税額を記載します。

「ハ　上記の計算式区分から選択した控除対象仕入税額㊲」欄

税率 6.24%適用分D　⇒　207,184

税率 7.8%適用分E　⇒　152,580

合計F　⇒　1,004,177 ＋ 207,184 ＋ 152,580 ＝ 1,363,941

（注）　適用税率ごとに異なる計算方法を選択することはできません。

Ⅲ　付表４－１・４－２の作成（その２）

この項においては、上記Ⅰ・Ⅱの計算結果から消費税額及び地方消費税額を計算します。

1　付表４－２の④及び⑥～⑮欄の記載

税率引上げ前の税率適用分について計算します。

(1)　「控除対象仕入税額④」欄

税率 6.3%適用分C

付表５－２の㊲C欄から転記

旧税率分小計Ｘ

1,004,177

⑵　「貸倒れに係る税額⑥」欄

税率6.3%適用分Ｃ、旧税率分小計Ｘ

560,000 × 6.3/108 ＝ 32,666

⑶　「控除税額小計⑦」欄

税率6.3%適用分Ｃ、旧税率分小計Ｘ

1,004,177 ＋ 88,316 + 32,666 ＝ 1,125,159

⑷　「差引税額⑨」欄

税率6.3%適用分Ｃ、旧税率分小計Ｘ

1,343,538 － 1,125,159 ＝ 218,379

⑸　「地方消費税の課税標準となる消費税額・差引税額⑫」欄

税率6.3%適用分Ｃ

⑨Ｃ欄から転記

旧税率分小計Ｘ

218,379

⑹　「合計差引地方消費税の課税標準となる消費税額⑬」欄

設例の場合は⑫Ｃ及びＸ欄と同じ

⑺　「譲渡割額・納税額⑮」欄

税率6.3%適用分Ｃ、旧税率分小計Ｘ

218,379 × 17/63 ＝ 58,927

２　付表４－１の④及び⑥～⑯欄の記載

設例の場合は付表４－２の④及び⑥～⑮欄の旧税率分小計Ｘを付表４－１に転記した上で、税率引上げ後の税率適用分について計算します。

⑴　「控除対象仕入税額④」欄

付表５－１の㊲Ｄ、Ｅ及びＦ欄から転記

⑵　「貸倒れに係る税額⑥」欄

合計Ｆ

32,666 ＋ 0 ＋ 0 ＝ 32,666

⑶　「控除税額小計⑦」欄

税率6.24%適用分Ｄ

207,184 ＋ 18,199 ＝ 225,383

税率7.8%適用分Ｅ

152,580 ＋ 13,401 ＝ 165,981

合計F

1,125,159 ＋ 225,383 ＋ 165,981 ＝ 1,516,523

⑷ 「差引税額⑨」欄

税率6.24%適用分D

277,180 － 225,383 ＝ 51,797

税率7.8%適用分E

204,126 － 165,981 ＝ 38,145

合計F

218,379 ＋ 51,797 ＋ 38,145 ＝ 308,321

⑸ 「合計差引金額⑩」欄

308,321 － 0 ＝ 308,321

⑹ 「地方消費税の課税標準となる消費税額・差引税額⑫」欄

税率7.8%適用分E

51,797 ＋ 38,145 ＝ 89,942

合計F

218,379 ＋ 89,942 ＝ 308,321

⑺ 「合計差引地方消費税の課税標準となる消費税額⑬」欄

税率7.8%適用分E

設例の場合は⑫E欄と同じ

合計F

218,379 ＋ 89,942 ＝ 308,321

⑻ 「譲渡割額・納税額⑮」欄

税率7.8%適用分E

89,942 × 22/78 ＝ 25,368

合計F

58,927 ＋ 25,368 ＝ 84,295

⑼ 「合計差引譲渡割額⑯」欄

84,295 － 0 ＝ 84,295

Ⅳ 申告書第一表「この課税期間の課税売上高⑮」欄の記載

課税売上高（税抜き）から、課税売上げに係る対価の返還等の金額（税抜き）を控除し、免税売上高を加算した金額を記載します。

課税売上高（ 23,033,000 × 100/108 ＋ 4,798,000 × 100/108 ＋ 2,879,000 × 100/110 ）－ 課税売上げに係る対価の返還等の金額（ 1,514,000 × 100/108 ＋ 315,000 × 100/108 ＋ 189,000 × 100/110 ）＋ 免税売上高（ 1,100,000 ）＝ 27,621,380

Ⅴ 申告書第一表・第二表の記載

次のとおり転記及び計算します。

第一表	転記元等
①	申告書 第二表 ①
②	申告書 第二表 ⑪
③	付 表 4－1 ③F
④	付 表 4－1 ④F
⑤	申告書 第二表 ⑰
⑥	付 表 4－1 ⑥F
⑦	付 表 4－1 ⑦F
⑧	付 表 4－1 ⑩F（マイナスの場合に記載）
⑨	付 表 4－1 ⑩F（プラスの場合に記載）
⑩	中間納付税額
⑪	申告書 第一表 ⑨－⑩（⑨＞⑩の場合に記載）
⑫	申告書 第一表 ⑩－⑨（⑩＞⑨の場合に記載）
⑬	修正申告の場合に記載
⑭	
⑮	課税期間の課税売上高
⑯	基準期間の課税売上高
⑰	付 表 4－1 ⑬F（マイナスの場合に記載）
⑱	付 表 4－1 ⑬F（プラスの場合に記載）
⑲	付 表 4－1 ⑯F（マイナスの場合に記載）
⑳	付 表 4－1 ⑯F（プラスの場合に記載）
㉑	中間納付譲渡割額
㉒	申告書 第一表 ⑳－㉑（⑳＞㉑の場合に記載）
㉓	申告書 第一表 ㉑－⑳（㉑＞⑳の場合に記載）
㉔	修正申告の場合に記載
㉕	
㉖	申告書 第一表 （⑪＋㉒）－（⑧＋⑫＋⑲＋㉓）

第二表	転記元等
①	付 表４－１ ①F
②	付 表４－２ ①－１A
③	付 表４－２ ①－１B
④	付 表４－２ ①－１C
⑤	付 表４－１ ①－１D
⑥	付 表４－１ ①－１E
⑦	付 表４－１ ①－１F
⑧	
⑨	
⑩	
⑪	付 表４－１ ②F
⑫	付 表４－２ ②A
⑬	付 表４－２ ②B
⑭	付 表４－２ ②C
⑮	付 表４－１ ②D
⑯	付 表４－１ ②E
⑰	付 表４－１ ⑤F
⑱	付 表４－１ ⑤F
⑲	
⑳	付 表４－１ ⑬F
㉑	付 表４－２ ⑬B
㉒	付 表４－２ ⑬C
㉓	付 表４－１ ⑬E

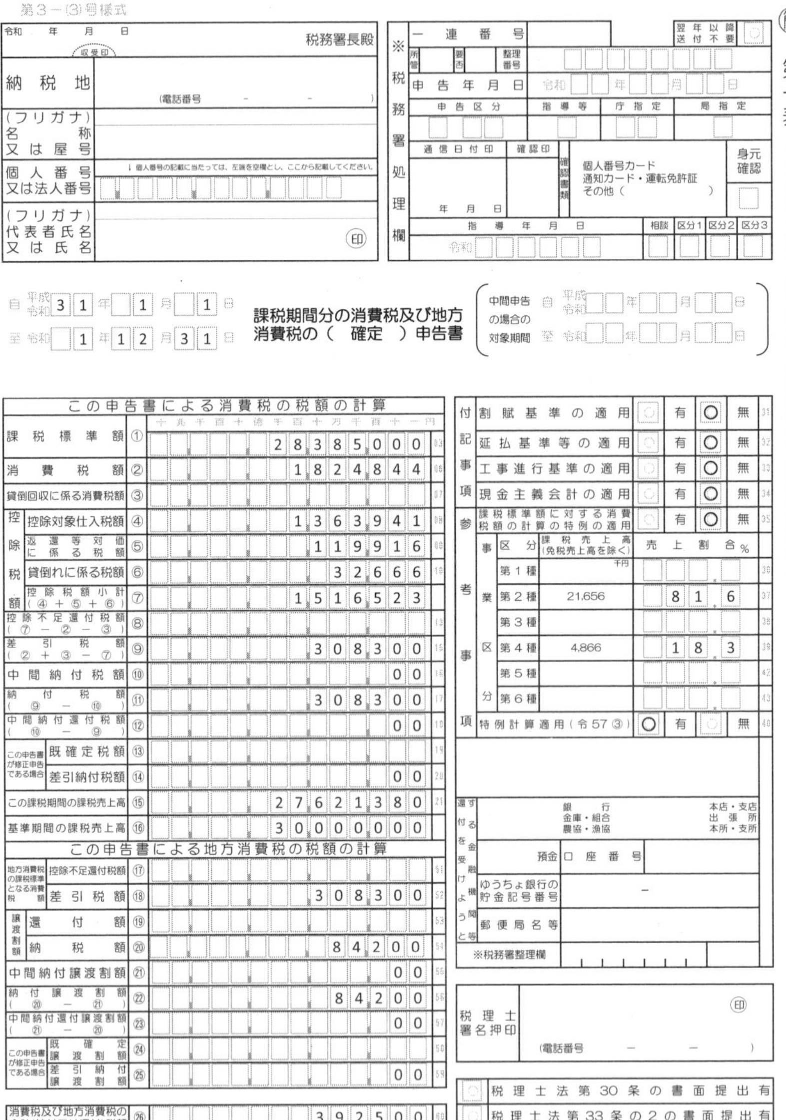

第3－(3)号様式

(簡) 第一表　令和元年十月一日以後終了課税期間分（簡易課税用）

令和　年　月　日	税務署長殿
収受印	
納税地	（電話番号　　－　　－　　）
（フリガナ） 名称 又は屋号	
個人番号 又は法人番号	↓ 個人番号の記載に当たっては、左端を空欄とし、ここから記載してください。
（フリガナ） 代表者氏名 又は氏名	印

※税務署処理欄

一連番号		翌年以降送付不要	
所管	要否	整理番号	
申告年月日	令和　年　月　日		
申告区分	指導等	庁指定	局指定
通信日付印	確認印	確認書類：個人番号カード／通知カード・運転免許証／その他（　　）	身元確認
年　月　日			
指導年月日	令和	相談	区分1　区分2　区分3

自	平成/令和 31年 1月 1日	課税期間分の消費税及び地方消費税の（　確定　）申告書	中間申告の場合の対象期間	自 平成/令和　年　月　日
至	令和 1年 12月 31日			至 令和　年　月　日

この申告書による消費税の税額の計算

		十兆 千 百 十 億 千 百 十 万 千 百 十 一 円	
課税標準額	①	28385000	03
消費税額	②	1824844	06
貸倒回収に係る消費税額	③		07
控除税額　控除対象仕入税額	④	1363941	08
控除税額　返還等対価に係る税額	⑤	119916	09
控除税額　貸倒れに係る税額	⑥	32666	10
控除税額　控除税額小計（④＋⑤＋⑥）	⑦	1516523	
控除不足還付税額（⑦－②－③）	⑧		13
差引税額（②＋③－⑦）	⑨	308300	15
中間納付税額	⑩	00	16
納付税額（⑨－⑩）	⑪	308300	17
中間納付還付税額（⑩－⑨）	⑫	00	18
この申告書が修正申告である場合　既確定税額	⑬		19
この申告書が修正申告である場合　差引納付税額	⑭	00	20
この課税期間の課税売上高	⑮	27621380	21
基準期間の課税売上高	⑯	30000000	

この申告書による地方消費税の税額の計算

地方消費税の課税標準となる消費税額　控除不足還付税額	⑰		51
地方消費税の課税標準となる消費税額　差引税額	⑱	308300	52
譲渡割額　還付額	⑲		53
譲渡割額　納税額	⑳	84200	54
中間納付譲渡割額	㉑	00	55
納付譲渡割額（⑳－㉑）	㉒	84200	56
中間納付還付譲渡割額（㉑－⑳）	㉓	00	57
この申告書が修正申告である場合　既確定譲渡割額	㉔		58
この申告書が修正申告である場合　差引納付譲渡割額	㉕	00	59
消費税及び地方消費税の合計（納付又は還付）税額	㉖	392500	60

㉖＝（⑪＋㉒）－（⑧＋⑫＋⑲＋㉓）・修正申告の場合㉖＝⑭＋㉕
㉖が還付税額となる場合はマイナス「－」を付してください。

付記事項

割賦基準の適用		有	○	無	31
延払基準等の適用		有	○	無	32
工事進行基準の適用		有	○	無	33
現金主義会計の適用		有	○	無	34
課税標準額に対する消費税額の計算の特例の適用		有	○	無	35

参考事項

事業区分	課税売上高（免税売上高を除く）千円	売上割合 %	
第1種			36
第2種	21,656	81.6	37
第3種			38
第4種	4,866	18.3	39
第5種			42
第6種			43
特例計算適用（令57③）	○ 有	無	40

還付を受けようとする金融機関等

銀行・金庫・組合・農協・漁協	本店・支店・出張所・本所・支所
預金　口座番号	
ゆうちょ銀行の貯金記号番号	－
郵便局名等	
※税務署整理欄	

税理士署名押印	印 （電話番号　　－　　－　　）

税理士法第30条の書面提出有

税理士法第33条の2の書面提出有

第3－(2)号様式

課税標準額等の内訳書

整理番号	

納税地	(電話番号　　－　　－　　)
(フリガナ) 名称 又は屋号	
(フリガナ) 代表者氏名 又は氏名	

改正法附則による税額の特例計算			
軽減売上割合（10営業日）	○	附則38①	51
小売等軽減仕入割合	○	附則38②	52
小売等軽減売上割合	○	附則39①	53

第二表　令和元年十月一日以後終了課税期間分

自 平成/令和 31年 1月 1日
至 令和 1年 12月 31日

課税期間分の消費税及び地方消費税の（　確定　）申告書

中間申告の場合の対象期間　自 平成/令和　年　月　日　至 令和　年　月　日

項目		番号	金額（十兆 兆 千 百 十 億 千 百 十 万 千 百 十 一 円）	
課税標準額 ※申告書（第一表）の①欄へ		①	28385000	01
課税資産の譲渡等の対価の額の合計額	3%適用分	②		02
	4%適用分	③		03
	6.3%適用分	④	21326851	04
	6.24%適用分	⑤	4442592	05
	7.8%適用分	⑥	2617272	06
		⑦	28386715	07
特定課税仕入れに係る支払対価の額の合計額（注1）	6.3%適用分	⑧		11
	7.8%適用分	⑨		12
		⑩		13

項目		番号	金額	
消費税額 ※申告書（第一表）の②欄へ		⑪	1824844	21
⑪の内訳	3%適用分	⑫		22
	4%適用分	⑬		23
	6.3%適用分	⑭	1343538	24
	6.24%適用分	⑮	277180	25
	7.8%適用分	⑯	204126	26

項目		番号	金額	
返還等対価に係る税額 ※申告書（第一表）の⑤欄へ		⑰	119916	31
⑰の内訳	売上げの返還等対価に係る税額	⑱	119916	32
	特定課税仕入れの返還等対価に係る税額（注1）	⑲		33

項目		番号	金額	
地方消費税の課税標準となる消費税額（注2）		⑳	308321	41
	4%適用分	㉑		42
	6.3%適用分	㉒	218379	43
	6.24%及び7.8%適用分	㉓	89942	44

注1）⑧～⑩及び⑲欄は、一般課税により申告する場合で、課税売上割合が95%未満、かつ、特定課税仕入れがある事業者のみ記載します。
注2）⑳～㉓欄が還付税額となる場合はマイナス「－」を付してください。

第4-(3)号様式

付表4－1　税率別消費税額計算表 兼 地方消費税の課税標準となる消費税額計算表

簡易

課税期間	平成31・1・1～令和元・12・31	氏名又は名称	

区分		旧税率分小計 X	税率6.24％適用分 D	税率7.8％適用分 E	合計 F (X+D+E)
課税標準額	①	(付表4-2の①X欄の金額) 円 21,326 000	円 4,442 000	円 2,617 000	※第二表の①欄へ 円 28,385 000
課税資産の譲渡等の対価の額	①-1	(付表4-2の①-1X欄の金額) 21,326,851	※第二表の⑤欄へ 4,442,592	※第二表の⑥欄へ 2,617,272	※第二表の⑦欄へ 28,386,715
消費税額	②	(付表4-2の②X欄の金額) 1,343,538	※付表5-1の①D欄へ ※第二表の⑮欄へ 277,180	※付表5-1の①E欄へ ※第二表の⑯欄へ 204,126	※付表5-1の①F欄へ ※第二表の⑪欄へ 1,824,844
貸倒回収に係る消費税額	③	(付表4-2の③X欄の金額)	※付表5-1の②D欄へ	※付表5-1の②E欄へ	※付表5-1の②F欄へ ※第一表の③欄へ
控除税額　控除対象仕入税額	④	(付表4-2の④X欄の金額) 1,004,177	(付表5-1の⑤D欄又は㊲D欄の金額) 207,184	(付表5-1の⑤E欄又は㊲E欄の金額) 152,580	(付表5-1の⑤F欄又は㊲F欄の金額) ※第一表の④欄へ 1,363,941
控除税額　返還等対価に係る税額	⑤	(付表4-2の⑤X欄の金額) 88,316	※付表5-1の③D欄へ 18,199	※付表5-1の③E欄へ 13,401	※付表5-1の③F欄へ ※第二表の⑰欄へ 119,916
控除税額　貸倒れに係る税額	⑥	(付表4-2の⑥X欄の金額) 32,666			※第一表の⑥欄へ 32,666
控除税額　控除税額小計 (④+⑤+⑥)	⑦	(付表4-2の⑦X欄の金額) 1,125,159	225,383	165,981	※第一表の⑦欄へ 1,516,523
控除不足還付税額 (⑦－②－③)	⑧	(付表4-2の⑧X欄の金額)	※⑪E欄へ	※⑪E欄へ	
差引税額 (②+③－⑦)	⑨	(付表4-2の⑨X欄の金額) 218,379	※⑫E欄へ 51,797	※⑫E欄へ 38,145	308,321
合計差引税額 (⑨－⑧)	⑩				※マイナスの場合は第一表の⑧欄へ ※プラスの場合は第一表の⑨欄へ 308,321
地方消費税の課税標準となる消費税額　控除不足還付税額	⑪	(付表4-2の⑪X欄の金額)		(⑧D欄と⑧E欄の合計金額)	
地方消費税の課税標準となる消費税額　差引税額	⑫	(付表4-2の⑫X欄の金額) 218,379		(⑨D欄と⑨E欄の合計金額) 89,942	308,321
合計差引地方消費税の課税標準となる消費税額 (⑫－⑪)	⑬	(付表4-2の⑬X欄の金額) 218,379		※第二表の㉓欄へ 89,942	※マイナスの場合は第一表の⑰欄へ ※プラスの場合は第一表の⑱欄へ ※第二表の⑳欄へ 308,321
譲渡割額　還付額	⑭	(付表4-2の⑭X欄の金額)		(⑪E欄×22/78)	
譲渡割額　納税額	⑮	(付表4-2の⑮X欄の金額) 58,927		(⑫E欄×22/78) 25,368	84,295
合計差引譲渡割額 (⑮－⑭)	⑯				※マイナスの場合は第一表の⑲欄へ ※プラスの場合は第一表の⑳欄へ 84,295

注意　1　金額の計算においては、1円未満の端数を切り捨てる。
　　　2　旧税率が適用された取引がある場合は、付表4-2を作成してから当該付表を作成する。

令和元年7月
国　税　庁

軽減税率制度に対応した申告書の作成手順３（一般用）
〔課税売上割合が 95%未満、かつ、特定課税仕入れがある場合〕

【課税期間】平成 31 年１月１日～令和元年 12 月 31 日　（単位：円）

	税率 6.3%適用分	税率 6.24%適用分	税率 7.8%適用分	合計金額
課税売上高（税込み）	197,200,000	0	63,700,000	260,900,000
免課税売上高	—	—	—	15,000,000
非課税売上高	—	—	—	32,000,000
課税仕入れの金額（税込み）	118,420,000	1,540,000	38,870,000	158,830,000
うち課税売上げにのみ要するもの	94,800,000	0	31,690,000	126,490,000
うち課税売上げと非課税売上げに共通して要するもの	22,520,000	1,540,000	6,851,000	30,911,000
うち非課税売上げにのみ要するもの	1,100,000	0	329,000	1,429,000
特定課税仕入れの金額（課税売上げと非課税売上げに共通して要するもの）	1,800,000	—	600,000	2,400,000

（参考）１　中間納付消費税額　4,410,000 円
　　　　２　中間納付地方消費税額　1,190,000 円
　　　　３　基準期間の課税売上高　250,000,000 円（税抜き）

Ⅰ　付表１－１・１－２の作成（その１）

この項においては、主に、税率の異なるごとに区分した課税標準である金額の合計額から消費税額を計算します。

なお、設例においては、税率引上げ前（令和元年 10 月）の税率の適用があるため、全項において付表１－２・２－２の作成が必要となります。

１　付表１－２の①～②欄の記載

税率引上げ前の税率適用分について計算します。

(1)　「課税資産の譲渡等の対価の額①－１」欄

税率 6.3%適用分Ｃ、旧税率分小計Ｘ

197,200,000 × 100/108 ＝ 182,592,592

(2)　「特定課税仕入れに係る支払対価の額①－２」欄

税率 6.3%適用分Ｃ、旧税率分小計Ｘ

1,800,000

⑶　「課税標準額①」欄

税率6.3%適用分Ｃ、旧税率分小計Ｘ

197,200,000 × 100/108 ＋ 1,800,000 ＝ 184,392,000（千円未満切捨て）

⑷　「消費税額②」欄

税率6.3%適用分Ｃ、旧税率分小計Ｘ

184,392,000 × 6.3% ＝ 11,616,696

２　付表１－１の①～②欄の記載

設例の場合は付表１－２の①～②欄の旧税率分小計Ｘを付表１－１に転記した上で、税率引上げ後の税率適用分について計算します。

⑴　「課税資産の譲渡等の対価の額①－１」欄

税率6.24%適用分Ｄ

0

税率7.8%適用分Ｅ

63,700,000 × 100/110 ＝ 57,909,090

合計Ｆ

182,592,592 ＋ 0 ＋ 57,909,090 ＝ 240,501,682

⑵　「特定課税仕入れに係る支払対価の額①－２」欄

税率7.8%適用分Ｅ

600,000

合計Ｆ

1,800,000 ＋ 600,000 ＝ 2,400,000

⑶　「課税標準額①」欄

税率6.24%適用分Ｄ

0

税率7.8%適用分Ｅ

63,700,000 × 100/110 ＋ 600,000 ＝ 58,509,000（千円未満切捨て）

合計Ｆ

184,392,000 ＋ 0 ＋ 58,509,000 ＝ 242,901,000

⑷　「消費税額②」欄

税率6.24%適用分Ｄ

0

税率7.8%適用分Ｅ

58,509,000 × 7.8% ＝ 4,563,702

合計Ｆ

11,616,696 ＋ 0 ＋ 4,563,702 ＝ 16,180,398

Ⅱ　付表２－１・２－２の作成

この項においては、主に、課税売上割合・控除対象仕入税額を計算します。

１　付表２－２の①欄の記載

税率引上げ前の税率適用分の課税売上額を計算します。

「課税売上額（税抜き）①」欄

設例の場合は売上対価の返還等の金額がないので、付表１－２の①－１Ｃ及びＸ欄と同じ

２　付表２－１の①～⑧欄の記載

付表２－２の①欄の旧税率分小計Ｘを付表２－１に転記した上で、課税売上割合を計算します。

⑴　「課税売上額（税抜き）①」欄

税率 6.24%適用分Ｄ

0

税率 7.8%適用分Ｅ

設例の場合は売上対価の返還等の金額がないので、付表１－１の①－１Ｅ欄と同じ

合計Ｆ

182,592,592 ＋ 0 ＋ 57,909,090 ＝ 240,501,682

⑵　「免税売上額②」欄

15,000,000

⑶　「課税資産の譲渡等の対価の額④Ｆ」欄

240,501,682 ＋ 15,000,000 ＝ 255,501,682

⑷　「課税資産の譲渡等の対価の額⑤Ｆ」欄

④Ｆ欄から転記

⑸　「非課税売上額⑥」欄

32,000,000

⑹　「資産の譲渡等の対価の額⑦Ｆ」欄

255,501,682 ＋ 32,000,000 ＝ 287,501,682

⑺　「課税売上割合⑧Ｆ」欄

255,501,682 / 287,501,682 ＝ 88.869…% → 88%

(88.869…%＜95%　⇒　全額控除不可)

３　付表２－２の④～㉓欄の記載

付表２－１の④、⑦及び⑧欄の合計Ｆを付表２－２の旧税率分小計Ｘに転記した上で、税率引上げ前の税率適用分の控除対象仕入税額を計算します。

⑴　「課税仕入れに係る支払対価の額（税込み）⑨」欄

税率 6.3%適用分Ｃ、旧税率分小計Ｘ

118,420,000

⑵　「課税仕入れに係る消費税額⑩」欄

税率6.3%適用分C、旧税率分小計X

118,420,000　×　6.3/108　＝　6,907,833

⑶　「特定課税仕入れに係る支払対価の額⑪」欄

税率6.3%適用分C、旧税率分小計X

1,800,000

⑷　「特定課税仕入れに係る消費税額⑫」欄

税率6.3%適用分C、旧税率分小計X

1,800,000　×　6.3/100　＝　113,400

⑸　「課税仕入れ等の税額の合計額⑮」欄

税率6.3%適用分C、旧税率分小計X

6,907,833　＋　113,400　＝　7,021,233

⑹　「⑮のうち、課税売上げにのみ要するもの⑰」欄

設例の場合は課税売上割合が95%未満（Ⅱ2⑺参照）のため個別対応方式又は一括比例配分方式により控除税額を計算します。設例においては個別対応方式を選択します。

税率6.3%適用分C、旧税率分小計X

94,800,000　×　6.3/108　＝　5,529,999

⑺　「⑮のうち、課税売上げと非課税売上げに共通して要するもの⑱」欄

税率6.3%適用分C、旧税率分小計X

（ 22,520,000　×　6.3/108 ）＋（ 1,800,000　×　6.3/100 ）＝　1,427,066

⑻　「個別対応方式により控除する課税仕入れ等の税額⑲」欄

税率6.3%適用分C、旧税率分小計X

5,529,999　＋（ 1,427,066　×　255,501,682 / 287,501,682 ）＝　6,798,227

⑼　「控除対象仕入税額㉓」欄

設例の場合は⑲C及びX欄と同じ

4　付表2－1の⑨～㉓欄の記載

設例の場合は付表2－2の⑨～㉓欄の旧税率分小計Xを付表2－1に転記した上で、税率引上げ後の税率適用分について計算します。

⑴　「課税仕入れに係る支払対価の額（税込み）⑨」欄

税率6.24%適用分D

1,540,000

税率7.8%適用分E

38,870,000

合計F

118,420,000　＋　1,540,000　＋　38,870,000　＝　158,830,000

⑵　「課税仕入れに係る消費税額⑩」欄

税率 6.24%適用分Ｄ

1,540,000 × 6.24/108 ＝ 88,977

税率 7.8%適用分Ｅ

38,870,000 × 7.8/110 ＝ 2,756,236

合計Ｆ

6,907,833 ＋ 88,977 ＋ 2,756,236 ＝ 9,753,046

⑶　「特定課税仕入れに係る支払対価の額⑪」欄

税率 7.8%適用分Ｅ

600,000

合計Ｆ

1,800,000 ＋ 600,000 ＝ 2,400,000

⑷　「特定課税仕入れに係る消費税額⑫」欄

税率 7.8%適用分Ｅ

600,000 × 7.8/100 ＝ 46,800

合計Ｆ

113,400 ＋ 46,800 ＝ 160,200

⑸　「課税仕入れ等の税額の合計額⑮」欄

税率 6.24%適用分Ｄ

88,977

税率 7.8%適用分Ｅ

2,756,236 ＋ 46,800 ＝ 2,803,036

合計Ｆ

7,021,233 ＋ 88,977 ＋ 2,803,036 ＝ 9,913,246

⑹　「⑮のうち、課税売上げにのみ要するもの⑰」欄

設例においては個別対応方式を選択しています（Ⅱ３⑹参照）。

税率 6.24%適用分Ｄ

0

税率 7.8%適用分Ｅ

31,690,000 × 7.8/110 ＝ 2,247,109

合計Ｆ

5,529,999 ＋ 0 ＋ 2,247,109 ＝ 7,777,108

(7)　「⑮のうち、課税売上げと非課税売上げに共通して要するもの⑱」欄

税率 6.24%適用分D

1,540,000 × 6.24/108 = 88,977

税率 7.8%適用分E

（ 6,851,000 × 7.8/110 ）＋（ 600,000 × 7.8/100 ）＝ 532,598

合計F

1,427,066 ＋ 88,977 ＋ 532,598 ＝ 2,048,641

(8)　「個別対応方式により控除する課税仕入れ等の税額⑲」欄

税率 6.24%適用分D

0 ＋（ 88,977 × 255,501,682 / 287,501,682 ）＝ 79,073

税率 7.8%適用分E

2,247,109 ＋（ 532,598 × 255,501,682 / 287,501,682 ）＝ 2,720,426

合計F

6,798,227 ＋ 79,073 ＋ 2,720,426 ＝ 9,597,726

(9)　「控除対象仕入税額㉓」欄

税率 6.24%適用分D、税率 7.8%適用分E

設例の場合は⑲D及びE欄と同じ

合計F

6,798,227 ＋ 79,073 ＋ 2,720,426 ＝ 9,597,726

Ⅲ　付表１－１・１－２の作成（その２）

この項においては、上記Ⅰ・Ⅱの計算結果から消費税額及び地方消費税額を計算します。

1　付表１－２の④～⑮欄の記載

税率引上げ前の税率適用分について計算します。

(1)　「控除対象仕入税額④」欄

税率 6.3%適用分C

付表２－２の㉓C欄から転記

旧税率分小計X

6,798,227

(2)　「控除税額小計⑦」欄

設例の場合は④C及びX欄と同じ

(3)　「差引税額⑨」欄

税率 6.3%適用分C、旧税率分小計X

11,616,696 － 6,798,227 ＝ 4,818,469

⑷　「地方消費税の課税標準となる消費税額・差引税額⑫」欄

税率 6.3%適用分C

⑨C欄から転記

旧税率分小計X

4,818,469

⑸　「合計差引地方消費税の課税標準となる消費税額⑬」欄

設例の場合は⑫C及びX欄と同じ

⑹　「譲渡割額・納税額⑮」欄

税率 6.3%適用分C、旧税率分小計X

4,818,469 × 17/63 = 1,300,221

2　付表1－1の④～⑯欄の記載

設例の場合は付表1－2の④～⑮欄の旧税率分小計Xを付表1－1に転記した上で、税率引上げ後の税率適用分について計算します。

⑴　「控除対象仕入税額④」欄

税率 6.24%適用分D、税率 7.8%適用分E

付表2－1の㉓D及びE欄から転記

合計F

6,798,227 ＋ 79,073 ＋ 2,720,426 ＝ 9,597,726

⑵　「控除税額小計⑦」欄

税率 6.24%適用分D、税率 7.8%適用分E

設例の場合は④D及びE欄と同じ

合計F

6,798,227 ＋ 79,073 ＋ 2,720,426 ＝ 9,597,726

⑶　「控除不足還付税額⑧」

税率 6.24%適用分D

79,073 － 0 ＝ 79,073

合計F

79,073 ＋ 0 ＋ 0 ＝ 79,073

⑷　「差引税額⑨」欄

税率 7.8%適用分E

4,563,702 － 2,720,426 ＝ 1,843,276

合計F

4,818,469 ＋ 1,843,276 ＝ 6,661,745

⑸　「合計差引税額⑩」欄

6,661,745 － 79,073 ＝ 6,582,672

⑹　「控除不足還付税額⑪」欄

税率 7.8%適用分Ｅ

設例の場合は⑧Ｄ欄と同じ

合計Ｆ

79,073 ＋ 0 ＝ 79,073

⑺　「地方消費税の課税標準となる消費税額・差引税額⑫」欄

税率 7.8%適用分Ｅ

1,843,276 ＋ 0 ＝ 1,843,276

合計Ｆ

4,818,469 ＋ 1,843,276 ＝ 6,661,745

⑻　「合計差引地方消費税の課税標準となる消費税額⑬」欄

税率 7.8%適用分Ｅ

1,843,276 － 79,073 ＝ 1,764,203

合計Ｆ

4,818,469 ＋ 1,764,203 ＝ 6,582,672

⑼　「譲渡割額・還付額⑭」欄

税率 7.8%適用分Ｅ

79,073 × 22/78 ＝ 22,302

合計Ｆ

22,302 + 0 = 22,302

⑽　「譲渡割額・納税額⑮」欄

税率 7.8%適用分Ｅ

1,843,276 × 22/78 ＝ 519,898

合計Ｆ

1,300,221 ＋ 519,898 ＝ 1,820,119

⑾　「合計差引譲渡割額⑯」欄

1,820,119 － 22,302 ＝ 1,797,817

Ⅳ 申告書第一表・第二表の記載

次のとおり転記及び計算します。

第一表	転記元等
①	申告書 第二表 ①
②	申告書 第二表 ⑪
③	付　表 1－1 ③F
④	付　表 1－1 ④F
⑤	申告書 第二表 ⑰
⑥	付　表 1－1 ⑥F
⑦	付　表 1－1 ⑦F
⑧	付　表 1－1 ⑩F（マイナスの場合に記載）
⑨	付　表 1－1 ⑩F（プラスの場合に記載）
⑩	中間納付税額
⑪	申告書 第一表 ⑨－⑩（⑨＞⑩の場合に記載）
⑫	申告書 第一表 ⑩－⑨（⑩＞⑨の場合に記載）
⑬	修正申告の場合に記載
⑭	
⑮	付　表 2－1 ④F
⑯	付　表 2－1 ⑦F
⑰	付　表 1－1 ⑬F（マイナスの場合に記載）
⑱	付　表 1－1 ⑬F（プラスの場合に記載）
⑲	付　表 1－1 ⑯F（マイナスの場合に記載）
⑳	付　表 1－1 ⑯F（プラスの場合に記載）
㉑	中間納付譲渡割額
㉒	申告書 第一表 ⑳－㉑（⑳＞㉑の場合に記載）
㉓	申告書 第一表 ㉑－⑳（㉑＞⑳の場合に記載）
㉔	修正申告の場合に記載
㉕	
㉖	申告書 第一表 （⑪＋㉒）－（⑧＋⑫＋⑲＋㉓）

第二表	転記元等
①	付　表 1－1 ①F
②	付　表 1－2 ①－1A
③	付　表 1－2 ①－1B
④	付　表 1－2 ①－1C
⑤	付　表 1－1 ①－1D
⑥	付　表 1－1 ①－1E
⑦	付　表 1－1 ①－1F
⑧	付　表 1－2 ①－2C
⑨	付　表 1－1 ①－2E
⑩	付　表 1－1 ①－2F
⑪	付　表 1－1 ②F
⑫	付　表 1－2 ②A
⑬	付　表 1－2 ②B
⑭	付　表 1－2 ②C
⑮	付　表 1－1 ②D
⑯	付　表 1－1 ②E
⑰	付　表 1－1 ⑤F
⑱	付　表 1－1 ⑤－1F
⑲	付　表 1－1 ⑤－2F
⑳	付　表 1－1 ⑬F
㉑	付　表 1－2 ⑬B
㉒	付　表 1－2 ⑬C
㉓	付　表 1－1 ⑬E

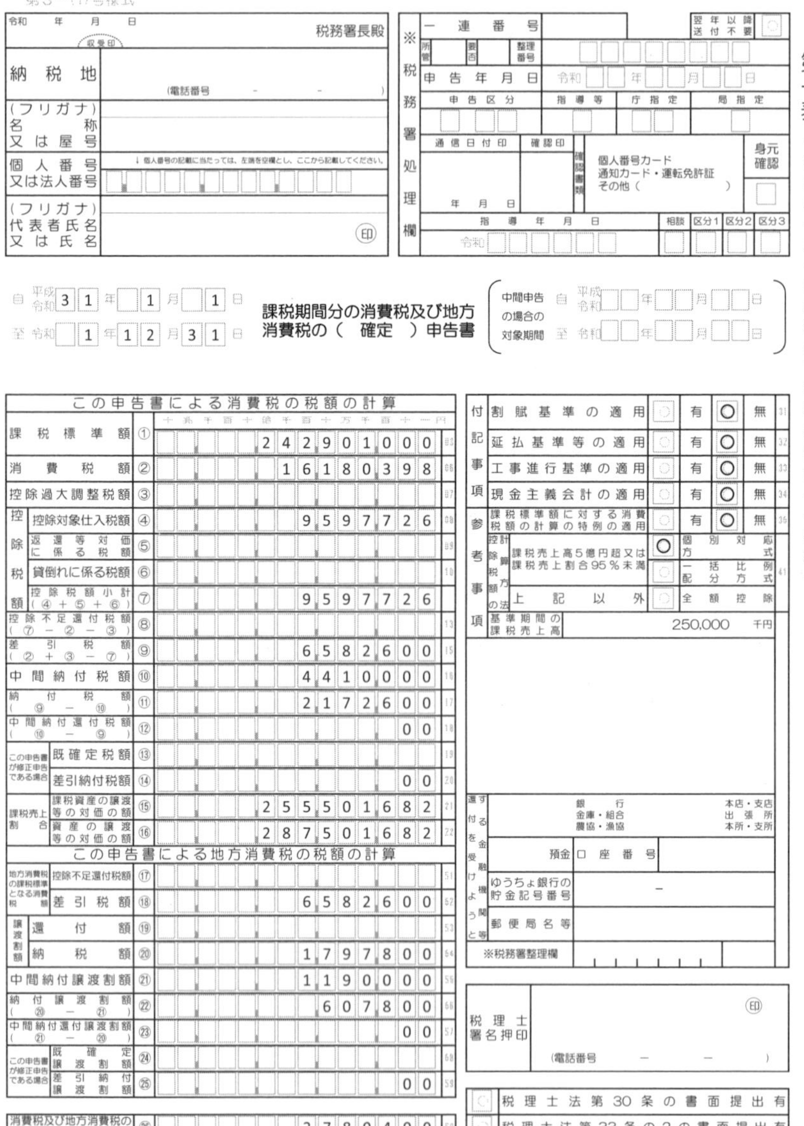

第３－(1)号様式

令和　年　月　日　　税務署長殿

収受印

納税地	(電話番号　－　－　)
(フリガナ) 名称 又は屋号	
個人番号 又は法人番号	↓個人番号の記載に当たっては、左端を空欄とし、ここから記載してください。
(フリガナ) 代表者氏名 又は氏名	印

※税務署処理欄

一連番号		翌年以降送付不要
所管 / 要否 / 整理番号		
申告年月日	令和　年　月　日	
申告区分	指導等 / 庁指定 / 局指定	
通信日付印	確認印	確認書類：個人番号カード 通知カード・運転免許証 その他（　） / 身元確認
年　月　日		
指導年月日	令和	相談 区分1 区分2 区分3

自 平成/令和 ３１年 １月 １日　至 令和 １年 １２月 ３１日

課税期間分の消費税及び地方消費税の（　確定　）申告書

中間申告の場合の対象期間　自 平成/令和　年　月　日　至 令和　年　月　日

この申告書による消費税の税額の計算

項目	番号	金額（円）
課税標準額	①	242901000
消費税額	②	16180398
控除過大調整税額	③	
控除税額 控除対象仕入税額	④	9597726
控除税額 返還等対価に係る税額	⑤	
控除税額 貸倒れに係る税額	⑥	
控除税額 控除税額小計（④＋⑤＋⑥）	⑦	9597726
控除不足還付税額（⑦－②－③）	⑧	
差引税額（②＋③－⑦）	⑨	6582600
中間納付税額	⑩	4410000
納付税額（⑨－⑩）	⑪	2172600
中間納付還付税額（⑩－⑨）	⑫	00
この申告書が修正申告である場合 既確定税額	⑬	
この申告書が修正申告である場合 差引納付税額	⑭	00
課税売上割合 課税資産の譲渡等の対価の額	⑮	255501682
課税売上割合 資産の譲渡等の対価の額	⑯	287501682

この申告書による地方消費税の税額の計算

項目	番号	金額（円）
地方消費税の課税標準となる消費税額 控除不足還付税額	⑰	
地方消費税の課税標準となる消費税額 差引税額	⑱	6582600
譲渡割額 還付額	⑲	
譲渡割額 納税額	⑳	1797800
中間納付譲渡割額	㉑	1190000
納付譲渡割額（⑳－㉑）	㉒	607800
中間納付還付譲渡割額（㉑－⑳）	㉓	00
この申告書が修正申告である場合 既確定譲渡割額	㉔	
この申告書が修正申告である場合 差引納付譲渡割額	㉕	00
消費税及び地方消費税の合計（納付又は還付）税額	㉖	2780400

㉖＝(⑪＋㉒)－(⑧＋⑫＋⑲＋㉓)・修正申告の場合㉖＝⑭＋㉕
㉖が還付税額となる場合はマイナス「－」を付してください。

付記事項

項目	有	無
割賦基準の適用		○
延払基準等の適用		○
工事進行基準の適用		○
現金主義会計の適用		○

参考事項

課税標準額に対する消費税額の計算の特例の適用	有 / 無 ○
控除税額の計算方法：課税売上高5億円超又は課税売上割合95％未満	○ 個別対応方式 / 一括比例配分方式
控除税額の計算方法：上記以外	全額控除
基準期間の課税売上高	250,000千円

還付を受けようとする金融機関等：銀行・金庫・組合・農協・漁協　本店・支店・出張所・本所・支所
預金　口座番号
ゆうちょ銀行の貯金記号番号　－
郵便局名等
※税務署整理欄

税理士署名押印　印　(電話番号　－　－　)

税理士法第30条の書面提出有
税理士法第33条の2の書面提出有

第一表　令和元年十月一日以後終了課税期間分（一般用）

第3－(2)号様式

課税標準額等の内訳書

整理番号	

納税地	（電話番号　　－　　－　　）
（フリガナ） 名称 又は屋号	
（フリガナ） 代表者氏名 又は氏名	

改正法附則による税額の特例計算			
軽減売上割合（10営業日）	○	附則38①	51
小売等軽減仕入割合	○	附則38②	52
小売等軽減売上割合	○	附則39①	53

第二表　令和元年十月一日以後終了課税期間分

自 平成/令和 31 年 1 月 1 日
至 令和 1 年 12 月 31 日

課税期間分の消費税及び地方消費税の（　確定　）申告書

（中間申告の場合の対象期間　自 平成/令和　年　月　日　至 令和　年　月　日）

			十兆千百十億千百十万千百十一円	
課税標準額 ※申告書（第一表）の①欄へ		①	242901000	01
課税資産の譲渡等の対価の額の合計額	3％適用分	②		02
	4％適用分	③		03
	6.3％適用分	④	182592592	04
	6.24％適用分	⑤	0	05
	7.8％適用分	⑥	57909090	06
		⑦	240501682	07
特定課税仕入れに係る支払対価の額の合計額（注1）	6.3％適用分	⑧	1800000	11
	7.8％適用分	⑨	600000	12
		⑩	2400000	13

消費税額 ※申告書（第一表）の②欄へ		⑪	16180398	21
⑪の内訳	3％適用分	⑫		22
	4％適用分	⑬		23
	6.3％適用分	⑭	11616696	24
	6.24％適用分	⑮	0	25
	7.8％適用分	⑯	4563702	26

返還等対価に係る税額 ※申告書（第一表）の⑤欄へ	⑰		31
⑰の内訳　売上げの返還等対価に係る税額	⑱		32
⑰の内訳　特定課税仕入れの返還等対価に係る税額（注1）	⑲		33

地方消費税の課税標準となる消費税額（注2）		⑳	6582672	41
	4％適用分	㉑		42
	6.3％適用分	㉒	4818469	43
	6.24％及び7.8％適用分	㉓	1764203	44

（注1）⑧～⑩及び⑲欄は、一般課税により申告する場合で、課税売上割合が95％未満、かつ、特定課税仕入れがある事業者のみ記載します。
（注2）⑳～㉓欄が還付税額となる場合はマイナス「－」を付してください。

第4-(1)号様式

付表1－1　税率別消費税額計算表 兼 地方消費税の課税標準となる消費税額計算表

一　般

課税期間	平成31・1・1～令和元・12・31	氏名又は名称	

区分		旧税率分小計 X	税率6.24％適用分 D	税率7.8％適用分 E	合計 F (X+D+E)
課税標準額	①	(付表1-2の①X欄の金額) 円 184,392 000	円 000	円 58,509 000	※第二表の①欄へ 円 242,901 000
①の内訳 課税資産の譲渡等の対価の額	①-1	(付表1-2の①-1X欄の金額) 182,592,592	※第二表の⑤欄へ 0	※第二表の⑥欄へ 57,909,090	※第二表の⑦欄へ 240,501,682
①の内訳 特定課税仕入れに係る支払対価の額	①-2	(付表1-2の①-2X欄の金額) 1,800,000	※①-2欄は、課税売上割合が95%未満、かつ、特定課税仕入れがある事業者のみ記載する。	※第二表の⑨欄へ 600,000	※第二表の⑩欄へ 2,400,000
消費税額	②	(付表1-2の②X欄の金額) 11,616,696	※第二表の⑮欄へ 0	※第二表の⑯欄へ 4,563,702	※第二表の⑪欄へ 16,180,398
控除過大調整税額	③	(付表1-2の③X欄の金額)	(付表2-1の㉔・㉕D欄の合計金額)	(付表2-1の㉔・㉕E欄の合計金額)	※第一表の③欄へ
控除税額 控除対象仕入税額	④	(付表1-2の④X欄の金額) 6,798,227	(付表2-1の㉓D欄の金額) 79,073	(付表2-1の㉓E欄の金額) 2,720,426	※第一表の④欄へ 9,597,726
控除税額 返還等対価に係る税額	⑤	(付表1-2の⑤X欄の金額)			※第二表の⑰欄へ
控除税額 ⑤の内訳 売上げの返還等対価に係る税額	⑤-1	(付表1-2の⑤-1X欄の金額)			※第二表の⑱欄へ
控除税額 ⑤の内訳 特定課税仕入れの返還等対価に係る税額	⑤-2	(付表1-2の⑤-2X欄の金額)	※⑤-2欄は、課税売上割合が95%未満、かつ、特定課税仕入れがある事業者のみ記載する。		※第二表の⑲欄へ
控除税額 貸倒れに係る税額	⑥	(付表1-2の⑥X欄の金額)			※第一表の⑥欄へ
控除税額 控除税額小計 (④+⑤+⑥)	⑦	(付表1-2の⑦X欄の金額) 6,798,227	79,073	2,720,426	※第一表の⑦欄へ 9,597,726
控除不足還付税額 (⑦－②－③)	⑧	(付表1-2の⑧X欄の金額)	※⑪E欄へ 79,073	※⑪E欄へ	79,073
差引税額 (②+③－⑦)	⑨	(付表1-2の⑨X欄の金額) 4,818,469	※⑫E欄へ	※⑫E欄へ 1,843,276	6,661,745
合計差引税額 (⑨－⑧)	⑩				※マイナスの場合は第一表の⑧欄へ ※プラスの場合は第一表の⑨欄へ 6,582,672
地方消費税の課税標準となる消費税額 控除不足還付税額	⑪	(付表1-2の⑪X欄の金額)		(⑧D欄と⑧E欄の合計金額) 79,073	79,073
地方消費税の課税標準となる消費税額 差引税額	⑫	(付表1-2の⑫X欄の金額) 4,818,469		(⑨D欄と⑨E欄の合計金額) 1,843,276	6,661,745
合計差引地方消費税の課税標準となる消費税額 (⑫－⑪)	⑬	(付表1-2の⑬X欄の金額) 4,818,469		※第二表の㉓欄へ 1,764,203	※マイナスの場合は第一表の⑰欄へ ※プラスの場合は第一表の⑱欄へ ※第二表の㉓欄へ 6,582,672
譲渡割額 還付額	⑭	(付表1-2の⑭X欄の金額)		(⑪E欄×22/78) 22,302	22,302
譲渡割額 納税額	⑮	(付表1-2の⑮X欄の金額) 1,300,221		(⑫E欄×22/78) 519,898	1,820,119
合計差引譲渡割額 (⑮－⑭)	⑯				※マイナスの場合は第一表の⑲欄へ ※プラスの場合は第一表の⑳欄へ 1,797,817

注意　1　金額の計算においては、1円未満の端数を切り捨てる。
　　　2　旧税率が適用された取引がある場合は、付表1-2を作成してから当該付表を作成する。

第4-(5)号様式

付表1－2　税率別消費税額計算表 兼 地方消費税の課税標準となる消費税額計算表〔経過措置対象課税資産の譲渡等を含む課税期間用〕

一 般

課 税 期 間	平成31・1・1～令和元・12・31	氏 名 又 は 名 称	

区分		税率3%適用分 A	税率4%適用分 B	税率6.3%適用分 C	旧税率分小計 X (A+B+C)
課税標準額	①	円 000	円 000	円 184,392 000	※付表1-1の①X欄へ 円 184,392 000
①の内訳 課税資産の譲渡等の対価の額	①-1	※第二表の②欄へ	※第二表の③欄へ	※第二表の④欄へ 182,592,592	※付表1-1の①-1X欄へ 182,592,592
①の内訳 特定課税仕入れに係る支払対価の額	①-2	※①-2欄は、課税売上割合が95%未満、かつ、特定課税仕入れがある事業者のみ記載する。		※第二表の⑧欄へ 1,800,000	※付表1-1の①-2X欄へ 1,800,000
消費税額	②	※第二表の⑫欄へ	※第二表の⑬欄へ	※第二表の⑭欄へ 11,616,696	※付表1-1の②X欄へ 11,616,696
控除過大調整税額	③	(付表2-2の㉔・㉕A欄の合計金額)	(付表2-2の㉔・㉕B欄の合計金額)	(付表2-2の㉔・㉕C欄の合計金額)	※付表1-1の③X欄へ
控除税額 控除対象仕入税額	④	(付表2-2の㉓A欄の金額)	(付表2-2の㉓B欄の金額)	(付表2-2の㉓C欄の金額) 6,798,227	※付表1-1の④X欄へ 6,798,227
控除税額 返還等対価に係る税額	⑤				※付表1-1の⑤X欄へ
⑤の内訳 売上げの返還等対価に係る税額	⑤-1				※付表1-1の⑤-1X欄へ
⑤の内訳 特定課税仕入れの返還等対価に係る税額	⑤-2	※⑤-2欄は、課税売上割合が95%未満、かつ、特定課税仕入れがある事業者のみ記載する。			※付表1-1の⑤-2X欄へ
控除税額 貸倒れに係る税額	⑥				※付表1-1の⑥X欄へ
控除税額 控除税額小計 (④+⑤+⑥)	⑦			6,798,227	※付表1-1の⑦X欄へ 6,798,227
控除不足還付税額 (⑦－②－③)	⑧		※⑪B欄へ	※⑪C欄へ	※付表1-1の⑧X欄へ
差引税額 (②+③－⑦)	⑨		※⑫B欄へ	※⑫C欄へ 4,818,469	※付表1-1の⑨X欄へ 4,818,469
合計差引税額 (⑨－⑧)	⑩				
地方消費税の課税標準となる消費税額 控除不足還付税額	⑪		(⑧B欄の金額)	(⑧C欄の金額)	※付表1-1の⑪X欄へ
地方消費税の課税標準となる消費税額 差引税額	⑫		(⑨B欄の金額)	(⑨C欄の金額) 4,818,469	※付表1-1の⑫X欄へ 4,818,469
合計差引地方消費税の課税標準となる消費税額 (⑫－⑪)	⑬		※第二表の㉑欄へ	※第二表の㉒欄へ 4,818,469	※付表1-1の⑬X欄へ 4,818,469
譲渡割額 還付額	⑭		(⑪B欄×25/100)	(⑪C欄×17/63)	※付表1-1の⑭X欄へ
譲渡割額 納税額	⑮		(⑫B欄×25/100)	(⑫C欄×17/63) 1,300,221	※付表1-1の⑮X欄へ 1,300,221
合計差引譲渡割額 (⑮－⑭)	⑯				

注意　1　金額の計算においては、1円未満の端数を切り捨てる。
　　　2　旧税率が適用された取引がある場合は、当該付表を作成してから付表1-1を作成する。

第4-(2)号様式

付表2－1　課税売上割合・控除対象仕入税額等の計算表

一　般

課税期間	平成31・1・1 ～ 令和元・12・31	氏名又は名称	

項目		旧税率分小計 X	税率6.24％適用分 D	税率7.8％適用分 E	合計 F (X+D+E)
課税売上額（税抜き）	①	(付表2-2の①X欄の金額) 円 182,592,592	円 0	円 57,909,090	円 240,501,682
免税売上額	②				15,000,000
非課税資産の輸出等の金額、海外支店等へ移送した資産の価額	③				
課税資産の譲渡等の対価の額（①＋②＋③）	④				※第一表の⑮欄へ ※付表2-2の④X欄へ 255,501,682
課税資産の譲渡等の対価の額（④の金額）	⑤				255,501,682
非課税売上額	⑥				32,000,000
資産の譲渡等の対価の額（⑤＋⑥）	⑦				※第一表の⑯欄へ ※付表2-2の⑦X欄へ 287,501,682
課税売上割合（④／⑦）	⑧				※付表2-2の⑧X欄へ ［88 ％］ ※端数切捨て
課税仕入れに係る支払対価の額（税込み）	⑨	(付表2-2の⑨X欄の金額) 118,420,000	1,540,000	38,870,000	158,830,000
課税仕入れに係る消費税額	⑩	(付表2-2の⑩X欄の金額) 6,907,833	(⑨D欄×6.24/108) 88,977	(⑨E欄×7.8/110) 2,756,236	9,753,046
特定課税仕入れに係る支払対価の額	⑪	(付表2-2の⑪X欄の金額) 1,800,000	※⑪及び⑫欄は、課税売上割合が95%未満、かつ、特定課税仕入れがある事業者のみ記載する。	600,000	2,400,000
特定課税仕入れに係る消費税額	⑫	(付表2-2の⑫X欄の金額) 113,400		(⑪E欄×7.8/100) 46,800	160,200
課税貨物に係る消費税額	⑬	(付表2-2の⑬X欄の金額)			
納税義務の免除を受けない（受ける）こととなった場合における消費税額の調整（加算又は減算）額	⑭	(付表2-2の⑭X欄の金額)			
課税仕入れ等の税額の合計額（⑩＋⑫＋⑬±⑭）	⑮	(付表2-2の⑮X欄の金額) 7,021,233	88,977	2,803,036	9,913,246
課税売上高が5億円以下、かつ、課税売上割合が95％以上の場合（⑮の金額）	⑯	(付表2-2の⑯X欄の金額)			
課税売上高が5億円超又は課税売上割合が95％未満の場合 個別対応方式 ⑮のうち、課税売上げにのみ要するもの	⑰	(付表2-2の⑰X欄の金額) 5,529,999	0	2,247,109	7,777,108
個別対応方式 ⑮のうち、課税売上げと非課税売上げに共通して要するもの	⑱	(付表2-2の⑱X欄の金額) 1,427,066	88,977	532,598	2,048,641
個別対応方式 個別対応方式により控除する課税仕入れ等の税額［⑰＋(⑱×④／⑦)］	⑲	(付表2-2の⑲X欄の金額) 6,798,227	79,073	2,720,426	9,597,726
一括比例配分方式により控除する課税仕入れ等の税額（⑮×④／⑦）	⑳	(付表2-2の⑳X欄の金額)			
控除税額の調整 課税売上割合変動時の調整対象固定資産に係る消費税額の調整（加算又は減算）額	㉑	(付表2-2の㉑X欄の金額)			
控除税額の調整 調整対象固定資産を課税業務用（非課税業務用）に転用した場合の調整（加算又は減算）額	㉒	(付表2-2の㉒X欄の金額)			
差引 控除対象仕入税額［(⑯、⑲又は⑳の金額)±㉑±㉒］がプラスの時	㉓	(付表2-2の㉓X欄の金額) 6,798,227	※付表1-1の④D欄へ 79,073	※付表1-1の④E欄へ 2,720,426	9,597,726
差引 控除過大調整税額［(⑯、⑲又は⑳の金額)±㉑±㉒］がマイナスの時	㉔	(付表2-2の㉔X欄の金額)	※付表1-1の③D欄へ	※付表1-1の③E欄へ	
貸倒回収に係る消費税額	㉕	(付表2-2の㉕X欄の金額)	※付表1-1の③D欄へ	※付表1-1の③E欄へ	

注意　1　金額の計算においては、1円未満の端数を切り捨てる。
2　旧税率が適用された取引がある場合は、付表2-2を作成してから当該付表を作成する。
3　⑨及び⑪欄には、値引き、割戻し、割引きなど仕入対価の返還等の金額がある場合（仕入対価の返還等の金額を仕入金額から直接減額している場合を除く。）には、その金額を控除した後の金額を記載する。

第4-(6)号様式

付表2－2　課税売上割合・控除対象仕入税額等の計算表〔経過措置対象課税資産の譲渡等を含む課税期間用〕

一 般

課税期間	平成31・1・1～令和元・12・31	氏名又は名称	

項目		税率3％適用分 A	税率4％適用分 B	税率6.3％適用分 C	旧税率分小計X (A+B+C)
課税売上額（税抜き）	①	円	円	円 182,592,592	※付表2-1の①X欄へ 円 182,592,592
免税売上額	②				
非課税資産の輸出等の金額、海外支店等へ移送した資産の価額	③				
課税資産の譲渡等の対価の額（①＋②＋③）	④				(付表2-1の④F欄の金額) 255,501,682
課税資産の譲渡等の対価の額（④の金額）	⑤				
非課税売上額	⑥				
資産の譲渡等の対価の額（⑤＋⑥）	⑦				(付表2-1の⑦F欄の金額) 287,501,682
課税売上割合（④／⑦）	⑧				(付表2-1の⑧F欄の割合) ［88 %］ ※端数切捨て
課税仕入れに係る支払対価の額（税込み）	⑨			118,420,000	※付表2-1の⑨X欄へ 118,420,000
課税仕入れに係る消費税額	⑩	(⑨A欄×3/103)	(⑨B欄×4/105)	(⑨C欄×6.3/108) 6,907,833	※付表2-1の⑩X欄へ 6,907,833
特定課税仕入れに係る支払対価の額	⑪	※⑪及び⑫欄は、課税売上割合が95%未満、かつ、特定課税仕入れがある事業者のみ記載する。		1,800,000	※付表2-1の⑪X欄へ 1,800,000
特定課税仕入れに係る消費税額	⑫			(⑪C欄×6.3/100) 113,400	※付表2-1の⑫X欄へ 113,400
課税貨物に係る消費税額	⑬				※付表2-1の⑬X欄へ
納税義務の免除を受けない（受ける）こととなった場合における消費税額の調整（加算又は減算）額	⑭				※付表2-1の⑭X欄へ
課税仕入れ等の税額の合計額 (⑩＋⑫＋⑬±⑭)	⑮			7,021,233	※付表2-1の⑮X欄へ 7,021,233
課税売上高が5億円以下、かつ、課税売上割合が95％以上の場合 (⑮の金額)	⑯				※付表2-1の⑯X欄へ
課税売上高が5億円超又は課税売上割合が95%未満の場合／個別対応方式／⑮のうち、課税売上げにのみ要するもの	⑰			5,529,999	※付表2-1の⑰X欄へ 5,529,999
課税売上高が5億円超又は課税売上割合が95%未満の場合／個別対応方式／⑮のうち、課税売上げと非課税売上げに共通して要するもの	⑱			1,427,066	※付表2-1の⑱X欄へ 1,427,066
課税売上高が5億円超又は課税売上割合が95%未満の場合／個別対応方式／個別対応方式により控除する課税仕入れ等の税額〔⑰＋(⑱×④／⑦)〕	⑲			6,798,227	※付表2-1の⑲X欄へ 6,798,227
課税売上高が5億円超又は課税売上割合が95%未満の場合／一括比例配分方式により控除する課税仕入れ等の税額 (⑮×④／⑦)	⑳				※付表2-1の⑳X欄へ
控除税額の調整／課税売上割合変動時の調整対象固定資産に係る消費税額の調整（加算又は減算）額	㉑				※付表2-1の㉑X欄へ
控除税額の調整／調整対象固定資産を課税業務用（非課税業務用）に転用した場合の調整（加算又は減算）額	㉒				※付表2-1の㉒X欄へ
差引／控除対象仕入税額〔(⑯、⑲又は⑳の金額)±㉑±㉒〕がプラスの時	㉓	※付表1-2の④A欄へ	※付表1-2の④B欄へ	※付表1-2の④C欄へ 6,798,227	※付表2-1の㉓X欄へ 6,798,227
差引／控除過大調整税額〔(⑯、⑲又は⑳の金額)±㉑±㉒〕がマイナスの時	㉔	※付表1-2の③A欄へ	※付表1-2の③B欄へ	※付表1-2の③C欄へ	※付表2-1の㉔X欄へ
貸倒回収に係る消費税額	㉕	※付表1-2の③A欄へ	※付表1-2の③B欄へ	※付表1-2の③C欄へ	※付表2-1の㉕X欄へ

注意
1　金額の計算においては、1円未満の端数を切り捨てる。
2　旧税率が適用された取引がある場合は、当該付表を作成してから付表2-1を作成する。
3　④、⑦及び⑧のX欄は、付表2-1のF欄を計算した後に記載する。
4　⑨及び⑪欄には、値引き、割戻し、割引きなど仕入対価の返還等の金額がある場合（仕入対価の返還等の金額を仕入金額から直接減額している場合を除く。）には、その金額を控除した後の金額を記載する。

■監修者略歴（令和元年９月１日現在）

藤曲　武美（ふじまがり たけみ）

1988年　税理士登録
1991年　藤曲税理士事務所開業

青山学院大学大学院法学研究科（ビジネスホーム専攻科）講師、
早稲田大学大学院法務研究科（法科大学院）非常勤講師を経て現在、
東京税理士会・日本税務会計学会 学会長
東京税理士会・会員相談室　相談委員

〈主な著書〉
『早わかり 平成31年度 税制改正のすべてＱ＆Ａ』〔共著〕中央経済社, 2019年
『新訂・税の基礎』経済法令研究会, 2019年
『別冊税務弘報　収益認識の税務』中央経済社, 2018年
『法人税実務の新基軸・寄附金』税務経理協会, 2016年
『改正消費税の内容と考え方』税務経理協会, 2016年
『欠損金等をめぐる法人税実務Ｑ＆Ａ』〔共著〕ぎょうせい, 2012年
『役員給与税制の実務―法令解釈と適用上の問題点』〔共著〕中央経済社, 2008年
『事件記録に学ぶ税務訴訟』〔共同編著〕判例タイムズ社, 2008年

その他、『税務弘報』『税経通信』等の月刊誌の論文執筆など。

■著者略歴（令和元年９月１日現在）

秋山　高善（あきやま たかよし）

共栄大学国際経営学部教授・税理士

2007年９月　税理士登録

2008年　第31回日税研究賞入選

2010年４月共栄大学国際経営学部専任講師、2013年４月同准教授、2017年４月より現職・国際経営学部長

〈主な著書〉

『改正入管法対応 キャッチアップ 外国人労働者の税務』〔共著〕ぎょうせい，2019年

『30年分申告・31年度改正対応 キャッチアップ 仮想通貨の最新税務』〔共著〕ぎょうせい，2019年

『テキスト法人税法入門』〔共著〕成文堂，2017年

『Ｑ＆Ａ 国境を越える電子商取引等に関する消費税の実務』〔藤曲武美監修〕日本加除出版，2015年

ほか多数

【完全版】
消費税軽減税率・インボイス制度の実務

令和元年10月１日　印刷
令和元年10月７日　発行

監修者　藤曲　武美
著　者　秋山　高善
発行者　鎌田　順雄

発行所　法令出版株式会社
〒162-0822
東京都新宿区下宮比町２－28－1114
TEL03(6265)0826　FAX03(6265)0827
http://e-hourei.com

乱丁・落丁はお取替えします。

ISBN978-4-909600-10-3　C3033

編集協力：株式会社径創
印刷：モリモト印刷株式会社